Sabine & Holger Wienpahl

# Mittelrhein

## Wanderungen für die Seele

20 Wohlfühlwege

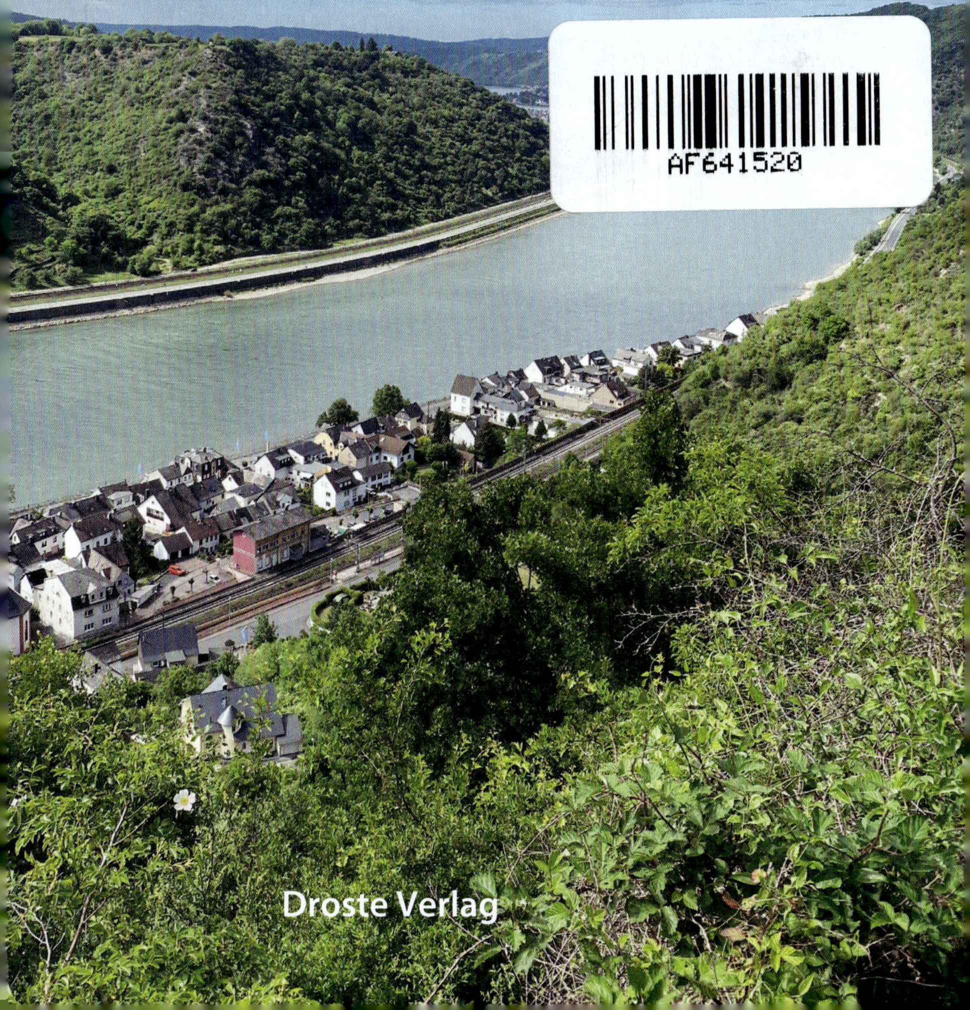



Droste Verlag

# ALLE WANDERUNGEN AUF EINEN BLICK

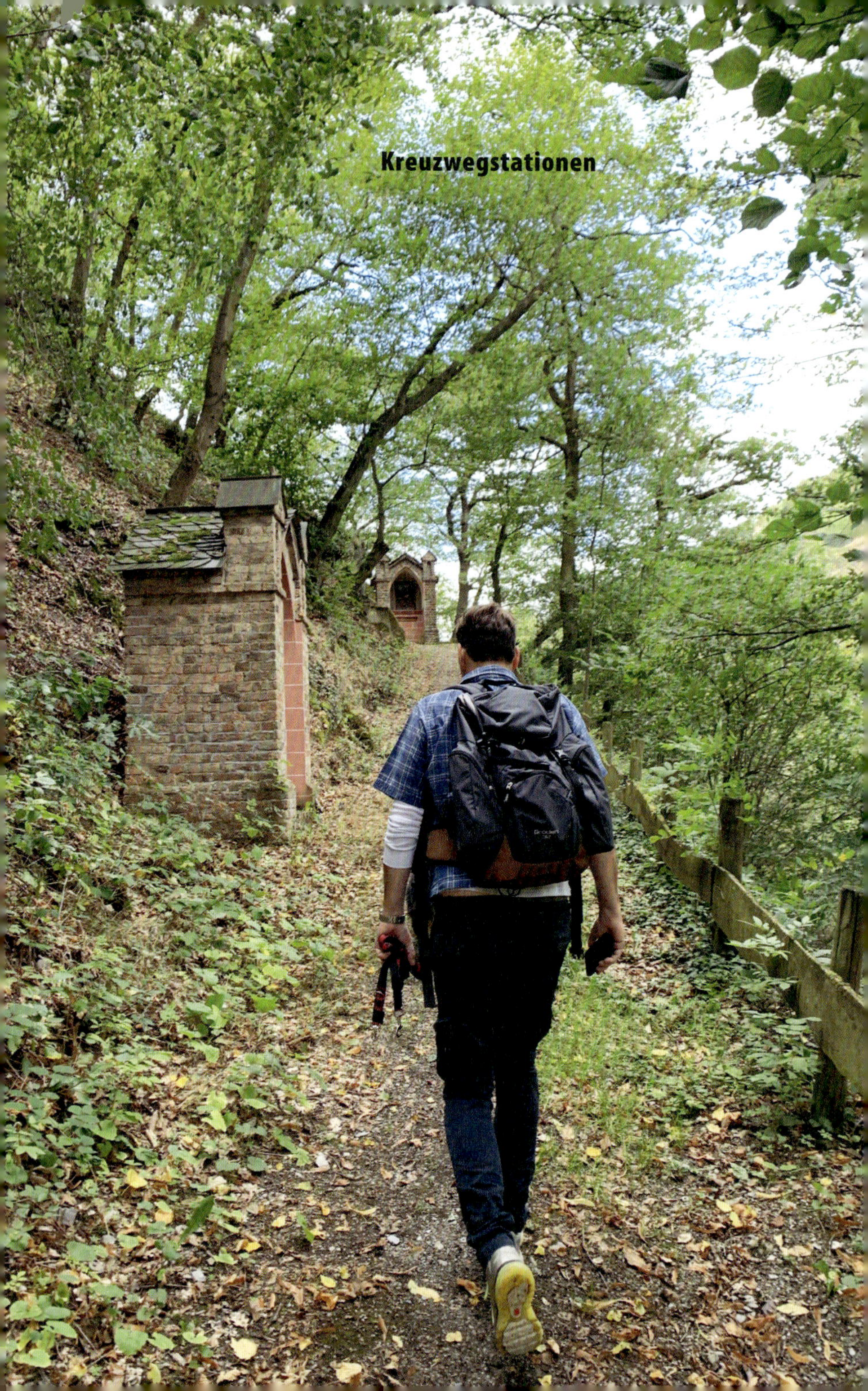

Kreuzwegstationen

# Liebe Genusswanderer und Auszeitsuchende,

Energiepunkte sind Orte, an denen wir auftanken, entschleunigen, entspannen können.

Der Mittelrhein ist eine Oase voller Energiepunkte. Eine Kraftquelle.

Auf 20 wunderschönen Touren zwischen Bingen und Bonn tauchen wir ein in das UNESCO-Weltkulturerbe „Oberes Mittelrheintal“ mit seinen beeindruckenden Burgen, den steilen Weinhängen und den spektakulären Höhenwegen.

Den Mittelrhein erwandern heißt aber auch dem Mythos auf den Grund gehen. Dem Mythos Rhein, jenem größten, spannendsten und sagenumwobensten aller deutschen Flüsse. Er fließt unter uns, ist an unserer Seite und fast stets in unserem Blick. Auf Schritt und Tritt. Mal reißend, dann ruhig. Mal mächtig, dann friedvoll. Mal gefährlich, dann einladend.

Wer den Rhein nur vom Tal kennt, hat das Beste verpasst. Denn der Blick von oben, hinunter auf das romantische Rheintal, bietet atemberaubend schöne Perspektiven.

Wandern am Mittelrhein bietet aber noch mehr. Wir treffen auf exotische Schmetterlinge, schauen bequem hinab auf die steilste Bahnstrecke Deutschlands, schleichen durch geheimnisvolle Trasshöhlen und entdecken einen umgedrehten Baum im Binger Wald.

Es ist der pure Genuss, den wir am liebsten in einem der vielen gemütlichen Gasthöfe bei einem Glas Riesling, der Rebe des Rheins, ausklingen lassen.

Wir wünschen allen unseren Lesern schöne Ge(h)danken Ge(h)spräche am Mittelrhein – einer der schönsten Wanderregionen Deutschlands.

Sabine und Holger Wienpahl

NATUR-INFO

KULTUR-INFO

TOUREN-/EVENT-INFO

GENUSS-INFO

## Weinsicht

- 6,7 Kilometer
- 139 Höhenmeter
- 2 Stunden
- Rundweg

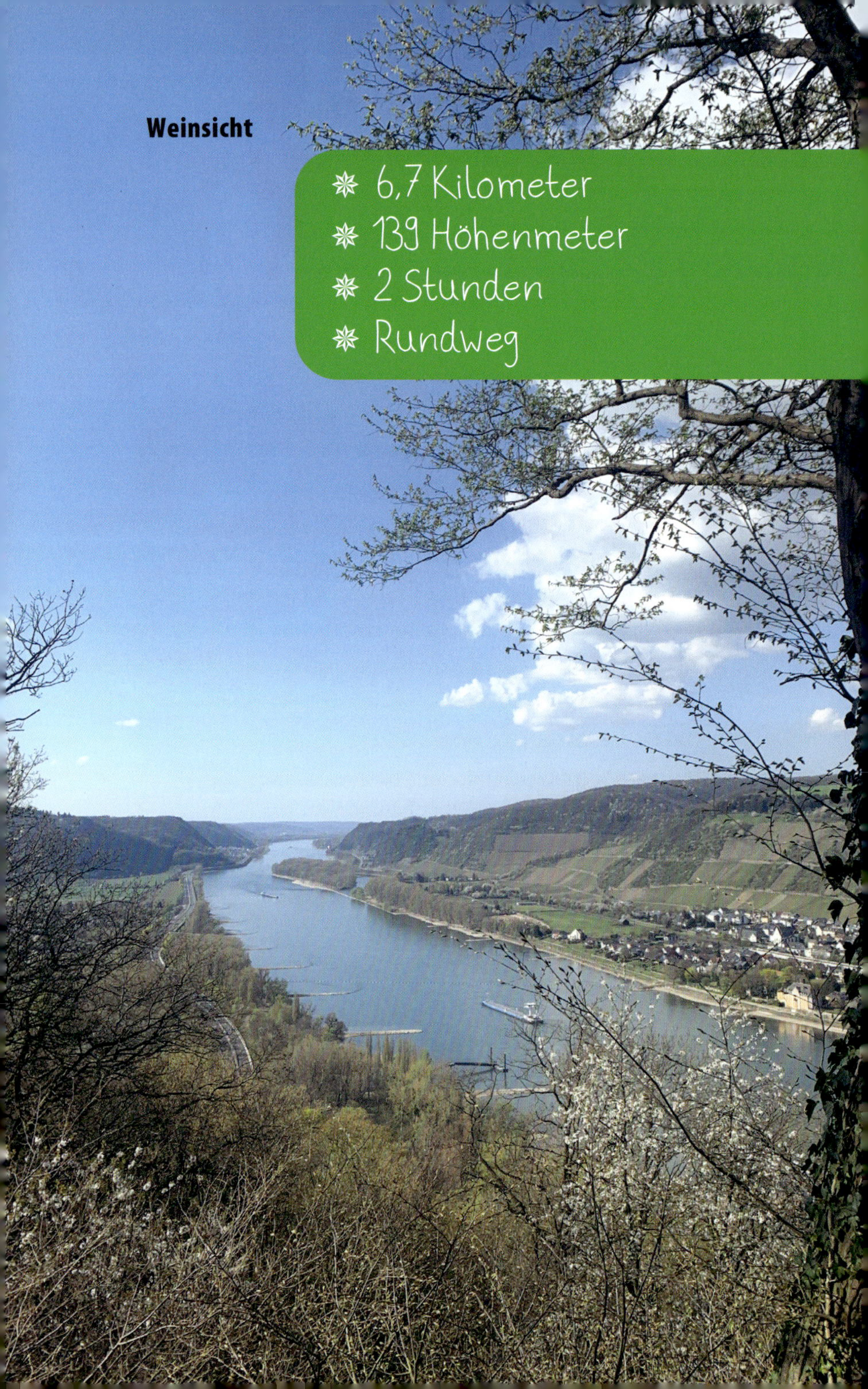

Auszeittour 1

# Kleiner Stern

## Weitsichten um Andernach

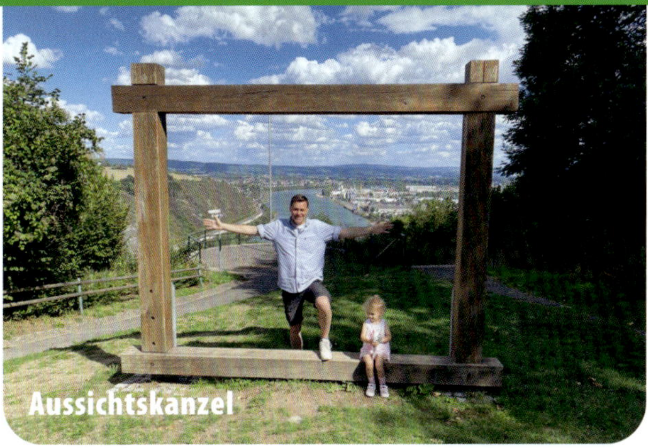

Aussichtskanzel

Wir starten unsere Wanderung am **Parkplatz Krahnenberg.** Wir gehen einige Stufen abwärts auf einen Wiesenweg. Dieser führt uns nach links zu einer Bank und einem großen hölzernen Land-Art-Bilderrahmen, der für wunderschöne Fotomotive sorgt. Weniger Meter unterhalb befindet sich die Aussichtskanzel ❶. Von hier aus genießen wir einen ersten grandiosen Blick über das schöne Rheintal. Über Andernach, auf Weinberge, bis hinein in das Neuwieder Becken.

Wir folgen der Markierung und wandern etwa 500 Meter bergauf. Dort erreichen wir eine Holzbank und den nächsten grandiosen Aussichtspunkt. Wir stoßen auf die Stele **„Schönste Weinsicht im Mittelrheintal 2016" ❷.**

Der Blick auf das gegenüberliegende Weinörtchen Leutesdorf mit seinen steilen Hanglagen ist tatsächlich spektakulär. Mit etwas Glück kann man auch die etwa 60 Meter hohe Fontäne des nahe liegenden **Andernacher Geysirs** bestaunen. Im Sommer verdeckt das

*Das Deutsche Weininstitut hat Aussichtspunkte in den 13 Anbaugebieten als „Schönste Weinsicht" ausgezeichnet, die besonders spektakuläre Ausblicke auf Reben und Weinberge bieten.*

*Der Geysir Andernach ist mit etwa 50 bis 60 Metern Auswurfshöhe der höchste Kaltwassergeysir der Welt. Er befindet sich auf dem Namedyer Werth, einer Halbinsel im Rhein bei Andernach.*

dichte Blattwerk der Bäume allerdings meistens die Sicht.

Es ist zwar zu früh für eine Rast, aber um die Aussicht zu genießen, verweilen wir dennoch einige Minuten. Sonnenstrahlen brechen durch die Baumkronen und streicheln uns über das Gesicht.

Wir entscheiden uns dazu, die Tour ab hier gegen den Uhrzeigersinn zu wandern. Denn so können wir noch ein wenig die Weitsicht ins **Neuwieder Becken** genießen. Der Weg führt uns geradeaus. Immer an der Hangkante entlang, ohne größere Steigungen, auf einem Waldweg. Unter uns strömt und funkelt romantisch der Rhein. Bänke bieten immer wieder kurze Gelegenheiten, die Blicke oberhalb von Namedy auf den Fluss und das gegenüberliegende Leutesdorf zu genießen.

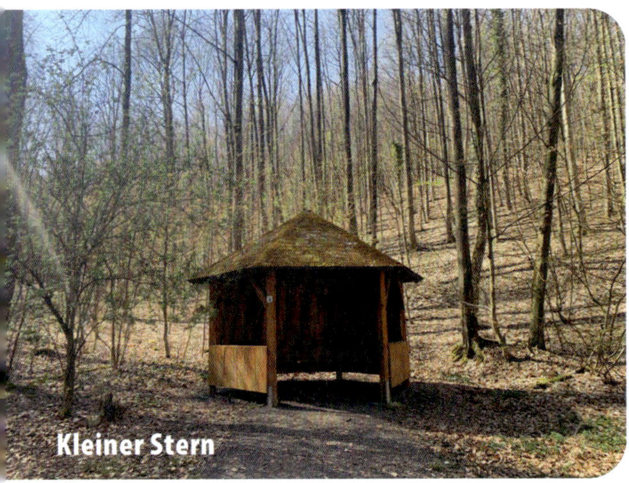
Kleiner Stern

Es geht durch eine dicht gewachsene, schattige **Laubbaumallee.** Unter uns schimmert und strahlt weiter der Rhein durch die Äste des Waldes. So wandern wir eine Weile auf dem Höhenweg – parallel zum Fluss. Am Wegesrand blüht – neben Jungferngras – das violett leuchtende Immergrün. Aber Vorsicht, denn die Pflanze ist giftig! Vorbei geht es an stolzen Hainbuchen und üppig blühenden Holunderbüschen. Wir halten kurz inne – und lauschen dem munteren Konzert zwitschernder Vögel. Immer wieder tun sich Lücken im Blattwerk auf und wir erhaschen weitere Blicke auf den mächtigen Strom in der Tiefe.

Nach sehr entspannten 1,2 Kilometern verlassen wir den Höhenweg entlang des Rheins. Es geht ge-

## Für die Seele

Wir sitzen schweigend und genießen die leichte Brise, die uns um die Nase weht. „Wozu die Hektik", denken wir und lassen hier noch ein wenig die Seele baumeln. Süßes Nichtstun.

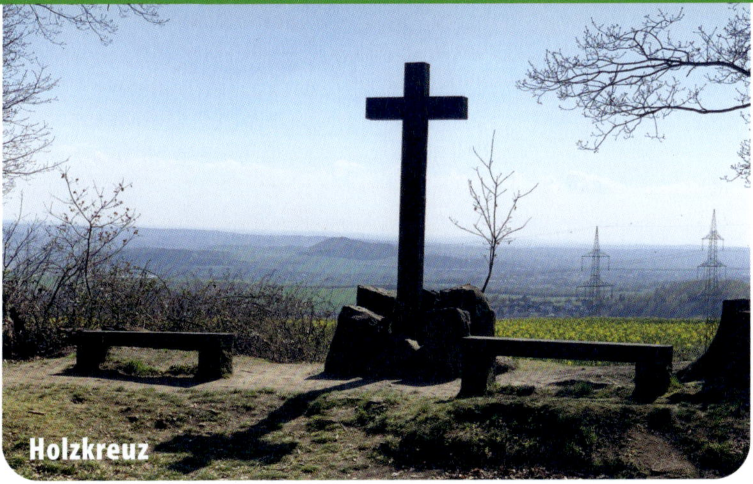

Holzkreuz

radeaus. In Richtung Hinterland. Der Wald wird nun immer dichter. Wir sind umgeben von sattem Grün. Die letzten Verkehrsgeräusche verstummen. Wir erfreuen uns an der puren Natur.

Weitere 300 Meter später gelangen wir an eine Kreuzung, an der die Namensgeberin der Tour steht. Die Schutzhütte **„Kleiner Stern"** 3 – ein pittoreskes Holzhäuschen mit Spitzdach. Hier wenden wir uns scharf nach links. Der Weg führt nun leicht bergauf. Auf schönen erdigen Waldpfaden. Der Gipfel ist nah. Es sind noch 900 Meter bis zum Hochkreuz – dem höchsten Punkt dieser Tour. Nach weiteren 100 Metern weist uns ein **Holzkreuz** den Weg. Es geht nach rechts und weiter bergauf. Schritt für Schritt nähern wir uns dem Gipfel. Die Stille des Waldes umgibt uns. Hier und da begleiten Vögel zwitschernd unseren Weg.

Insgesamt 2,3 Kilometer sind wir nun unterwegs, als wir plötzlich erstaunt innehalten und unseren Blick nach rechts wenden: Mitten im Wald entdecken wir einen engen **Mountainbike-Trail.** Gleich darauf, kreuzt er unseren Wanderweg. Heute sind allerdings keine Biker unterwegs. Wir haben den Wald für uns.

200 Meter vor dem Hochkreuz geht es an einer Kreuzung noch einmal bergauf. In einer kurzen Zickzacklinie erreichen wir einen breiten Forstweg und wandern nun einen Abschnitt des **Rhein-Burgen-Weges** entlang.

Schon bald erreichen wir das **Hochkreuz** ④ am Waldrand. Hinter diesem eröffnet sich uns eine sagenhafte Weitsicht über Felder hinweg auf die Dörfer und Hügel der Eifel. Einfach traumhaft. Der höchste Punkt der Tour ist erreicht. Wir nutzen die Gelegenheit zu einer Rast. Innehalten. Genießen. Entspannen. Ausreichend Bänke und Tische laden zum Waldpick-

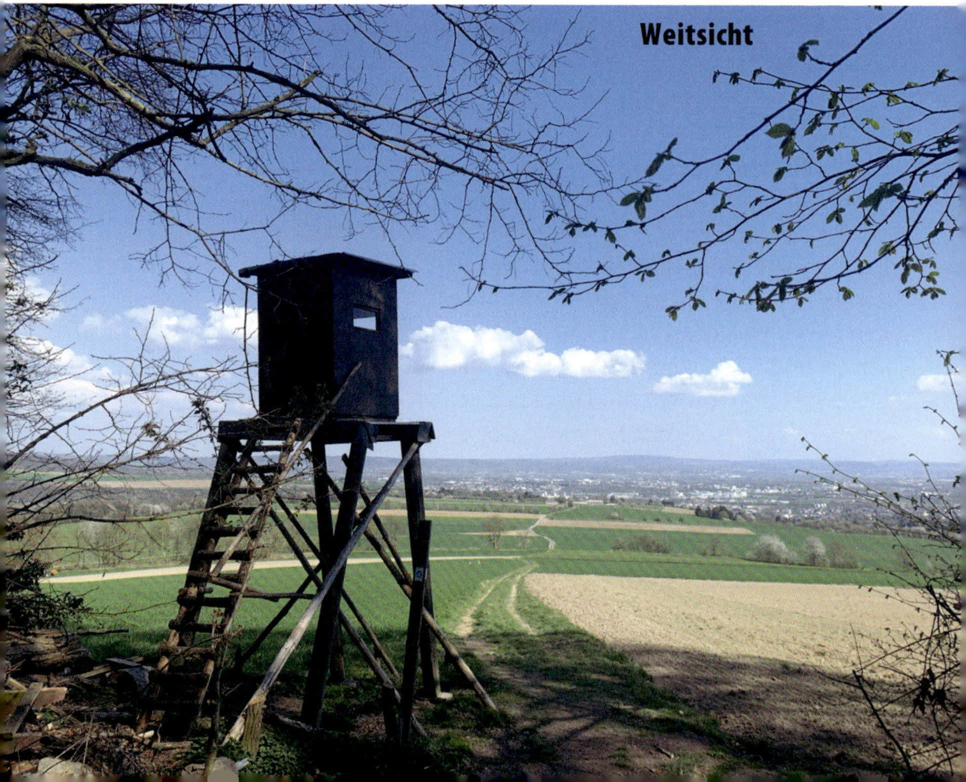

Weitsicht

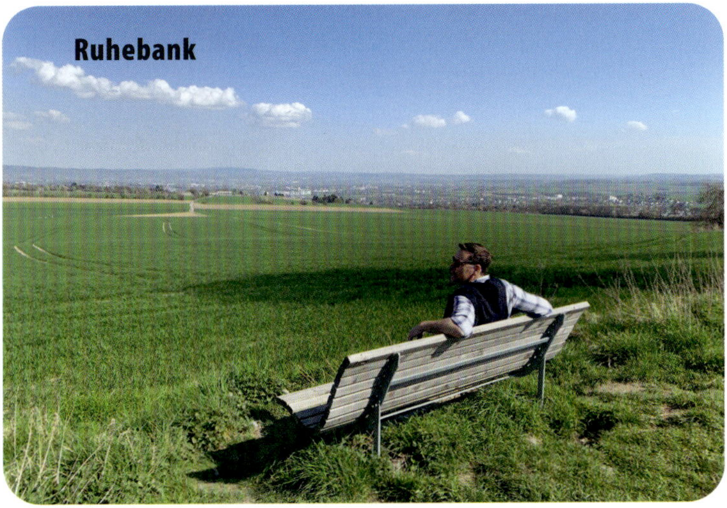


nick ein. Nach 20 Minuten ausgeprägter Ruhe treten wir den Rückweg an. Es geht nach links. Bergab. Zunächst weiter durch dichten Wald. Nach wenigen Hundert Metern erreichen wir den Waldrand und kommen auf einem Feldweg an einem **Hochsitz** vorbei. Hier blicken wir gebannt in weite offene Flur. Die Sicht reicht bis zu den mächtigen Kegeln der Vulkaneifel. Ein grandioser Panorama-Blick über das Neuwieder Becken.

An der nächsten Gabelung, am Ende der Felder, begeben wir uns nach links. Wir befinden uns nun auf 248 Metern Höhe. Eine **Ruhebank** lädt zum Entspannen ein. Schweigend sitzen wir auf der Bank und lassen unsere Gedanken fliegen. Einfach nur den Blick genießen. Über die vor uns liegenden Felder, die weiter rechts am Horizont auftauchenden Vulkankegel der Eifel und nach links hinüber zum Neuwieder Becken. Wir gehen den Wiesenweg weiter. Jetzt im April blühen neben uns am Wegesrand die Weidenkätzchen – wir lieben diesen Anblick.

Am Ende dieser Wegetappe wenden wir uns nach rechts und spazieren nun auf einem weiteren, sehr offenen und schönen Feldweg dahin. Der Weg ist eben und flach und die wunderbare Weitsicht ist einfach traumhaft. So viele verschiedene Ausblicke auf einem solch kurzen Weg. Nach etwa 400 Metern heißt es aufpassen: Die Beschilderungen, denen wir nun folgen, sind im Boden eingelassen. Zunächst geht es nach links – quer über ein Feld. Und wir bemerken: Die offene Landschaft weitet unseren Blick. Wir lassen unsere Gedanken schweifen und genießen Momente purer Glückseligkeit. Vereint mit uns selbst und mit Mutter Natur.

Den letzten Kilometer zurück zum **Parkplatz Krahnenberg** wandern wir in strahlendem Sonnenschein. Bevor wir die Zufahrt zum Parkplatz passieren, schauen wir noch einmal zurück und genießen den offenen Rundblick.

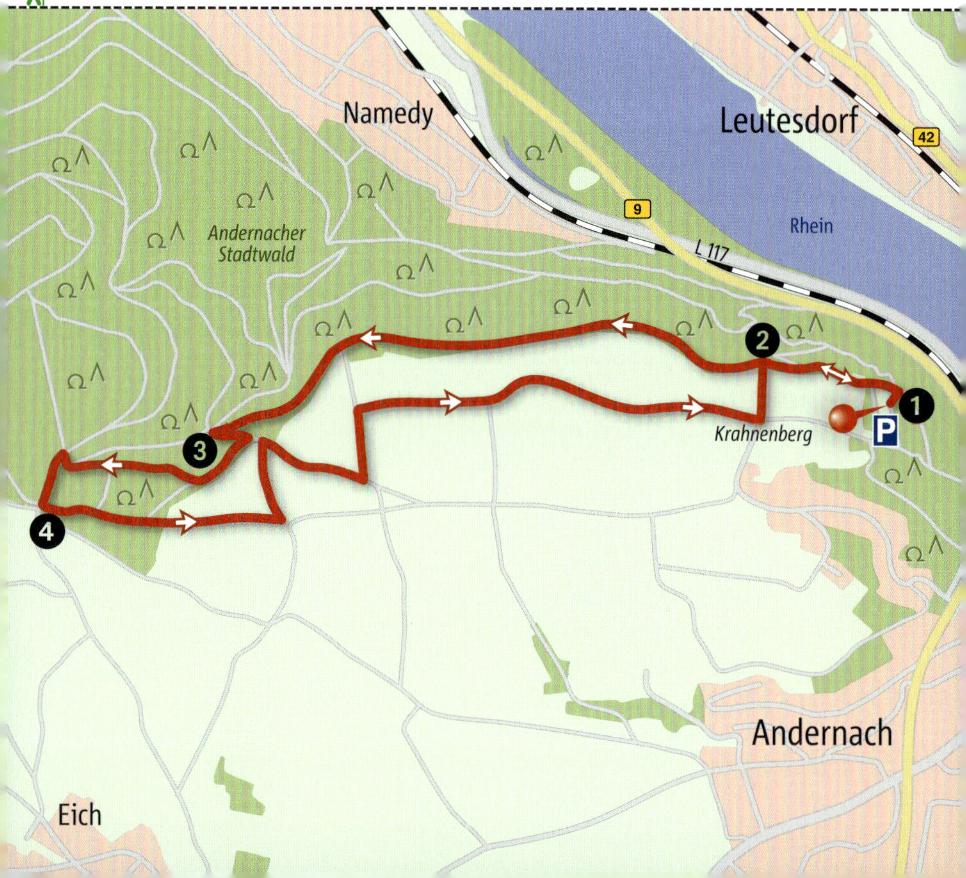

Entspannung ✱✱✱✱✱
Genuss ✱✱✱✱✱
Romantik ✱✱✱✱✱

**WIE & WANN:**
**Waldwege, Naturpfad, Schotterweg. Ganzjährig begehbar.**

**HIN & WEG:**
**Auto:** B 9 nach Andernach, in der Ortsmitte vom Bahnhof aus der Beschilderung „Zum Krahnenberg" folgen. Parkplatz Krahnenberg, 56626 Andernach (GPS 50.442085, 7.388156)

**ÖPNV:** Von Mainz oder Koblenz mit dem Zug bis Andernach Bf., ab hier mit dem Bus 363 bis Haltestelle „Krahnenberg 2" (Ruf-Taxi von/bis Bf. Andernach – Anmeldung mindestens 30 Minuten vor Abfahrt, Tel. (0 26 32) 29 83 21)

**ESSEN & ENTSPANNEN:**
Bitte an Rucksackverpflegung denken!

**ENTDECKEN & ERLEBEN:**
**Aussichtskanzel ❶**
**Stele „Schöne Rheinsicht Mittelrheintal" ❷**
**„Kleiner Stern" ❸**
**Hochkreuz ❹**

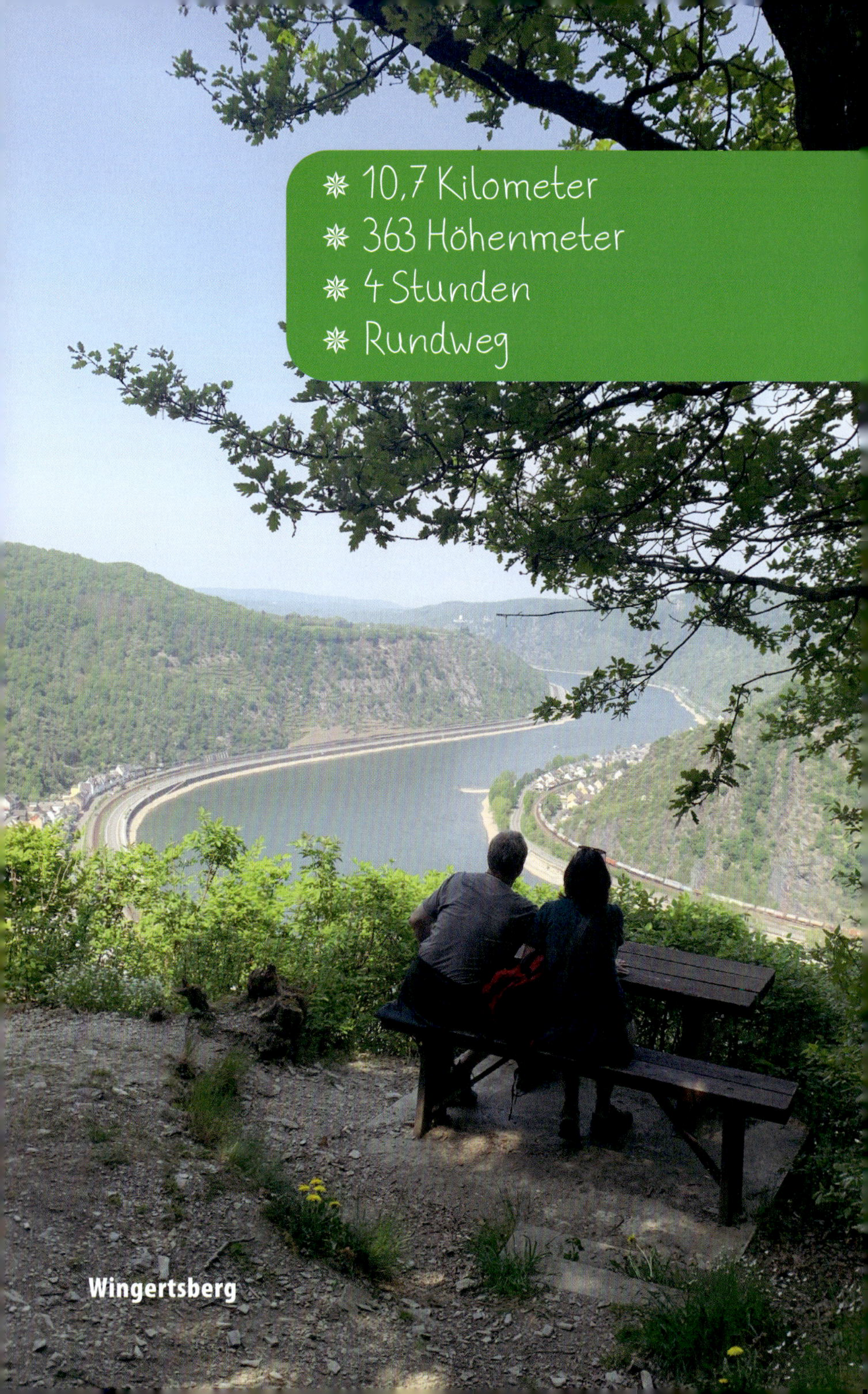

- 10,7 Kilometer
- 363 Höhenmeter
- 4 Stunden
- Rundweg

Wingertsberg

# Pures Rheingold

## Bopparder Burgenpanorama

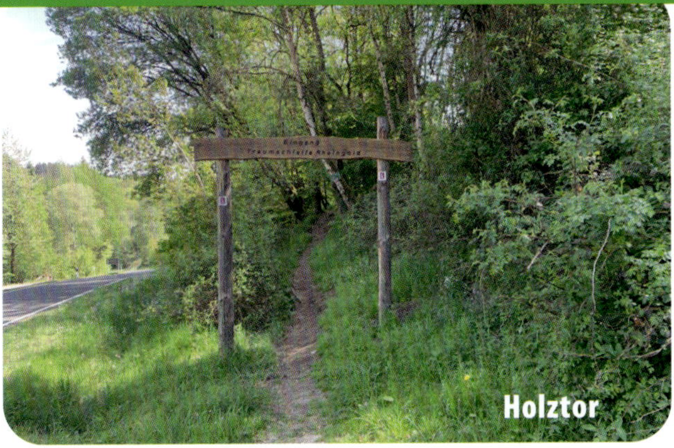

Holztor

Dieser Weg ist ein Fest für alle Sinne. Vor allem die Augen gehen auf Reisen. Immer wieder gilt es, Neues zu entdecken, auf einer traumhaft schönen Schleife. Wir starten am **Wanderparkplatz „Am Patelsbach"** zwischen Rheinbay und Hirzenach. Wir queren die K115 und begeben uns direkt zum Einstiegspunkt der Tour. Durch ein **Holztor** gehen wir auf einem schmalen Waldpfad leicht bergauf. Wir folgen der Markierung **„Rheinburgenweg"**. An der ersten kleinen Lichtung schauen wir zurück auf Rheinbay, das nun auf einer Anhöhe gegenüber von uns liegt.

An der nächsten Gabelung gehen wir nach links auf eine **asphaltierte Straße.** Nach einer Rechtskurve verlassen wir den Weg und gehen geradeaus weiter. Auf einem **Wiesenweg** geht es bergauf. Oben angekommen überqueren wir einen **Feldweg** und wandern einen **Wiesenpfad** hinunter. Wir genießen die Weite der saftig grünen Felder, die sich vor uns öffnen. An einem kleinen Tannenwäldchen geht es nach rechts. Wir laufen entspannt nebeneinander und blicken über Wiesen, Blumen und Tannen hinweg in den Hunsrück und den gegenüberliegenden Taunus. Schon bald erreichen wir ein kühlendes schattiges Buchenwäldchen. Dahinter gelangen wir an eine kleine Kreuzung und auf einen asphaltierten Weg. Wir folgen dem Weg halbrechts weiter. Es geht leicht bergauf und gleich darauf nach links in die Straße **Zur Bleiche.** Wir sind jetzt in **Holzfeld,** gehen nach links hinunter, vorbei an gepflegten Vorgärten und Einfamilienhäusern.

*Rockstar Tina Turner ist mit einem Holzfelder verheiratet. Beide haben noch ein Haus in Holzfeld und werden ab und zu hier gesichtet.*

Am Ende der Straße wenden wir uns nach links in Richtung Wilpertskopf. Schritt für Schritt lassen wir das kleine Dorf hinter uns. An der nächsten Abzweigung geht es nach rechts. 40 Meter weiter wieder nach links und den Hang hinunter. Unten angekommen wandern wir nach links auf einem schönen Wiesenweg weiter. Es geht immer weiter bergab. Vorbei an malerischen Blumenwiesen, durch eine schöne Allee. Neben uns gackern frei laufende Hühner. Und immer wieder laden Bänke zum Verweilen ein. Wir folgen

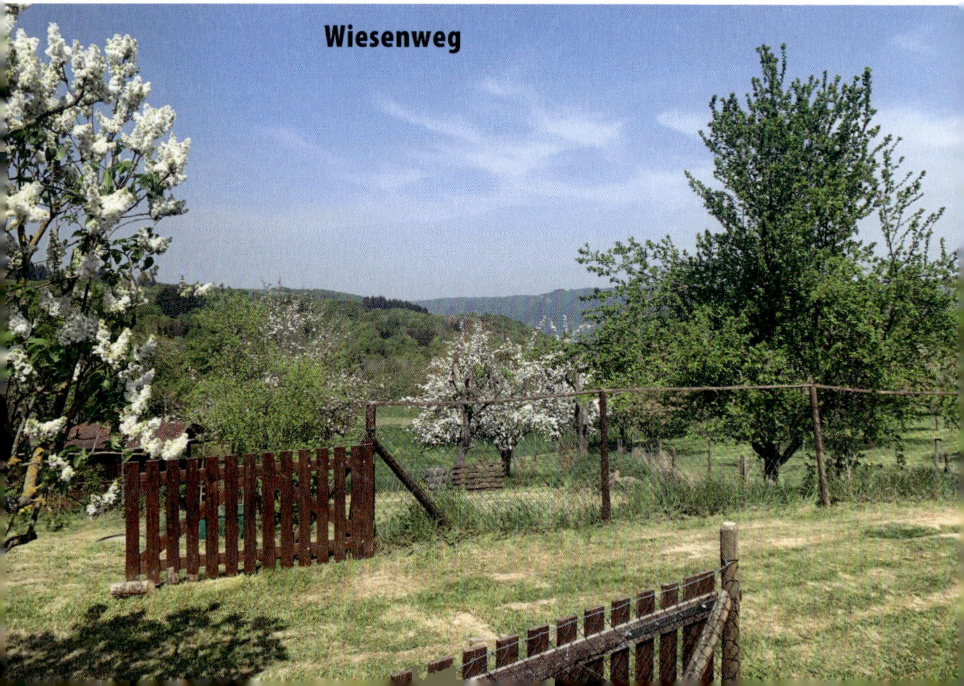
**Wiesenweg**

## Für die Seele

Wie durch einen Zauberwald führt der Weg nach unten – und auf einem **Waldsofa** genießen wir den nächsten grandiosen freien Blick auf den Rhein.

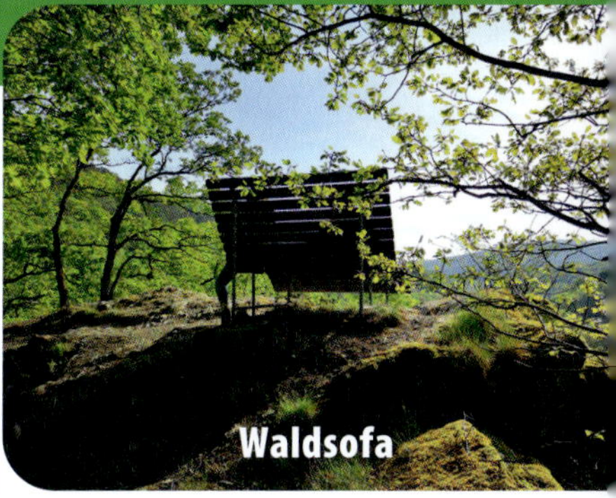
Waldsofa

weiter der **lila-weißen Markierung.** Es geht entlang einer kleinen Ortschaft hinein in den Wald. Ab hier entfaltet dieser Weg seine einzigartige Schönheit. Immer wieder erhaschen wir durch das dichte Blattwerk kurze, aber beeindruckend schöne Ausblicke auf den Rhein, bis wir nach einigen Hundert Metern das erste **Aussichtsplateau Am Wingertsberg** 1 erreichen und einen atemberaubenden Blick auf das Mittelrheintal genießen.

Nach 20 Minuten gehen wir weiter. Auf einem schmalen Pfad. Die Äste der Bäume biegen sich von beiden Seiten über unseren Köpfen. Und immer wieder erfreuen wir uns an grandiosen Blicken auf den Rhein.

Nur wenige Meter weiter erwartet uns der nächste Aussichtspunkt, die nächste Gelegenheit, zu entspannen und zu genießen. Wir sind am **Wilpertskopf** 2. Ein beeindruckendes Felsmassiv. Hier warten ein **Waldsofa** und eine **Skulptur aus Holz** auf uns. Wir blicken auf die Burgen Sterrenberg und Liebenstein, die sogenannten **Feindlichen Brüder.** Als wir diesen wunderschönen Ort verlassen, nehmen wir den rechten schmaleren Weg und gehen den Berg hinunter. Immer wieder gibt es Ruhebänke und die Gelegenheit, das Panorama zu genießen.

Wir erreichen einen Eichen-Niederwald. Auf einem schmalen Pfad geht es den Berg hinunter. Immer wieder sind Stufen in den Boden eingearbeitet. So können wir den Abstieg entspannt bewältigen.

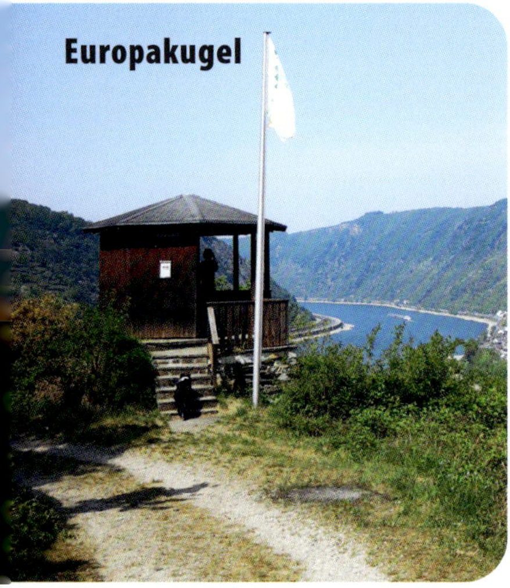


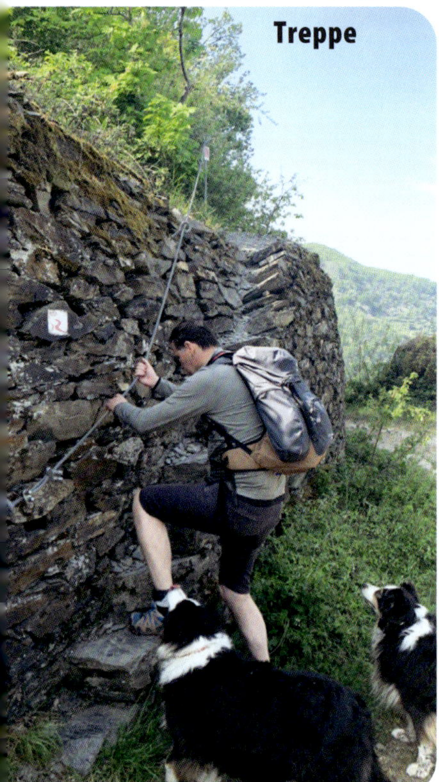


An der nächsten Weggabelung wenden wir uns nach rechts auf einen etwas breiteren Feldweg. Nun laufen wir entlang eines Baches. Schritt für Schritt wandern wir dem Tal entgegen. Immer wieder erhaschen wir freie Blicke in die Tiefe und auf die Weite des Rheintals. Wir gehen weiter bergab. Nach etwa 4,5 Kilometern gelangen wir an eine kleine Schutzhütte: die **Europakuppel** ❸. Oberhalb von Hirzenach liegt dieser sagenhafte Aussichtspunkt und bietet einen grandiosen Rundblick. Ein perfekter Ort für unsere erste Rast. Nach der entspannten Pause steigen wir an der gegenüberliegenden **Weinbergmauer** ein paar steinerne Treppenstufen nach oben. Die Treppe ist mit einem starken Seil gesichert, an dem wir uns festhalten können. Am Ende der schmalen Treppe geht es hinein in den alten Weinberg. Nach der tiefsten Stelle der gesamten Tour führt der Weg nun wieder bergauf. Steiler und schroffer wird der Pfad. Es geht über den Grat und mitten durch Felsen und Ginster. Wir überwinden einen Höhenmeter nach dem anderen.

Die Hälfte des Anstieges ist geschafft. Eine breite, schöne Bank wartet auf uns. Wir tanken Kraft und genießen an diesem himmlischen Fleckchen Erde das unfassbar schöne Panorama auf zwei Seiten des Rheins. Anschließend geht es noch ein Stück bergauf. Der Weg bleibt schroff und schmal, aber dank **Holztreppen** lässt sich diese Passage gut meistern. Zwischendurch nutzen wir immer wieder kleine Atempausen, um zurückzublicken. In die Tiefe und hinunter auf den Rhein. Wir erreichen ein Waldstück und lassen den Rhein für eine Weile hinter uns. Es geht auf einem schmalen Pfad durch einen dicht bewachsenen Wald. Vorbei an knorrigen Bäumen immer weiter nach oben. Wir spüren jetzt eine erfrischend kühle Brise und freuen uns über den Schatten spendenden Wald. Dazwischen erleben wir immer wieder wunderschöne Blicke auf den Rhein.

Wir erreichen ein **Waldsofa** und eine Bank und gehen dahinter nach rechts den Rheinburgenweg hinunter. Nach 300 Metern überqueren wir die **K115.** Direkt gegenüber geht es weiter. Wir gehen auf einem Feldweg durch den Wald und entlang eines Baches, der gemütlich unter uns dahinplätschert. Bergauf und bergab wechseln sich ab. An einem Baum, der sich wie ein Torbogen quer über den Weg geneigt hat, nutzen wir die Gelegenheit. Wir hängen einfach mal ab. Im wahrsten Sinne des Wortes. Arme hoch und wie am Reck baumeln wir am Stamm hin und her.

Der Pfad schlängelt sich nach oben. Vorbei an Kräutern, Gräsern, Blumen und knorrigen Bäumen. Oben wartet wieder eine Bank auf uns. Die Verschnaufpause kommt genau im richtigen Augenblick. Wir werden wieder belohnt mit einem weiteren romantisch-fantastischen Ausblick auf den Rhein und die Europakuppel unter uns. Ab hier geht es steil nach unten. Wir schauen auf die historische **Weinberganlage Probsteiberg ④.** Bergauf und bergab. Eingelassene Treppenstufen machen uns den Abstieg leicht. Wie durch einen Zauberwald führt der Weg nach unten – und auf einem **Waldsofa** genießen wir den nächsten grandiosen freien Blick auf

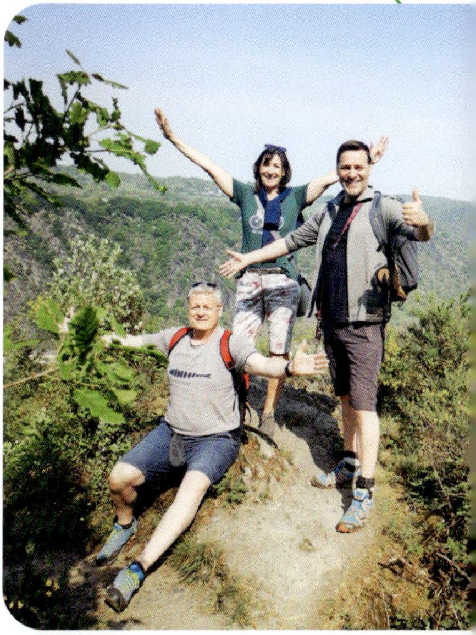

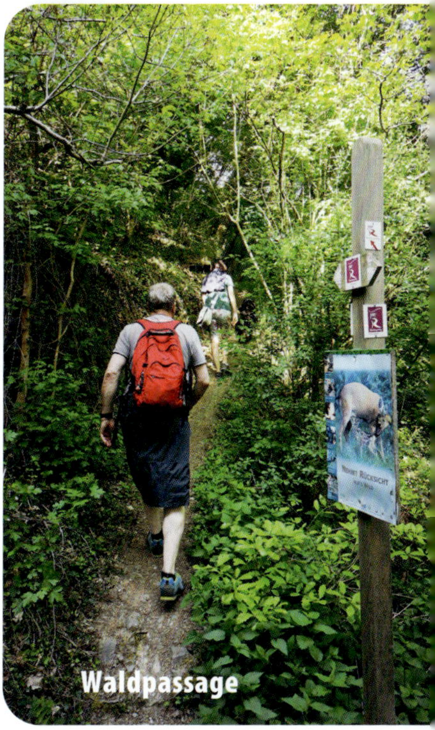

Waldpassage

den Rhein, das gegenüberliegende Kestert, das unter uns liegende Hirzenach und die Weinberge des Mittelrheins. Wir sind am sogenannten **Bocksberg ⑤.** Er führt den Rheinburgenweg und die Traumschleife Rheingold zusammen. Ein weiteres absolutes Highlight an diesem Tag. Ein atemberaubender Ausblick.

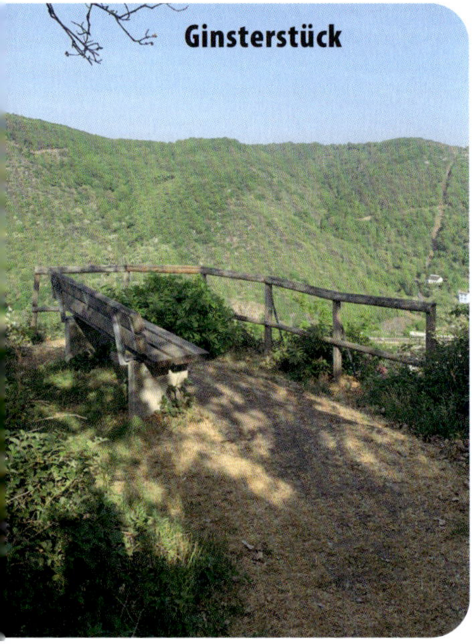


Der Weg wird wieder breiter. Auf festem Waldboden geht es stetig, aber nicht mehr so steil bergauf. Am Ende gabelt sich der Weg. Wir nehmen die rechte Abzweigung. Noch einmal genießen wir die tolle Aussicht und wandern weiter parallel zum Rhein. 20 Meter hinter einer Bank geht es rechts einen schmalen Pfad bergab, geschützt im Schatten der Bäume. Anschließend folgt wieder ein Anstieg – und plötzlich stehen wir auf einem weitläufigen **Hochplateau.** Direkt an einer großen, saftig grünen Wiese. Unter uns fließt der Rhein. Wir bleiben auf dem Pfad und erfreuen uns an grandiosen Ausblicken. Wir erreichen den nächsten beeindruckenden **Aussichtspunkt Ginsterstück ⑥.** Ein spektakulärer Felsvorsprung oberhalb des Rheins mit Blick auf das gegenüberliegende Kestert und in das Obere Mittelrheintal. Von dem Hochplateau aus führt uns links ein Felsenpfad hinauf und wir gelangen auf ein Feld. Im sich anschließenden Wald gehen wir den Pfad hinauf. Mitten auf den Felsen stoßen wir auf ein gemütliches **Waldsofa mit Panoramablick.**

An einer Kreuzung im Wald gehen wir nach links. Nach etwa 30 Metern gabelt sich der Weg und führt für uns nach rechts. Unmittelbar dahinter erreichen wir eine kleine **Schutzhütte.** Von dort geht es scharf rechts in den Wald hinein, weiter bergauf. Nach diesem in den Felsen gehauenen, steilen und schönen Anstieg erwartet uns schon das nächste **Waldsofa** mit einem weiteren bildschönen Panoramablick. Wir erreichen den **Keltenblick** – am ehemaligen Keltenringwall. Von hier aus erblicken noch einmal die zwei Burgen der „Feindlichen Brüder“.

Nun geht es über einen schönen Waldpfad zunächst bergab – entlang des äußeren Ringes des Keltenwalles. Im Wechsel geht es rauf und wieder runter. In Richtung Panorama-Blick und Edgar-Reitz-Blick. Nachdem wir den Wald durchquert haben, erreichen wir noch einmal ein **Hochplateau.** Wir sehen die Höhen des Hunsrücks. Auf diesem Feldweg gehen wir nach links und bleiben auf dem schönen Höhenweg. An der Gabelung biegen wir nach links auf einen Wiesenweg ab. Wenige Meter später erreichen wir den **Panorama-Blick ⑦.** Der Blick ins Mittelrheintal und auf das Ehrenthaler Werth begeistert uns und lässt uns zugleich verstummen. Etwa 50 Meter vom Panorama-Blick entfernt geht es nach rechts. Wir wandern auf einer schönen, breiten Wiese quer über das Feld und bleiben in der Höhe.

Nach 200 Metern erreichen wir eine T-Kreuzung. Dort gehen wir nach rechts. 100 Meter später nach links. Wir erreichen den **Edgar-Reitz-Blick ⑧.** Hier hat

*Vor rund 2500 Jahren siedelten sich die Kelten am Rhein an. Reste des Keltenwalls sind heute noch zu erkennen. Er markiert die nordwestliche Begrenzung der keltischen Höhensiedlung.*

**Edgar-Reitz-Blick**

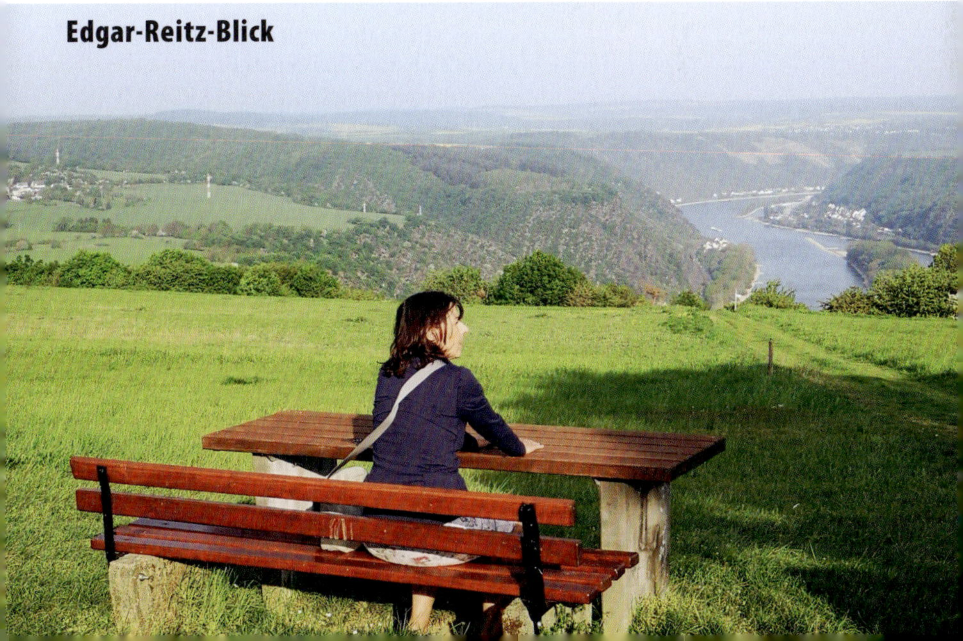

# Auszeittour 2

der berühmte Regisseur für seine Filmsaga „Heimat“ eine romantische Picknick-Szene gedreht. Einen besseren Ort können wir uns für eine Rast im Grünen kaum vorstellen. Originalfotos an dieser Stelle erinnern an die Dreharbeiten.

Wir gehen den Wiesenweg bergab, auf den Rhein zu. Der Weg führt uns durch ein kleines Mischwäldchen, weiter bergab. Wir überqueren einen Feldweg. Der Wald liegt bald wieder hinter uns. Noch einmal erblicken wir den Rhein. Wir treffen auf einen Feldweg und gehen nach rechts. Etwa 100 Meter weiter geht es links ein paar Treppenstufen hinunter, auf einen schmalen Pfad und wieder in den Wald hinein. Wenig später erreichen wir den Ausgangspunkt unserer wunderschönen Wanderung.

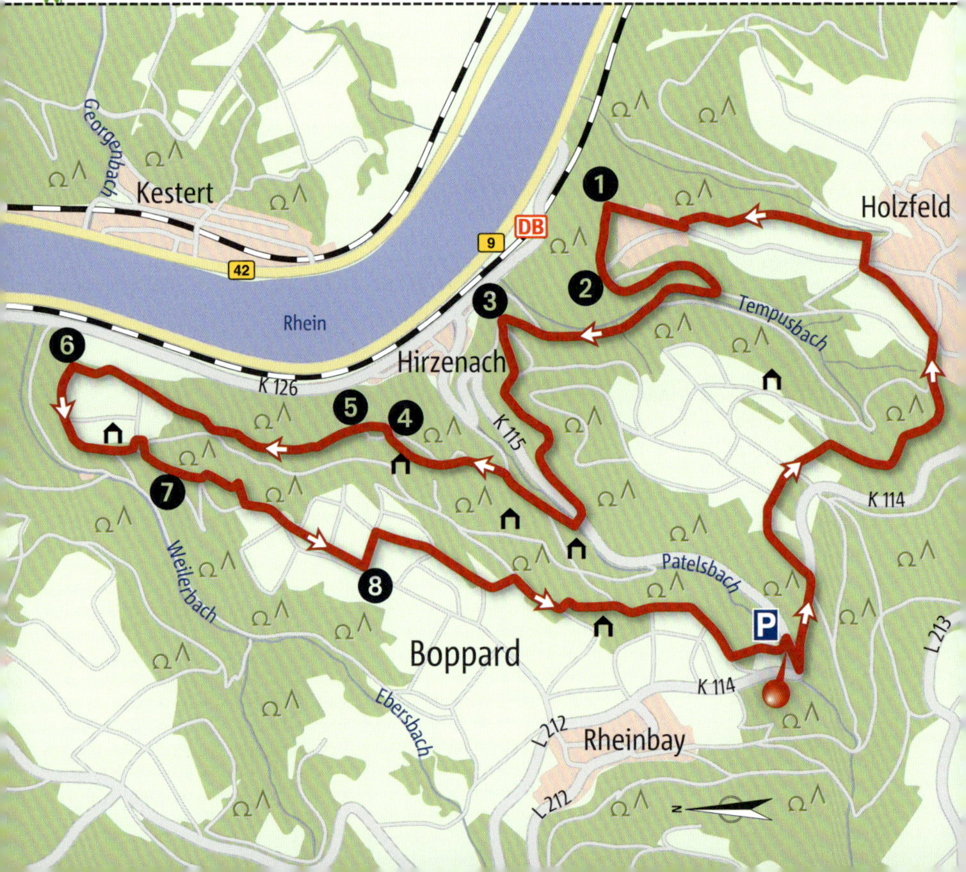

Entspannung ★★★★☆
Genuss ★★★★★
Romantik ★★★★☆

**WIE & WANN:**
**Asphaltwege, Waldwege, Naturpfade, Wiesenwege.**
**Ganzjährig begehbar. Beste Wanderzeit: Frühjahr und Herbst.**

**HIN & WEG:**
**Auto:** Wanderparkplatz am Patelsbach, an der Kreuzung K 114 und K 115 zwischen Rheinbay und Hirzenach, 56154 Boppard (GPS: 50.167386, 7.628893)
**ÖPNV:** Keine direkte ÖPNV-Verbindung zum Wanderparkplatz

**ESSEN & ENTSPANNEN:**
Bitte an Rucksackverpflegung denken!

**ENTDECKEN & ERLEBEN:**
**Aussichtsplateau Am Wingertsberg** ❶
**Wilpertskopf** ❷
**Europakuppel** ❸
**Weinberganlage Probsteiberg** ❹
**Bocksberg** ❺
**Aussichtspunkt Ginsterstück** ❻
**Panorama-Blick** ❼
**Edgar-Reitz-Blick** ❽

- 6,1 Kilometer
- 216 Höhenmeter
- 2 Stunden
- Rundweg

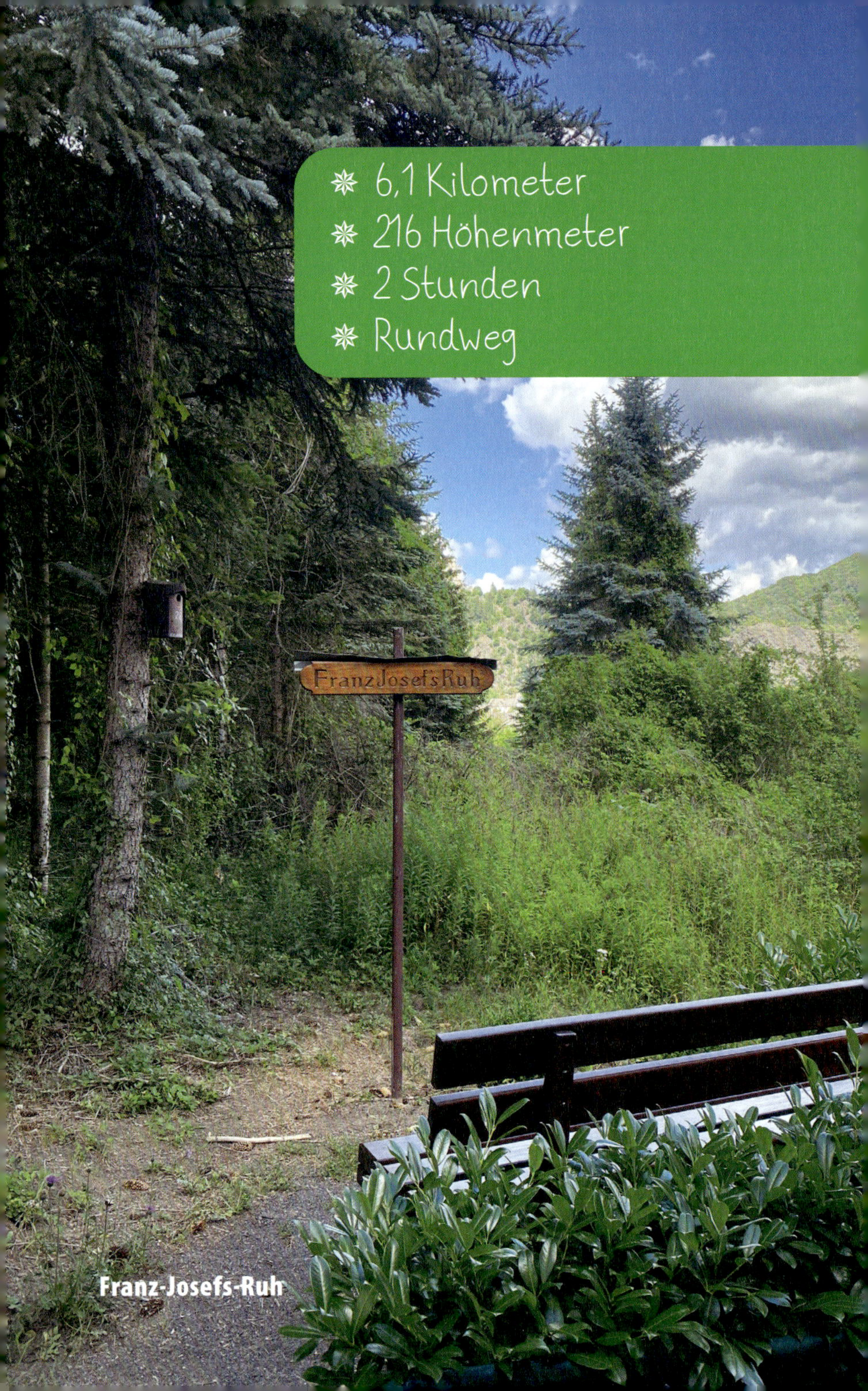


Franz-Josefs-Ruh

# (Rh)Einblicke

## Spayer Rundweg „BlickinsTal“

Wir beginnen unsere Tour am **Wanderparkplatz Spay** nahe dem Grünabfallsammelplatz. Neben der Einfahrt zum Parkplatz informiert eine Schautafel über die Besonderheiten des Rundweges. Nach wenigen Metern auf einem asphaltierten Weg erreichen wir rechter Hand den **Start- und Endpunkt** unserer Tour. Wir begeben uns nach rechts auf einen ansteigenden schmalen Pfad. Dabei folgen wir ab hier der blauen Ausschilderung **„Traumpfädchen“.** Es geht sanft, aber stetig bergauf, mitten durch einen lichten Laubmischwald. Es duftet nach frischem Grün und Moos. Der schmale Pfad ist dicht gesäumt von Ahorn und Efeu. Ein schöner, verwunschener, wildromantischer, kleiner Waldweg.

Nach etwa 300 Metern erreichen wir eine erste Gabelung, biegen rechts ab und gelangen auf einen breiteren **Asphaltweg.** Daneben entdecken wir einen ersten kleinen Rastplatz mit einem Tisch und zwei Holzbänken. Nur knapp 100 Meter weiter geht es links in das nächste Waldstück und wir befinden uns erneut auf einem schmalen Pfad. Ein paar Schritte vor uns liegt ein kleines **Wasserpumpwerk,** dort mündet unser Pfad in einen breiteren Waldweg. Nach nochmals gut 200 Metern bergauf erreichen wir die kleine, überaus schmucke **St. Sebastianuskapelle ①.** Ein idyllisches Plätzchen mit einer Bank, die zum Verweilen einlädt. Hier kann man wunderbar die Seele baumeln lassen. Die Kapelle liegt malerisch im Schatten des Waldes und wir blicken noch einmal hinunter auf den Weg, der hinter uns liegt.

*Sebastianus war ein römischer Soldat, der seit dem 4. Jahrhundert von Katholiken sowie Orthodoxen als Märtyrer und Heiliger verehrt wird. Auch die evangelische Kirche erinnert an ihn.*

Unmittelbar auf Höhe der Kapelle biegen wir nach rechts ab – auf einen eigens für diesen Rundweg angelegten Trampelpfad. Wir folgen diesem urigen Weg stetig bergab. Eingelassene Holztreppen und Steinstufen erleichtern den Abstieg. Nach etwa 100 Metern überqueren wir erneut eine asphaltierte Straße. Vor uns liegt die **Aussicht Fuchsenberg 2,** mit Holztisch und zwei Bänken. Von hier aus genießen wir einen wunderbaren Blick nach unten, auf die Pfarrkirche **St. Lambert** in Spay. Dahinter ragen in der Ferne drei unterschiedlich hohe Schornsteine auf: die der **Blei- und Silberhütte Braubach.** Seit 2002 ist dieses Industriedenkmal Teil des UNESCO-Welterbes Oberes Mittelrheintal. Wir machen es uns für ein paar Minuten auf einer Bank gemütlich und lauschen dem Konzert der Vögel.

*Die mittelalterliche Marksburg aus dem 12. Jahrhundert thront erhaben über der Stadt Braubach. Seit 2002 ist die Höhenburg Teil des UNESCO-Welterbes Oberes Mittelrheintal und mittlerweile Sitz der Deutschen Burgenvereinigung.*

Wir verlassen dieses schöne Fleckchen Erde und steigen den schmalen **Naturpfad** weiter hinunter. An dessen Ende halten wir uns links und wandern auf einem breiten **Kiesweg** entlang der Landstraße in Richtung Siebenborn weiter. Nach wenigen Metern eröffnet sich uns erstmals der Blick auf die herrschaftliche **Marksburg 3** auf der gegenüberliegenden Rheinseite.

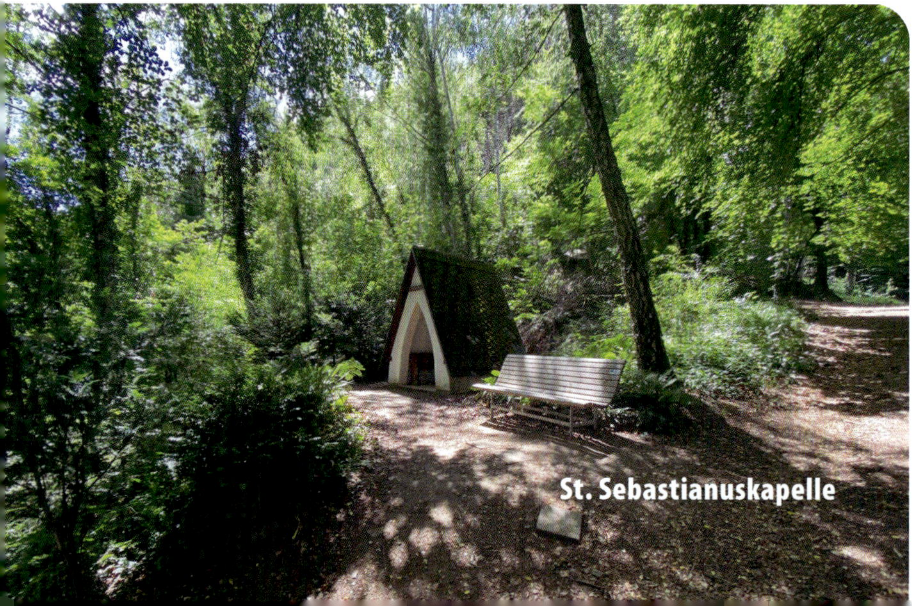

St. Sebastianuskapelle

## Für die Seele

Das Summen der Bienen und das Zirpen der Grillen bringen uns zum Träumen. Der weite Blick über Wiesen, Wälder und das Rheintal lässt unsere Herzen höherschlagen.

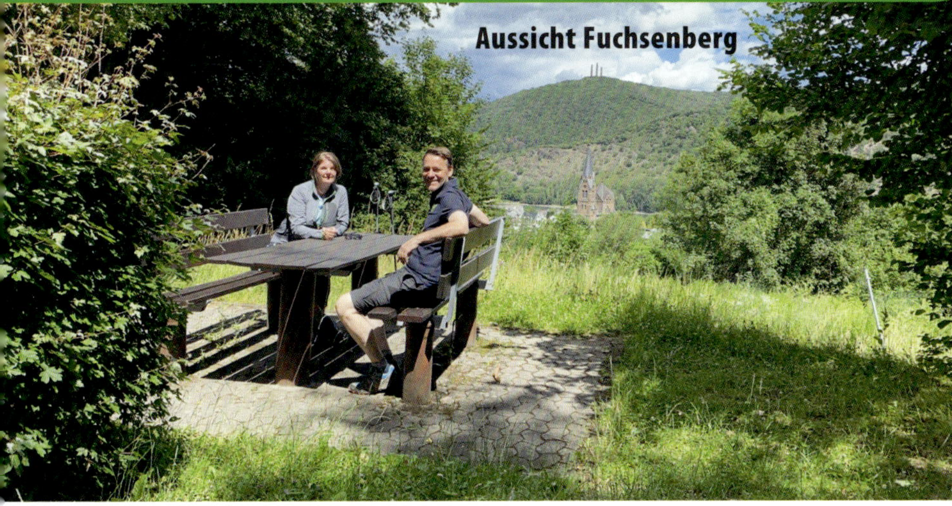
Aussicht Fuchsenberg

Zahlreiche Bänke am Wegesrand laden zum Verweilen und Staunen ein.

An einer kleinen Ruhebank weist das blaue Schild des Traumpfädchens nach links und führt uns wieder in den Wald hinein. Am Wegesrand begegnen uns die ersten Kreuzwegstationen. Wir folgen dem naturbelassenen Pfad nach rechts und wandern vorbei an Wiesen, Wildblumen und Kräutern durch eine lichtdurchflutete und malerische Landschaft – das pure Vergnügen, das sich noch steigert, als wir die **Franz-Josefs-Ruh** ④ erreichen. Was für ein zauberhafter Ort, mit einer gepflegten kleinen Bank, geschützt von einer Lorbeerhecke. Unser Blick schweift über prächtige Bäume, hinter denen sich – wie eingerahmt – erneut die Marksburg zeigt. Wir genießen das wundervolle

Farbenspiel von Mutter Natur. Eine Landschaft wie aus dem Bilderbuch. Nahezu paradiesisch wirkt dieser Ort.

Wir setzen unsere Tour bergauf fort und entdecken ein kleines Schild am Wegesrand. Es verweist auf ein anderes Paradies. Eines für Hummeln, Bienen und unzählige andere Insekten, die sich zwischen einer bunten Flora aus Gräsern, Kräutern und Wildblumen tummeln. „Hier ist die Kinderstube des Wildes" steht auf dem Schild. Vor uns liegt ein weites Feld mit Sträuchern und Bäumen. Eine herrliche Naturkulisse, die imposanten Bäume sehen aus wie verwunschene Waldgeister, so verästelt und gewunden ist ihre Gestalt. Entlang unseres Weges laden immer wieder Ruhebänke zum Entspannen ein.

Vor uns auf der Höhe, im Schatten eines Blätterbaldachins, taucht die **Muttergotteskapelle** ❺ auf. Der Anstieg wird nun etwas steiler und anspruchsvoller. Aber auch hier erleichtern uns eingelassene Stufen den Weg hinauf zur Kapelle. Oben angekommen erwartet uns ein schönes schattiges Plätzchen. Doch noch haben wir den Gipfel nicht erreicht.

Nach etwa 200 Metern weiter bergan ist es geschafft. Wir gelangen zur **Theoretikerhütte** ❻. Von hier

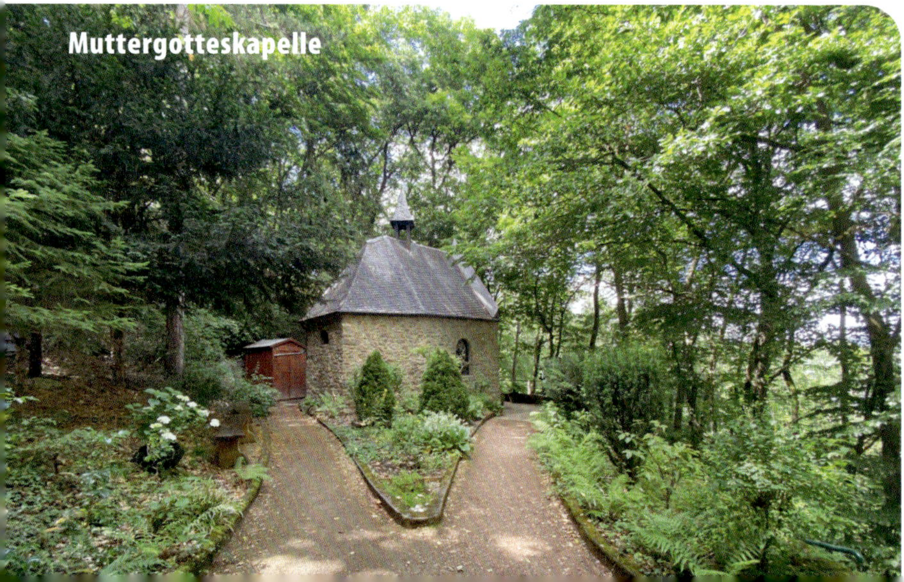
Muttergotteskapelle

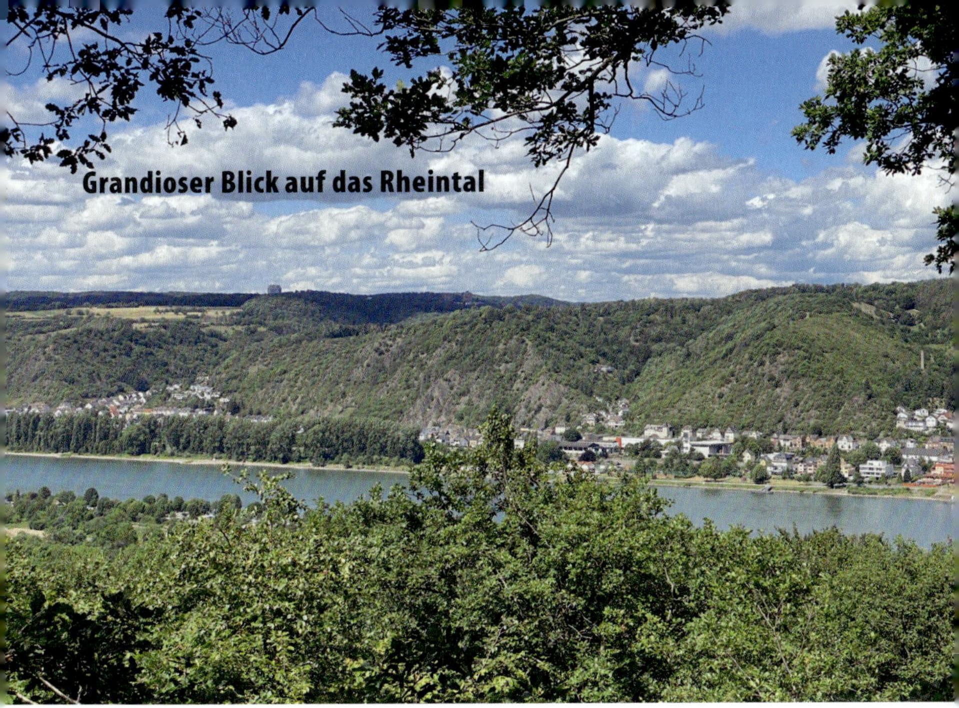

Grandioser Blick auf das Rheintal

aus genießen wir einen wahrhaft grandiosen Blick auf das Rheintal. In dieser Wohlfühlatmosphäre machen wir eine ausgedehntere Rast. Wir lassen einfach die Gedanken schweifen, genießen das süße Nichtstun und die mannigfaltige Schatztruhe von Mutter Natur, während die Blätter der Bäume im Winde rauschen.

Nach unserer Rast geht es nun nur noch wenige Meter bergauf und plötzlich befinden wir uns allein auf offener Flur – mitten auf einer herrlich weitläufigen Hochebene. Wir wandern jetzt insgesamt etwa 2 Kilometer entlang des Rheinplateaus. Zunächst noch leicht bergan – über einen schmalen Wiesenweg eingerahmt von Äckern und Viehweiden. An der nächsten Gabelung wandern wir linker Hand auf einem Feldweg weiter. Wie überall auf dieser Tour: Alles ist perfekt ausgeschildert.

Es geht vorbei an blühenden Wiesen und Getreidefeldern. Unser Blick schweift nach links und es eröffnet sich uns noch einmal eine andere, aber ebenso schöne Perspektive auf die majestätisch am Hang liegende Marksburg. Wir gelangen an eine Weggabe-

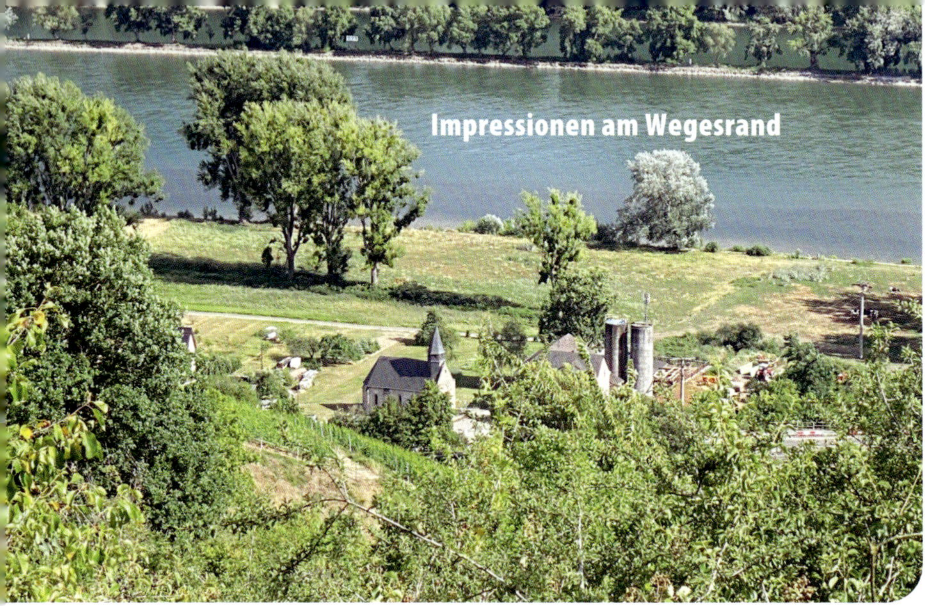


lung und biegen rechts ab. Diesen Abschnitt des Weges lieben wir besonders, denn um uns herum zirpen Grillen um die Wette. Erinnerungen werden wach: an Italien- und Spanien-Urlaube vergangener Tage. Unwillkürlich meinen wir, den Duft von Lavendel, Zypressen und einer salzigen Meeresbrise wahrzunehmen. Mit schönen Erinnerungen im Gepäck erreichen wir die nächste Gabelung.

Unter einem Apfelbaum weist ein Schild uns darauf hin, dass wir uns gerade exakt 216 Meter über Meereshöhe befinden. Wir wenden uns nach links. Wandern vorbei an weiten Feldern und werden mit einem fantastischen Blick auf die Höhen des Hunsrücks belohnt. An der nächsten Gabelung folgen wir dem Weg zunächst wieder nach links. Bei einem Sauerkirschbaum biegen wir scharf rechts und dann gleich wieder links ab. Wir wandern bergab, einen breiten Wiesenweg entlang, der von dichtem Strauchwerk und Bäumen gesäumt wird. Märchenhaft.

Nach wenigen Metern lichtet sich die üppige Vegetation und frischer Wind weht uns ins Gesicht. Plötzlich tut sich vor unseren Augen ein erster fantastischer **Blick auf den Rhein** 7 und das am anderen Ufer gelegene Osterspai mit seinen schmucken Fachwerkhäusern auf.

*Zahlreiche Vogelarten haben hier im Sommer ihr Zuhause – darunter Pirol, Turteltaube, Waldlaubsänger und viele mehr. Im Winter lassen sich Blaumeisen, Seidenschwänze und Bergfinken beobachten.*

Wir wandern weiter. Bergab. Zu beiden Seiten dieses steinigen Schieferweges erheben sich wildromantisch überwucherte Wälle. Wir folgen weiter der Beschilderung „Traumpfädchen" und erreichen über einen schmalen Weg und wenige Stufen den **Aussichtspunkt BlickinsTal** **8** – ausgestattet mit einer Bank und einem **Waldsofa.** Wir genießen den atemberaubenden Blick – in die Tiefe, zum Rhein hinunter, auf die traumhafte Landschaft, die vorbeigleitenden Frachtschiffe, die kleinen Motorboote und die gewundenen Pfade, die sich hinab ins Flusstal schlängeln.

Von hier aus geht es auf einem neu angelegten Pfad noch einmal hinauf auf eine Anhöhe. Dies ist der letzte Anstieg der Tour. Wieder sind einige Stufen in den Boden eingelassen, um das Gehen angenehmer zu gestalten. Wir wandern auf einem schmalen Weg durch ein wunderbar schattiges Tannenwäldchen. Dahinter erwartet uns ein Schotterweg, auf dem wir tiefenentspannt zwischen Feldern auf der einen und dichten Büschen und Sträuchern auf der anderen Seite dahinspazieren. Nach etwa 200 Metern erwartet uns die nächste Aussicht. Dafür verlassen wir kurz den Weg, biegen nach rechts ab und erblicken im Tal die alte **Peterskapelle.**

Zurück auf dem Pfad geht es schon nach wenigen Metern nach rechts und weiter bergab. Wir wandern

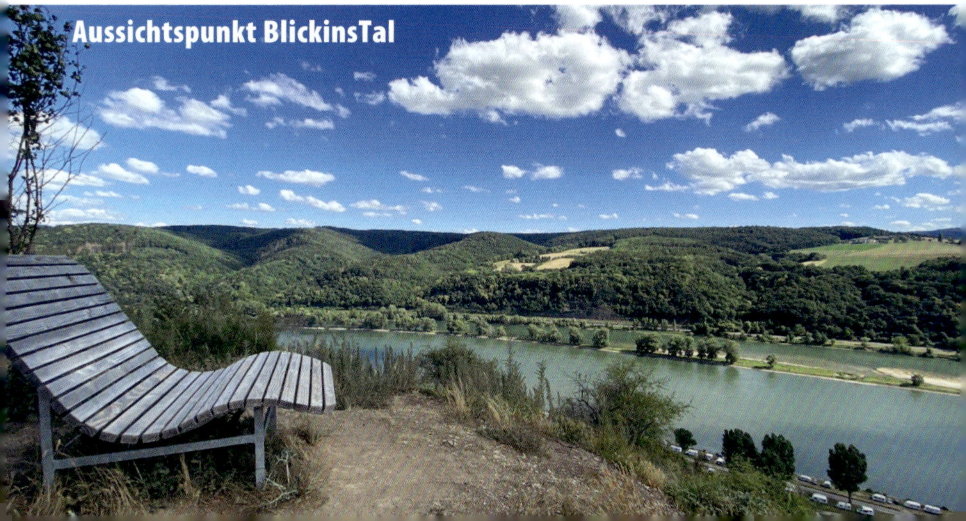

Aussichtspunkt BlickinsTal

einen schmalen Weg entlang, teilweise parallel zum Rhein, und genießen dabei jeden Schritt – eine weitere wundervolle Naturpassage, die unsere Herzen höherschlagen lässt. Zwei Bänke bieten eine letzte Möglichkeit zur Rast, bevor der Abstieg zunehmend steiler wird. Wir kommen an einem alten „Hexenhäuschen“ vorbei, das uns spontan an „Hänsel und Gretel“ denken lässt. Ein wenig gespenstisch, aber in seiner hölzernen Einfachheit bemerkenswert.

Unten angekommen erreichen wir wieder den Asphaltweg und wenden uns nach links. Nach 500 Metern erreichen wir den Start- und Zielpunkt dieser wunderschönen und abwechslungsreichen Rundwanderung.

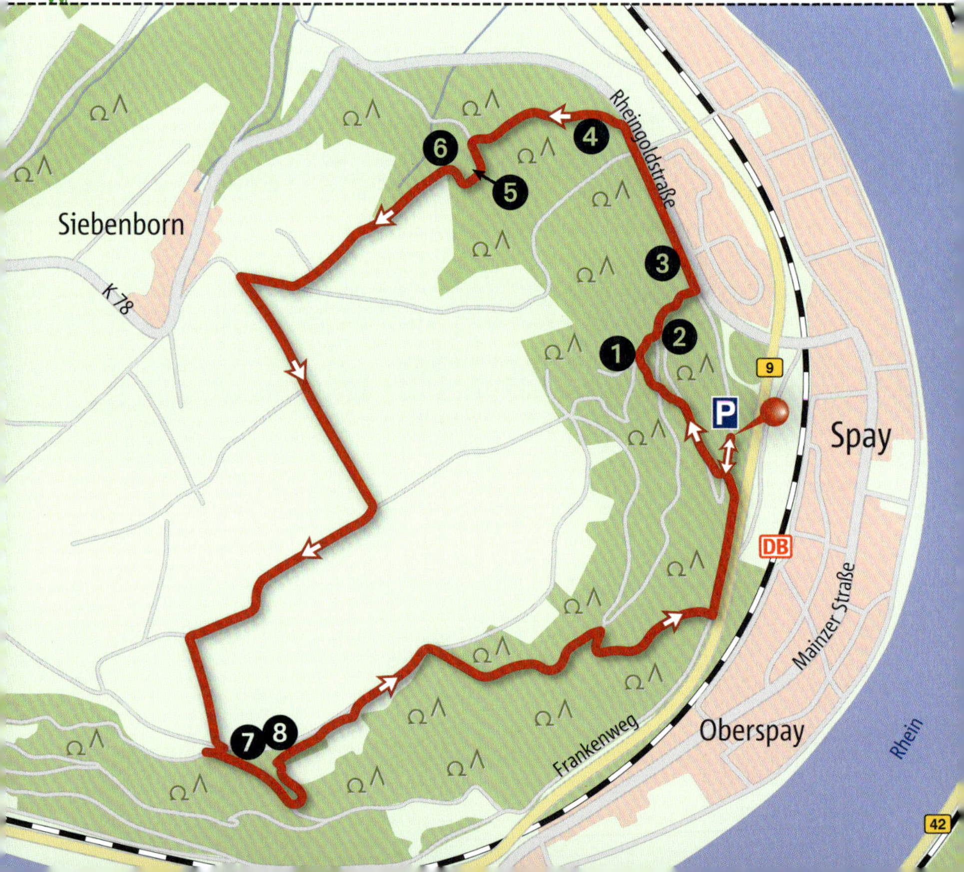

Entspannung ★★★★☆
Genuss ★★★★☆
Romantik ★★★★☆

**WIE & WANN:**
**Asphaltwege, Schotterwege, Naturpfade, Trampelpfade.**
**Beste Wanderzeit: von April bis Oktober.**
**Bei Nässe auf geeignetes Schuhwerk achten.**

**HIN & WEG:**
**Auto:** Wanderparkplatz neben dem Grünabfallsammelplatz Spay, 56322 Spay (GPS: 50.257734, 7.644058)

**ÖPNV:** Von Mainz oder Koblenz mit der Regionalbahn RB26 nach Spay Bf., ab hier ist der Zuweg zur Tour ausgeschildert (etwa 600 Meter Fußweg)

**ESSEN & ENTSPANNEN:**
Bitte an Rucksackverpflegung denken!

**ENTDECKEN & ERLEBEN:**
**St. Sebastianuskapelle ❶**
**Aussicht Fuchsenberg ❷**
**Blick zur Marksburg ❸**
**Franz-Josefs-Ruh ❹**
**Muttergotteskapelle ❺**
**Theoretikerhütte ❻**
**Blick auf den Rhein ❼**
**Aussichtspunkt BlickinsTal ❽**

* 6,1 Kilometer
* 235 Höhenmeter
* 2 Stunden
* Rundweg

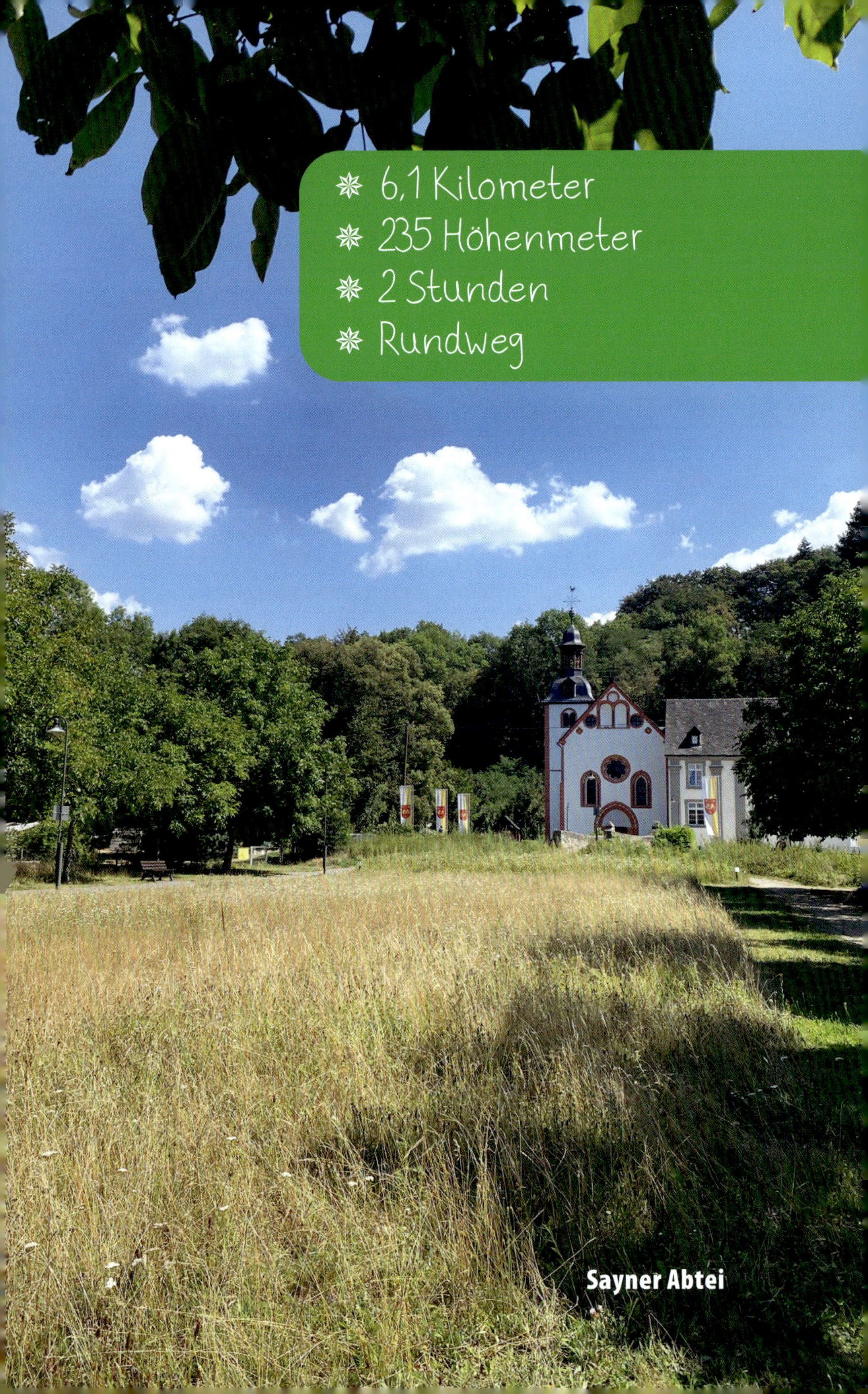

Sayner Abtei

# Schloss & Schmetterling

## Rund um Schloss und Burg Sayn

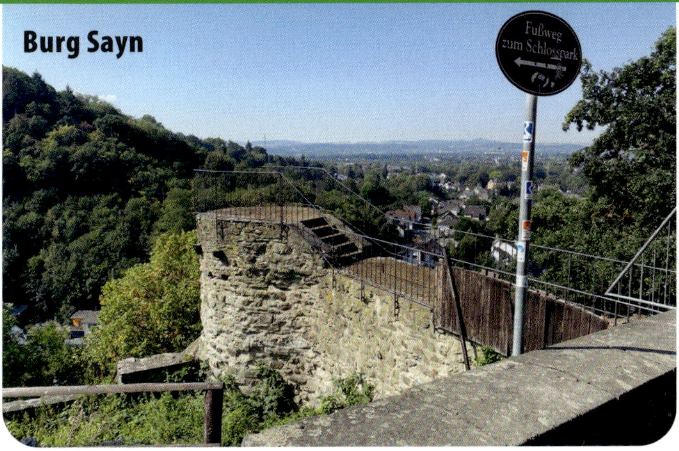


Burg Sayn

Unsere Wanderung beginnt am **Parkplatz in der Koblenz-Olper-Straße.** An einem Schild mit einer großen Wanderkarte verschaffen wir uns einen ersten Überblick. Der Weg führt uns hinüber in Richtung **„Garten der Schmetterlinge“.** Dort gehen wir über einen **Steg** und direkt dahinter an einer Wegekreuzung nach links. Dabei folgen wir der orange-weißen Markierung **„Traumpfädchen“.** Nach wenigen Metern erreichen wir den **Parkplatz von Schloss Sayn** und begeben uns direkt zur **L 306.** Gegenüber, auf der anderen Straßenseite, befindet sich ein schmaler Eingang, der uns hinauf zur **Burgruine Sayn** bringen wird.

Wir folgen dem Pfad zunächst hinter einer **Steinmauer** parallel zur Straße. Der schmale Pfad schlängelt sich aufwärts, vorbei an Sträuchern und Hecken. Nach etwa 200 Metern erreichen wir einen breiten asphaltierten Zufahrtsweg zur **Burg Sayn.** Wir folgen

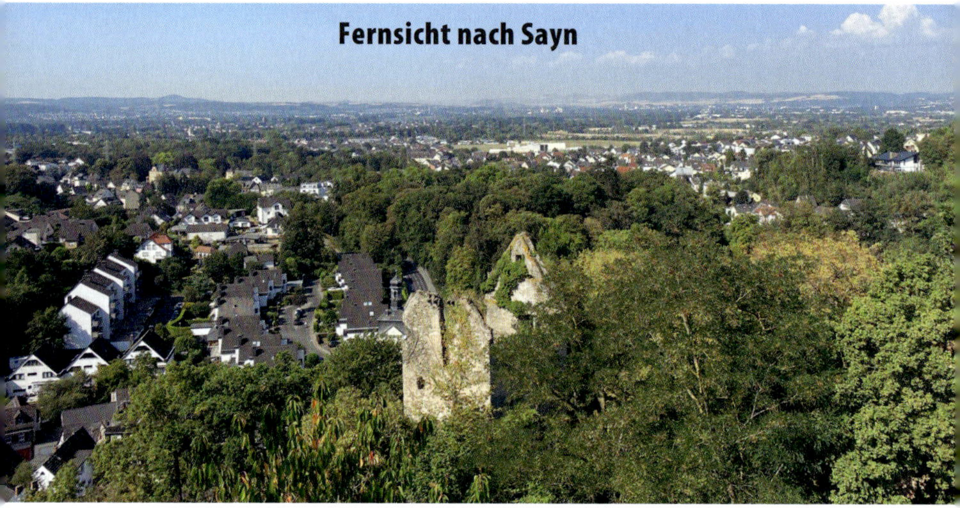


dem Weg weiter nach oben, bis wir einen schmalen Stichweg mit eingelassenen **Holzstufen** erreichen. Wir steigen die Stufen steil nach oben. An der **Burgmauer** vorbei geht es durch ein Tor, hinein in den weitläufigen Innenhof der **Burg Sayn ❶.** Wir durchqueren den Hof. Es geht vorbei an **Filippas Garten** und nach wenigen Metern erreichen wir, etwas erhöht, zwei Bänke mit einer wunderbaren **Fernsicht über Sayn** und das Neuwieder Becken. Auf dem Rückweg werfen wir noch einen kurzen Blick in den tiefen Brunnen der Burg.

Wir folgen der Markierung, die uns über Treppenstufen hinunter auf einen Weg entlang der Burgmauer führt. Von hier aus genießen wir noch einmal einen beeindruckenden Blick auf die steil nach oben ragende Burgmauer und den Burgturm. Wir folgen dem Weg, bis wir nach 100 Metern zu einem **Wildgatter** gelangen. Direkt dahinter wenden wir uns nach rechts und folgen dem schmalen, urigen Pfad hinein in dichten Mischwald. Der Pfad schlängelt sich leicht bergauf, vorbei an knorrigen Eichenbäumen und kleinen Felsvorsprüngen. An einer Kreuzung zweigt unser Weg nach rechts ab. Wir laufen nun stetig bergab. Nach 400 Metern erreichen wir einen breiten Wan-

## Für die Seele

Vor uns taucht ein Reh auf. Es steht ganz still auf dem Weg. Bemerkt hat es uns nicht. Was für ein schöner Moment.

derweg. Wir biegen nach links ab und folgen dem Weg den Hang entlang. An der nächsten Weggabelung wenden wir uns nach links, folgen der **orange-weißen Markierung** und wandern nun stetig (und zum Teil auch sehr steil) den Hang hinauf. Nach 500 Metern erreichen wir den Sattel der **Oskarhöhe ②**. Etwa 20 Meter weiter oben befindet sich eine kleine **Schutzhütte** mit einer sagenhaft schönen Aussicht auf das Brexbachtal, den Ort Sayn und die Abtei. Wir kraxeln das kleine Stück nach oben, um die wundervolle Aussicht zu genießen.

Nach einigen Minuten der Ruhe setzen wir unseren Weg fort. Der urige Pfad führt uns nun steil und in engen Serpentinen den Hang hinab, bis wir unten angekommen auf einen asphaltierten Weg stoßen. Wir

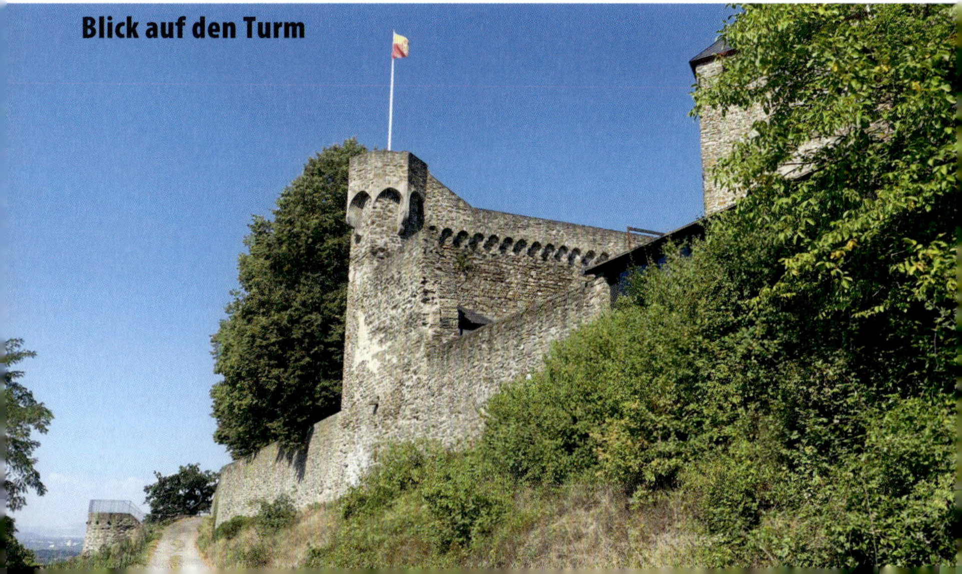

**Blick auf den Turm**

Oskarhöhe mit Schutzhütte

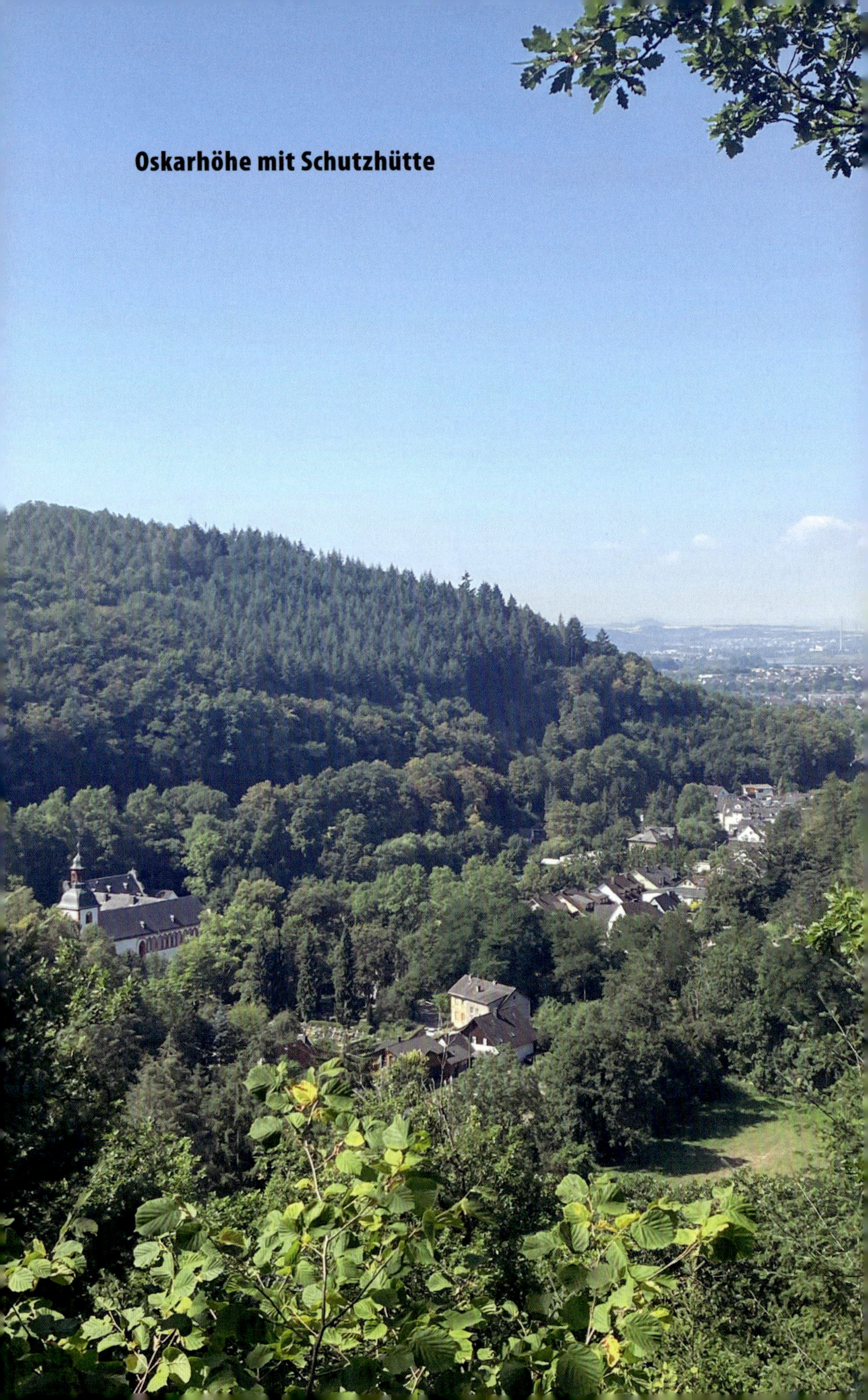

folgen diesem nach rechts, vorbei an Wiesen und Sträuchern. Vor uns erhebt sich das große Viadukt der Brexbachtalbahn, die **Brexbachbrücke,** deren Bögen hoch hinauf in den blauen Himmel ragen. Wir gehen unter einem Bogen hindurch und folgen direkt dahinter unserm Weg nach links auf einen **Steg.** Unter uns fließt der Brexbach. Ab jetzt wird es wieder steiler. Der Pfad führt uns kreuz und quer durch den dichten Wald. Es geht über knorrige Wurzeln, vorbei an Felsen und über Steine. Trotz der Steigung genießen wir diese abwechslungsreiche Passage durch den Wald. Nach 300 Metern quert ein breiter Waldweg unvermittelt unseren Pfad, der uns jedoch auf der gegenüberliegenden Seite in Serpentinen weitere 400 Meter durch dichten Wald nach oben führt. Vorbei an Buchen, Eichen und Birken. Immer mal wieder bleiben wir stehen, um etwas zu verschnaufen. Nach einigen Höhenmetern erreichen wir den nächsten Querweg.

Ab hier folgen wir dem breiten Waldweg in Richtung Sayn und erreichen nach 300 Metern die **Schutzhütte an der Emma-Höhe ③.** Von hier aus haben wir einen fantastischen Blick ins Rheintal und zur Burg Sayn. Im Sommer ist die Sicht durch den dichten Blätterwald ein wenig eingeschränkt. Wir wandern gemächlich weiter und passieren immer mal wieder Ruhebänke mit schönen Aussichten auf Wald und Flur.

Nach 1,2 Kilometern dringt lautes Lachen und Kichern durch den Wald und wir ahnen, dass wir nicht mehr weit

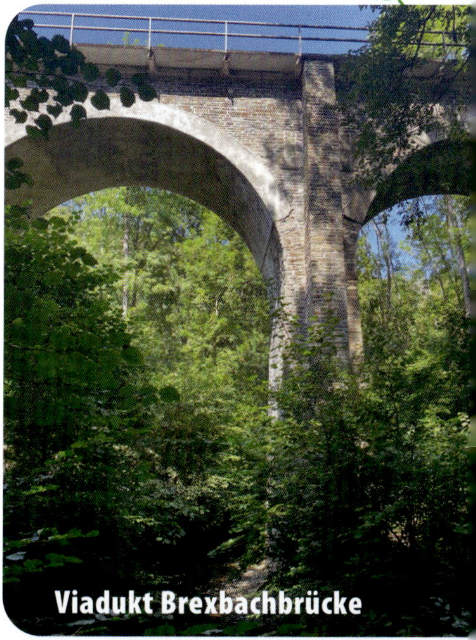

Viadukt Brexbachbrücke

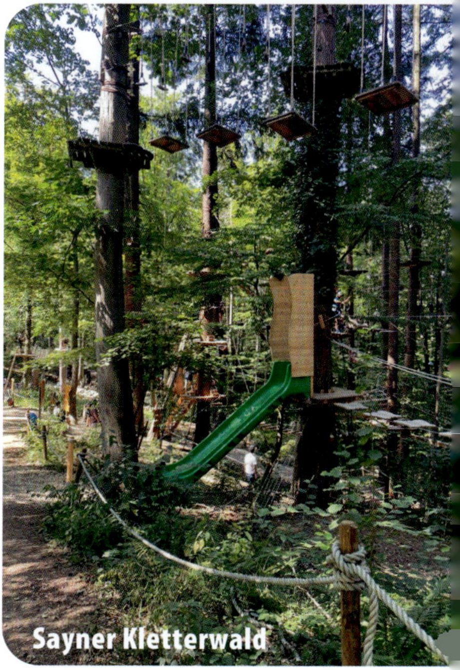

Sayner Kletterwald

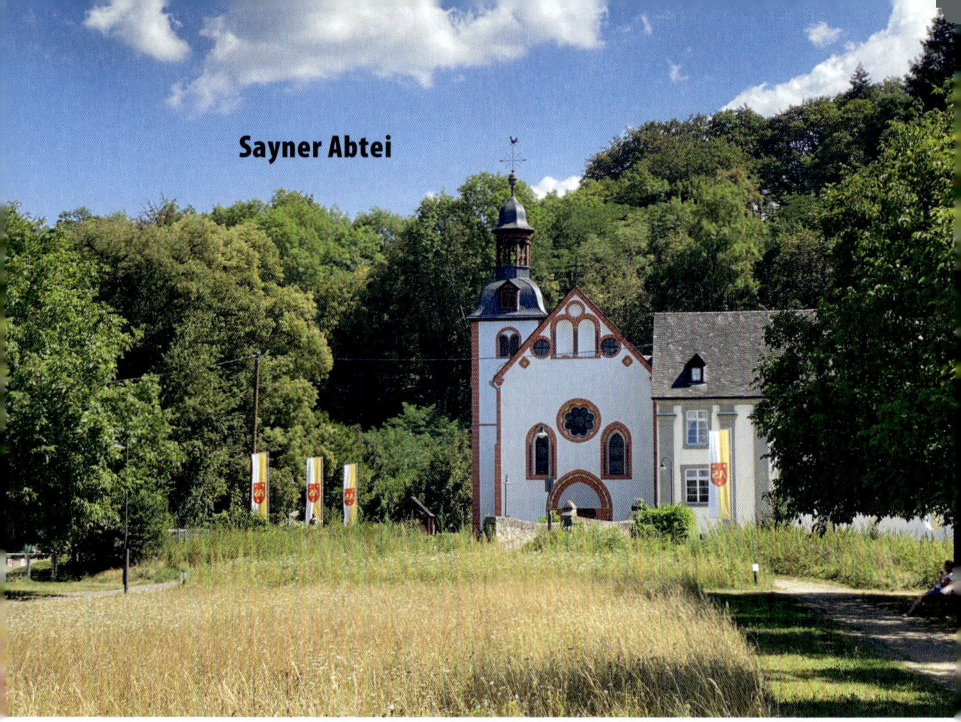


Die **Abtei Sayn,** ein ehemaliges Prämonstratenserkloster, dient heute als Pfarrkirche der römisch-katholischen Pfarrei Sayn in der Pfarreiengemeinschaft Bendorf.

**Schloss Sayn** geht auf einen mittelalterlichen Burgmannshof aus dem 14. Jahrhundert zurück, der 1848 von Fürst Ludwig von Sayn-Wittgenstein-Sayn gekauft und zu einem Schloss umgestaltet wurde. Heutiger Eigentümer ist Fürst Alexander zu Sayn-Wittgenstein-Sayn.

entfernt sind vom **Sayner Kletterwald** ④. Kinder, Jugendliche und Erwachsene tummeln sich hier zwischen und auf den Bäumen. Nach 200 Metern biegen wir nach rechts ab und folgen dem breiten Waldweg hinunter ins Tal. Über unseren Köpfen gleiten die Kletterer mit dem **Eiger Express,** einer Art Tellerlift, über Baumwipfel hinüber zum Kassenhäuschen. Wir gehen gemütlich den Berg hinunter, bis wir nach 200 Metern ein **Waldsofa** erreichen, das, etwas erhöht, einen schönen Blick hinüber auf die Abtei bietet. Wir nehmen den abzweigenden Pfad nach links und gehen hinab zur **Sayner Abtei** ⑤.

Der Weg führt uns am Kloster vorbei und über eine alte **Steinbrücke,** die über den **Brexbach** führt. Wir halten uns links und gehen den Pfad entlang sowie über den Parkplatz. Von hier aus führt uns der Weg noch einmal nach links und über das **Dietze-Wern-Breggel'sche.** Neben uns fließt der **Mühlenbach,** dem wir gemütlich schlendernd folgen. Unser Blick schweift hinauf zur Burg Sayn, deren Turm zwischen den Baumwipfeln hervorlugt. Wir folgen weiter der orange-weißen

Markierung, die uns auf einem Schotterweg und einer asphaltierten Straße vorbei an **Hein's Mühle** führt. Nach wenigen Metern bergan geht es nach rechts auf einem urigen Pfad durch dicht bewachsenen jungen Eichenwald. Rechts von uns plätschert der Brexbach. Nach 200 Metern endet der Weg an den ersten Wohnhäusern von Sayn.

Wir gehen nun auf der **asphaltierten Straße** weiter, um bei nächster Gelegenheit nach rechts und wenig später noch einmal nach rechts abzubiegen. Direkt vor uns liegt der Vorplatz von **Schloss Sayn 6**. Wir queren die L306 und spazieren hinein in den **Schlosspark 7**. Unsere Runde durch den Park führt uns zunächst nach links, dann biegen wir vor dem Schlossteich nach rechts ab. Wir gehen am Teich entlang und genießen den Blick auf die wunderschöne Wasserfontaine, die Wiesen und den Fürstensitz. Nach wenigen Metern wenden wir uns erneut nach rechts und erreichen die uns bereits bekannte Wegekreuzung vom Anfang unserer Wanderung. Doch anstatt nach links zurück

*1987 gründeten Fürst Alexander und Fürstin Gabriela zu Sayn-Wittgenstein-Sayn den Garten der Schmetterlinge, ein kleines exotisches Paradies. In zwei Glaspavillons tummeln sich bunt schillernde Falter zwischen Hibiskusblüten und Orchideen.*

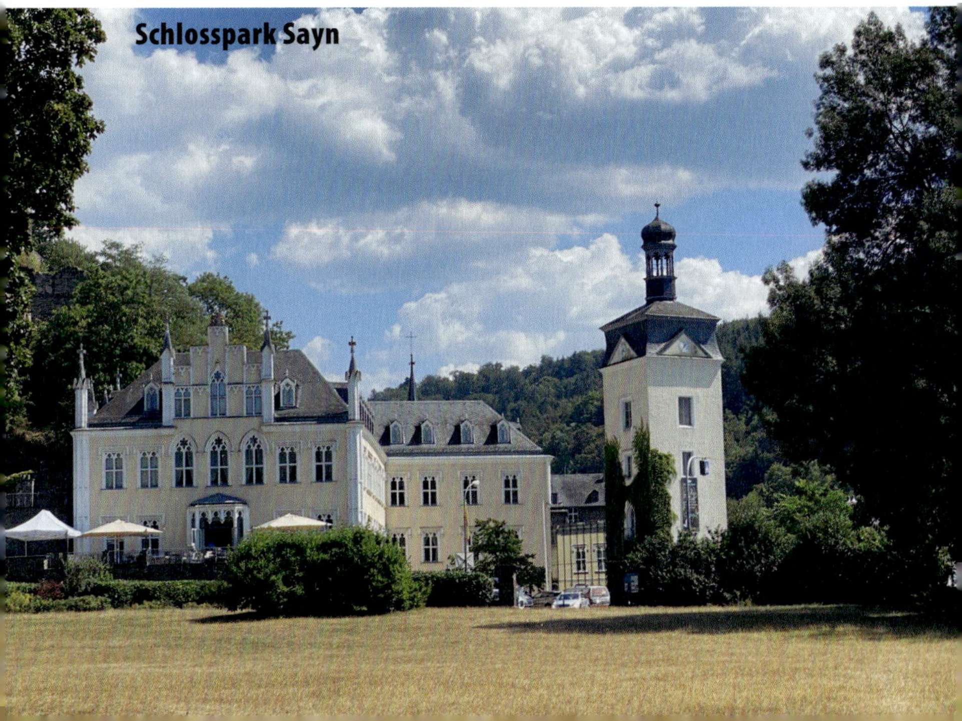
Schlosspark Sayn

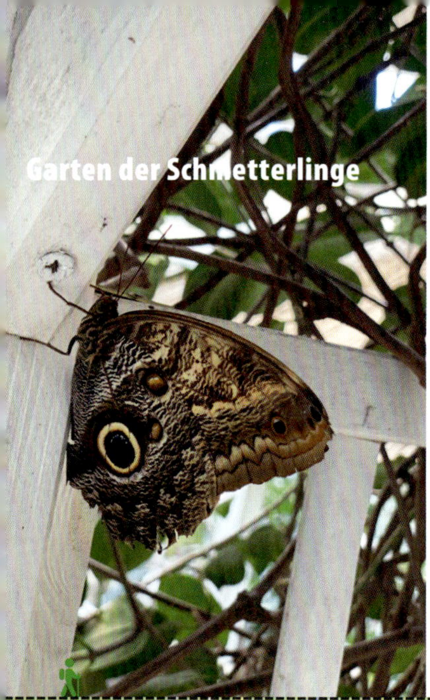

Garten der Schmetterlinge

zum Parkplatz zu gehen, entschließen wir uns dazu, den **Garten der Schmetterlinge** 8 zu besichtigen.

Nach 50 Metern erreichen wir den Eingang und erleben eine traumhaft schöne, tropisch anmutende Gartenanlage mit prächtigen Schmetterlingen. In allen Regenbogenfarben schillernd umschwirren sie uns und lassen unsere Herzen höherhüpfen. Nur wenige Meter vom Ausgangspunkt unserer Wanderung entfernt befindet sich die **Sayner Scheune** 9. Hier lassen wir bei kühlenden Getränken diesen wunderschönen Tag ausklingen.

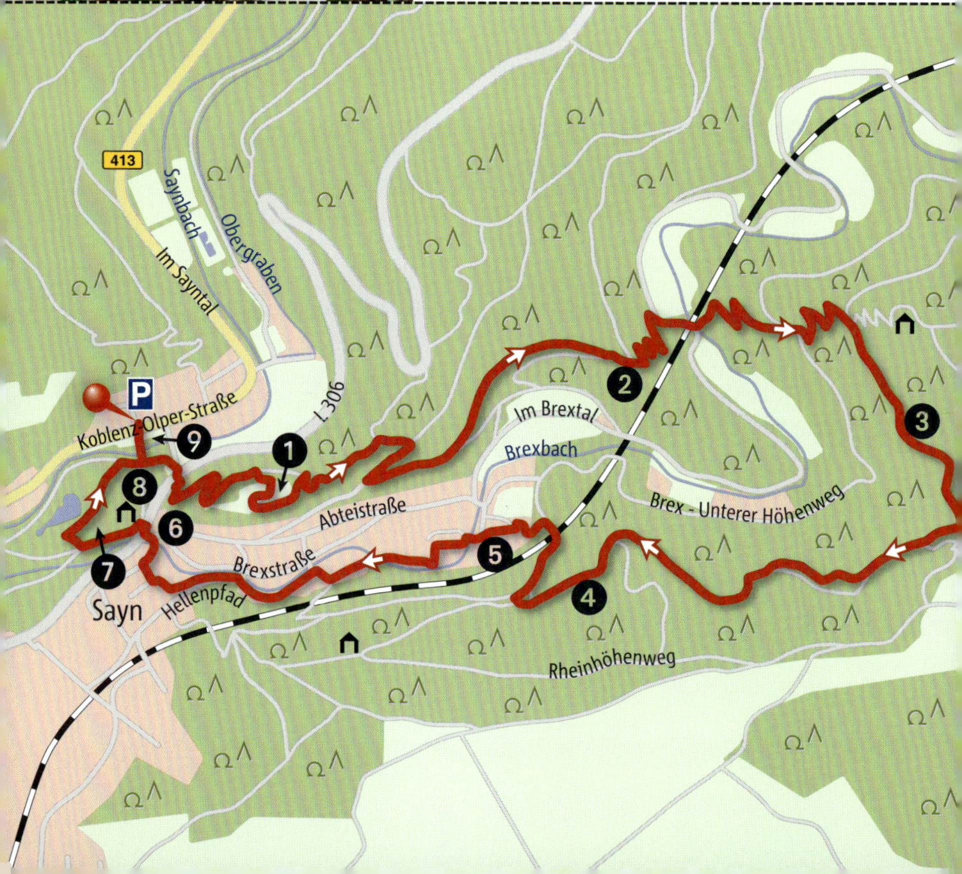

Entspannung ✱✱✱✱✱
Genuss ✱✱✱✱✱
Romantik ✱✱✱✱✱

**WIE & WANN:**
**Asphaltwege, Schotterwege, Naturpfade.**
**Ganzjährig begehbar. Beste Wanderzeit: Frühjahr und Herbst.**

**HIN & WEG:**
**Auto:** B 413, Parkplatz Koblenz-Olper-Straße 167, 56170 Bendorf (GPS: 50.440324, 7.576430)
**ÖPNV:** Ab Koblenz Hbf. mit dem Bus 8, Haltestelle „Schloss, Sayn“

**ESSEN & ENTSPANNEN:**
**Sayner Scheune** ❾ Koblenz-Olper-Straße 164, 56170 Bendorf/Sayn, Tel. (0 26 22) 9 06 20 18, www.sayner-scheune.de

**ENTDECKEN & ERLEBEN:**
**Burg Sayn** ❶ Am Burgberg, 56170 Sayn, www.sayn.de/burg-sayn
**Oskarhöhe** ❷
**Schutzhütte an der Emma-Höhe** ❸
**Sayner Kletterwald** ❹, Kletterwald Sayn, Im Brexbachtal, 56170 Bendorf/Sayn, Tel. (0 26 22) 9 86 92 60, www.kletterwald-sayn.de
**Sayner Abtei** ❺ Abteistraße 132, 56170 Bendorf, www.abtei-sayn.de
**Schloss Sayn** ❻ Schlossstraße 100, 56170 Bendorf, Tel. (0 26 22) 9 02 40, www.sayn.de/schloss-sayn
**Schlosspark** ❼ Schlossstraße 100, 56170 Bendorf, www.sayn.de/schlosspark
**Garten der Schmetterlinge** ❽ Schlossstraße 100, 56170 Bendorf, Tel. (0 26 22) 1 54 78, www.sayn.de/garten-der-schmetterlinge

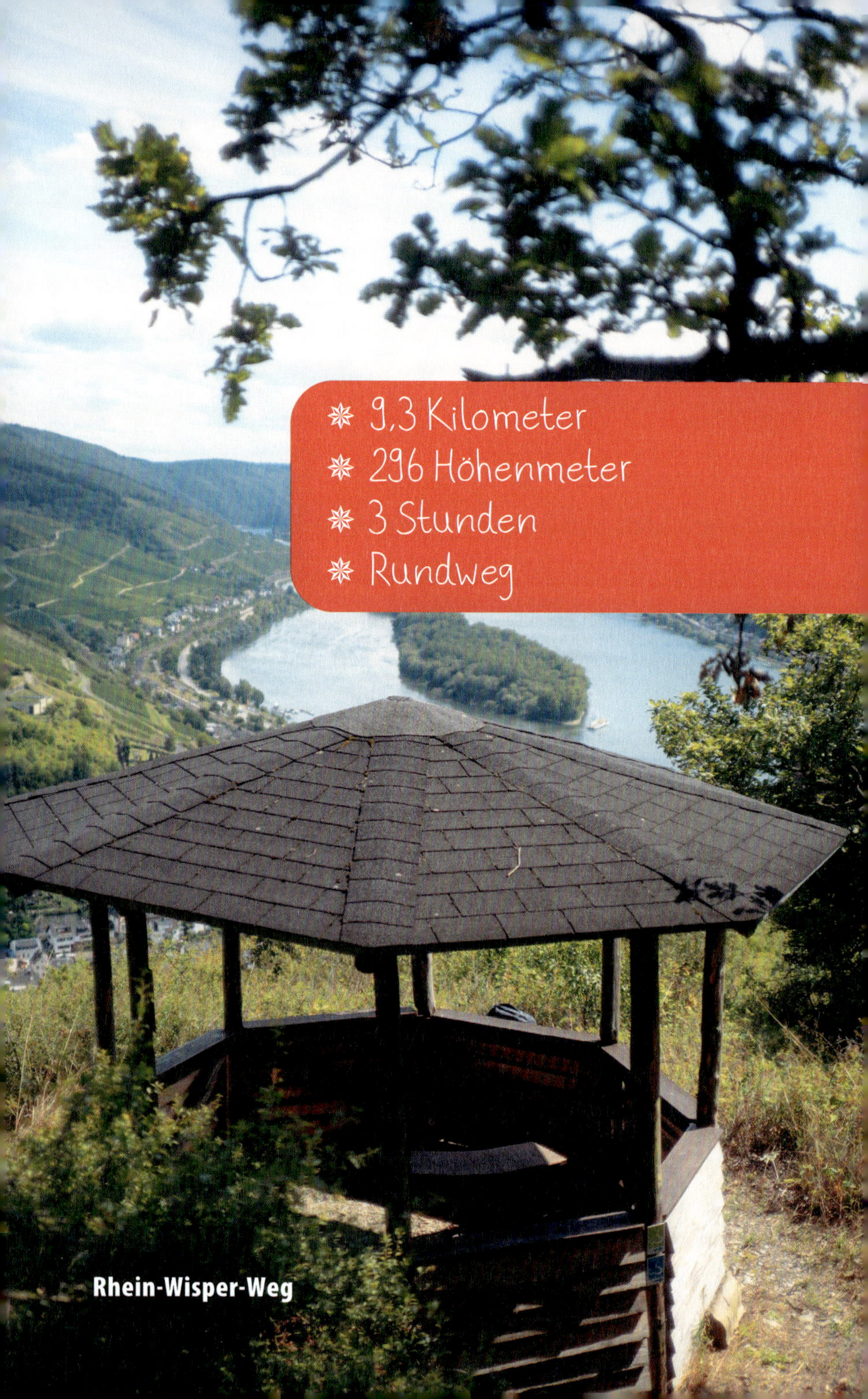

- 9,3 Kilometer
- 296 Höhenmeter
- 3 Stunden
- Rundweg

Rhein-Wisper-Weg

Wir starten an einem kleinen asphaltierten **Parkplatz** am Ende des Weges Oberflecken in Lorchhausen. Nach etwa 50 Metern bergauf erreichen wir das grüne Gittertor am Übergang zum Talweg. Daneben befindet sich eine große Schautafel mit Informationen und Wanderkarte. Wir öffnen das Tor und gehen den

# R(h)eines Glück

## Burgen und Kapellen bei Lorchhausen

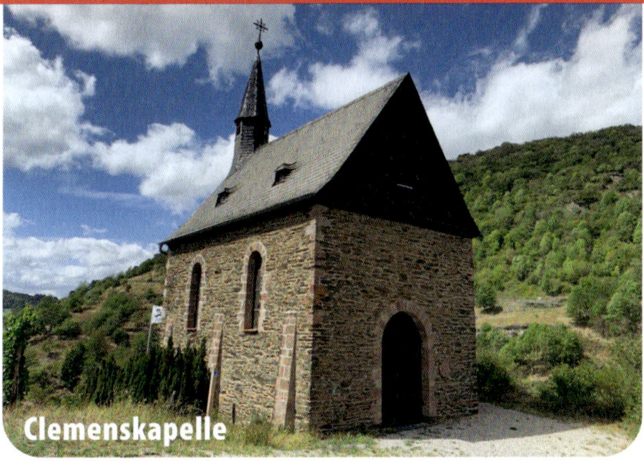
Clemenskapelle

*Die 1909 erbaute Clemenskapelle wurde nach dem Initiator des Baues, Pfarrer Clemens La Roche, benannt. Sie wurde zu Ehren der „Schmerzhaften Muttergottes" und aus unverputzten lokalen Bruchsteinen errichtet.*

schmalen Waldweg hinauf auf den **Kalvarienberg,** vorbei an 14 schönen schiefergedeckten Kreuzwegstationen, die in ihren Nischen Reliefbilder vom Leiden Jesu beherbergen. Oben angekommen erreichen wir die malerische kleine **Clemenskapelle** ①. Hoch über Lorchhausen gelegen fügt sie sich pittoresk in das Landschaftsbild ein. Wir blicken durch die vergitterte Scheibe der Eingangstür und erspähen einige Bänke sowie einen hölzernen Altar mit Darstellungen der Mutter Gottes.

# Panoramatour 5

Wir folgen den blauen Hinweisschildern **„Rhein-Wisper-Glück".** Etwas oberhalb der Kapelle geht es an der ersten Abzweigung nach rechts. Wir spazieren an Hagebuttensträuchern vorbei und erreichen einen ersten gepflegten **Rastplatz.** Von hier aus genießen wir einen grandiosen Blick über den Rhein und auf die Kirche St. Bonifazius in Lorchhausen. Wir verlassen nach wenigen Metern die asphaltierte Straße und gehen geradeaus auf einem Waldweg weiter. Auf der linken Seite der parallel verlaufenden Steinmauer entdecken wir eine schmale Steintreppe. Wir folgen dem blauen Schild und steigen die Stufen hinauf auf dem schmalen Pfad. Ein kurzer, steiler Anstieg. Oben erwartet uns ein herrlicher Rastplatz mit einer traumhaft schönen Kulisse. Wir setzen uns auf die Bank und lassen dieses fantastische Panorama in aller Ruhe auf uns wirken. Ein wahrhaft zauberhafter Blick auf das Dorf und den tiefblau leuchtenden Rhein.

Seitlich im Tal begleitet uns der gemächlich dahinströmende Vater Rhein. Wir genießen die vielen fan-

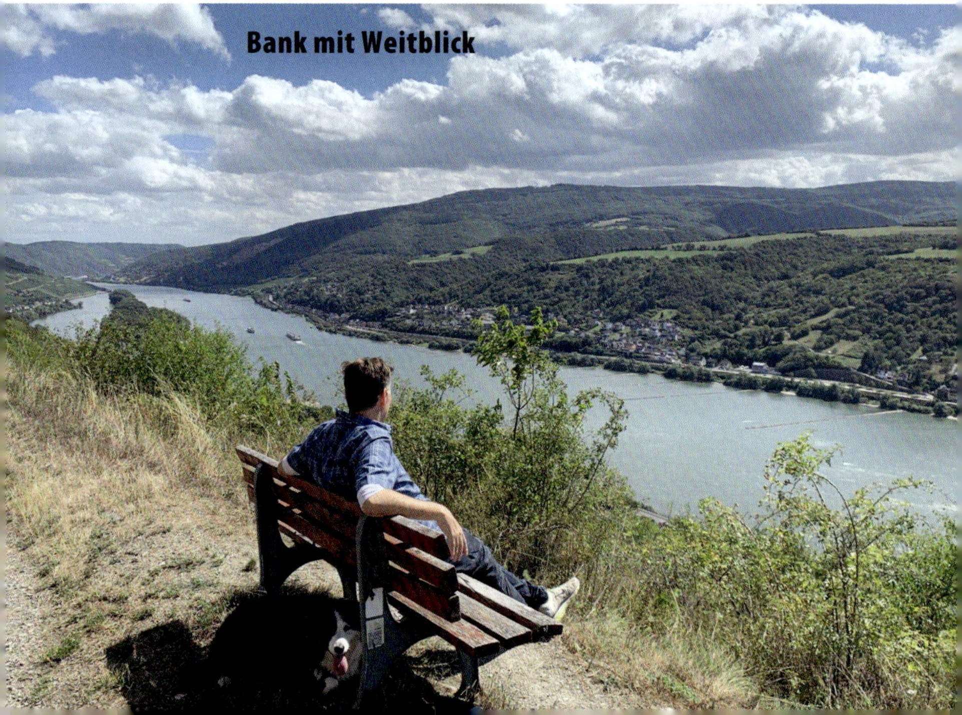

**Bank mit Weitblick**

tastischen Ausblicke in die Weite des Rheintals und über die Weinberge hinweg. Am Wegesrand laden immer wieder Bänke zum Innehalten ein.

Nun verschmilzt unser Weg mit einer Etappe des **Rheinsteigs.** Es geht entlang einer Sandsteinmauer, in die immer wieder Steinstufen eingelassen sind. In der Ferne entdecken wir, hinter Bäumen und Sträuchern

## Für die Seele

Traumhafte Perspektiven und fantastische Ausblicke begleiten diese stille Tour, die alle Sinne anspricht, die Gedanken befreit und die Seele beflügelt.

versteckt, erste dunkle Umrisse der Ruine Nollig.

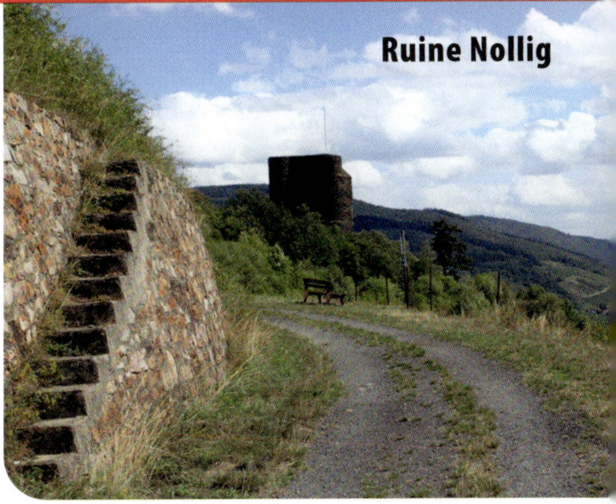
Ruine Nollig

Gleichzeitig gleitet unser Blick immer wieder in die Tiefe des Rheintals und auf den blau glitzernden Rhein. Mittendrin eine lang gezogene grüne Insel, die Lorcher Werth. Dicht bewachsen trennt sie den Rhein in zwei Hälften.

Unser Weg führt uns vorbei an einer Streuobstwiese inmitten schönster Natur. Obstbäume und Wiesenblumen umgeben uns. Bienen, Hummeln, Schmetterlinge, Käfer und Vögel tummeln sich hier, die in dieser grünen Oase reichlich Nahrung finden.

Nach wenigen Metern erreichen wir ein Gittertor und über uns thront dunkel und mächtig die **Ruine Nollig ②.** Wir öffnen das Tor und gehen hindurch. Eine Kiefer ragt seitlich des Weges empor. Was für ein malerischer Anblick. Gleich dahinter befinden sich ein Tisch und drei Bänke. Hier lohnt es sich, eine längere

*Burg Nollig wurde Anfang des 14. Jahrhunderts gebaut und ist heute nur noch eine Ruine. Die Höhenburg liegt oberhalb von Lorch und befindet sich mittlerweile in Privatbesitz. Eine Besichtigung von innen ist deshalb nicht möglich.*

Pause mit Picknick einzulegen. Denn hier eröffnen sich einem weitere traumhafte Perspektiven und fantastische Blicke auf den Rhein. „Poesie der Stille“, so könnte das Gemälde heißen. Die Weite und Tiefe der Landschaft ist atemberaubend.

Ab hier führt uns die Wanderroute weg vom Rhein. Es geht leicht bergab. Unvermittelt wendet sich unser Weg nach links. Wir folgen den Steinstufen auf einen schmalen Pfad mit eingelassenen Holztreppen. Der Weg schlängelt sich durch ein dicht bewachsenes, schattiges Wäldchen mit Büschen und Sträuchern. Oben angekommen erreichen wir einen breiten Waldweg und wenden uns nach links.

An der direkt folgenden Gabelung biegen wir auf dem Panoramaweg nach rechts ab. 150 Meter weiter erreichen wir das nächste blaue Schild. Hier kann, wer möchte, auf einem engen Naturpfad noch einmal steil hinauf zum **Rhein-Wisper-Blick** ③ steigen. Dort wartet ein keiner Pavillon. Mit tollem Ausblick auf das Wispertal und den mächtigen Strom. In der Ferne können wir die Silhouette von **Burg Sooneck** auf der anderen Rheinseite erkennen. Nach einer kurzen Pause steigen wir

**Rhein-Wisper-Blick**

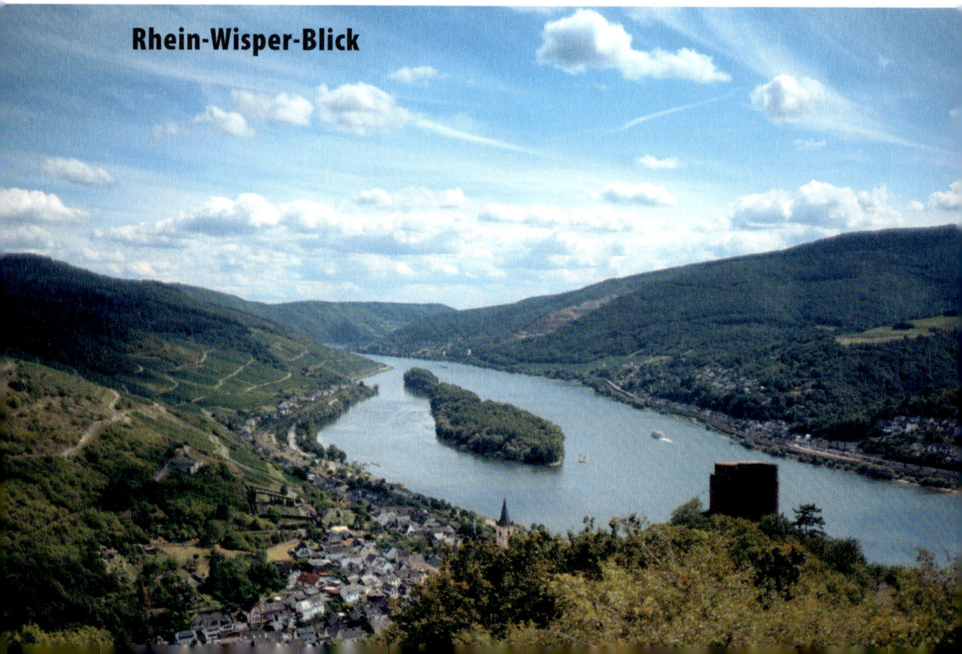

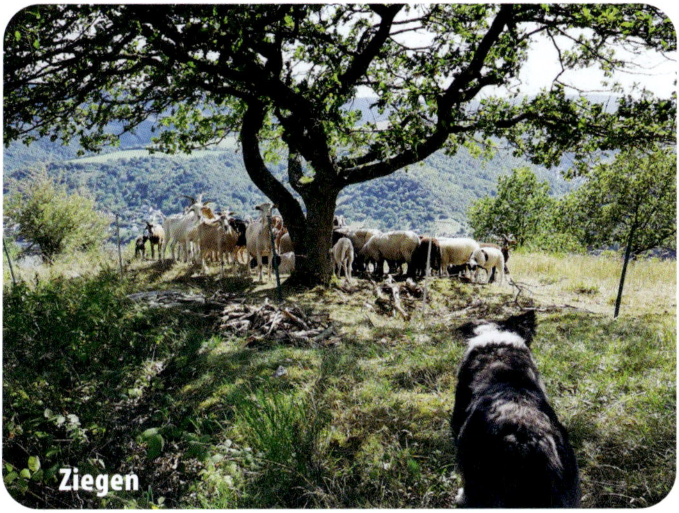


noch die wenigen Meter zum Gipfel hinauf. Eine frische Brise weht uns um die Nase. Oben angekommen erwartet uns ein weiterer traumhafter Blick auf den Rhein, die Weinfelder und die kleinen Ortschaften im Tal und auf der gegenüberliegenden Rheinseite.

Wir verlassen den Gipfel und gehen quer über die Weide an einer Ziegenherde vorbei wieder bergab. Unten angekommen treffen wir erneut auf den Panoramaweg. Wir wenden uns nach rechts. Der Rhein befindet sich nun links von uns. An einer Gabelung wandern wir weiter den Hang hinauf. Hinter einem Wildtiergatter geht es auf einem Trampelpfad weiter. Der Weg führt uns weiter durch den Wald, bergauf und bergab. Ein steiniger und trockener Pfad.

Wir befinden uns auf dem **Peterswald-Weg.** Unten angekommen, erreichen wir eine asphaltierte Straße. Es geht nach links und bei nächster Gelegenheit wieder nach rechts, auf einem breiten Waldweg. Von dort aus wandern wir wieder den Berg hinauf. Dichter Laubwald umgibt uns. Es geht vorbei an bemoosten Trockenmauern aus Schiefer, stetig bergan.

Nach einigen Hundert Metern tut sich links vor uns wieder ein schöner Blick über den Rhein auf. Bald

*Anspruchslose Burenziegen und Schafe beweiden die Trockenbiotope im Mittelrheintal. Beide werden häufig gemeinsam zur Landschaftspflege eingesetzt, da Schafe Gräser und Ziegen eher Gestrüpp wie Schlehen oder Brombeeren bevorzugen.*

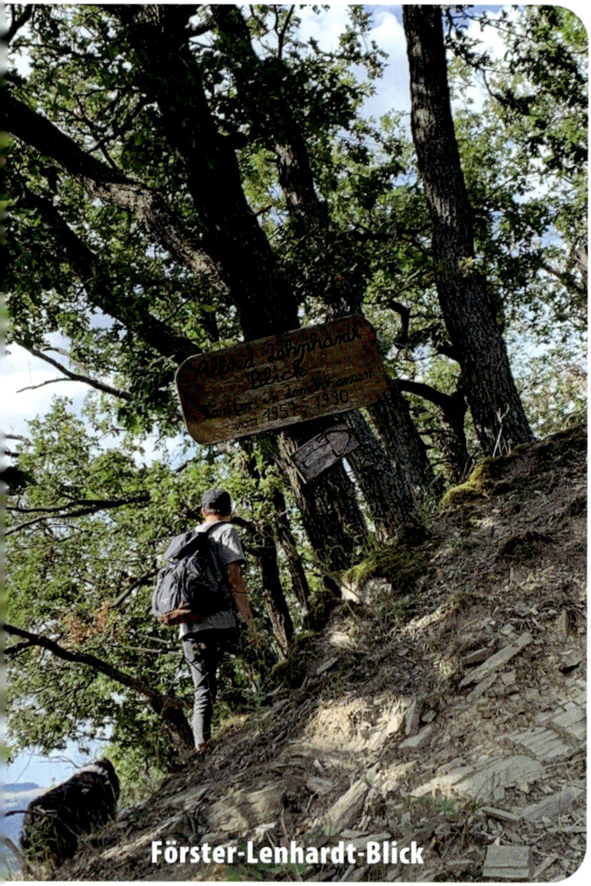

Förster-Lenhardt-Blick

erspähen wir erneut die Clemenskapelle und den Kirchturm der **St. Bonifatius Kirche.** Wenige Meter weiter erreichen wir eine **Ruhebank.** Von hier haben wir wieder einen wunderbaren Panoramablick auf den Ort und die Rheinniederung.

Wir wandern weiter leicht bergauf. Vorbei an knorrigen Obstbäumen und alten **Schiefermauern.** Oben angekommen, geht es nach links auf einem schmalen Naturpfad weiter. Er führt uns vorbei an dicht wachsenden Ginster- und Brombeerhecken. Immer wieder bleiben wir stehen und naschen von den süßen Früchten. Der Pfad endet abrupt und wir gelangen auf ein großes, weites Feld. Die Weite öffnet unseren Blick. Wir wandern über die Wiese, leicht bergauf. Oben angekommen, wenden wir uns nach rechts und gehen auf einem Wiesenweg weiter – die Weite des Hochplateaus vor Augen. Hier, am **Engweger Kopf ④,** genießen wir die Aussicht über den Rhein hinweg, auf Dörfer und Ortschaften.

Der Wiesenweg wendet sich nun nach links und führt uns durch eine mystisch anmutende **Eichenwaldallee** stetig leicht bergab. Unvermittelt lichtet sich der Wald und eröffnet den Blick auf eine atemberaubende Szenerie. Vor uns, mitten im Rhein, liegt **Burg Pfalzgrafenstein ⑤,** auch „Pfalz bei Kaub“ genannt. Rechts daneben der Ort Kaub und leicht links das schmucke

Oberwesel. Wir setzen uns auf eine Bank, die vor uns auf einer kleinen Anhöhe steht.

Nur wenige Hundert Meter entfernt lädt ein weiterer Aussichtspunkt zum Verweilen ein. Am **Förster-Lehnhardt-Blick** 6 können wir zwischen zwei Perspektiven wählen: zum einen auf das gegenüberliegende **Bacharach,** zum anderen auf die Burg Pfalzgrafenstein. Noch einmal nehmen wir auf einer schönen Holzbank Platz. Wir sind völlig allein auf weiter Flur und genießen die Ruhe.

*Burg Pfalzgrafenstein wurde von Ludwig dem Bayern als eine Zollburg errichtet und überwachte die Einnahmen des Schiffszolls in Kaub. Seit 2002 ist die Burg Teil des UNESCO-Welterbes Oberes Mittelrheintal.*

Weiter geht es bergab. Nach ein paar Hundert Metern erhaschen wir einen sehr schönen Blick auf die ebenso ungewöhnliche wie malerische **Burg Stahleck,** die Türme und die Stadtmauer von **Bacharach.** Das gesamte Szenario wirkt wie die Kulisse eines Märchenfilmes. Etwas weiter unten trifft unser Wanderweg auf die **Rheinsteig-Etappe.** Wir folgen dem himmelblauen Schild weiter geradeaus. Es geht vorbei an kleinen Kräutergärten und Insektenhotels. Von Mai bis Juni blüht hier die Alpen-Aster. Auf den Hängen

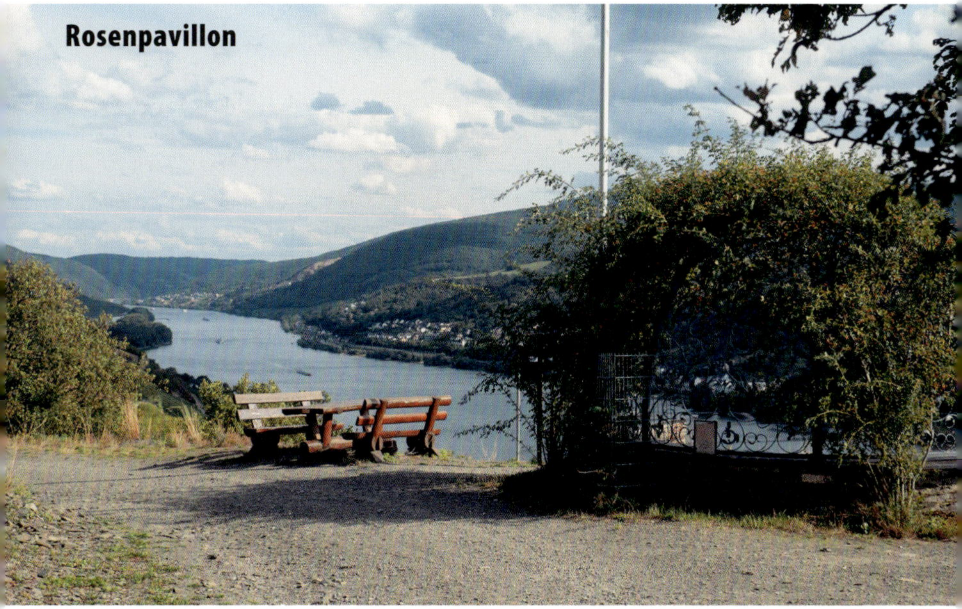

**Rosenpavillon**

beobachten wir das muntere Treiben der Burenziegen und Schafe.

Wir erreichen den **Rosenpavillon 7**, um den sich Heckenrosen ranken, besetzt mit rot leuchtenden Hagebutten. Wir machen es uns in dem luftigen Gebäude gemütlich. Die gesamte Weite des Rheins liegt noch einmal vor uns.

Nach wenigen Hundert Metern bergab erreichen wir einen letzten Rastplatz mit einem weiteren Blick auf die Clemenskapelle. Direkt dahinter biegen wir nach rechts ab und wandern auf einem schmalen Feldweg bergab. An Trockenmauern vorbei. Teilweise auf Schiefersteinen. Fast schon ein wenig alpin. Nach wenigen Minuten erreichen wir den Ausgangspunkt unserer Wanderung.

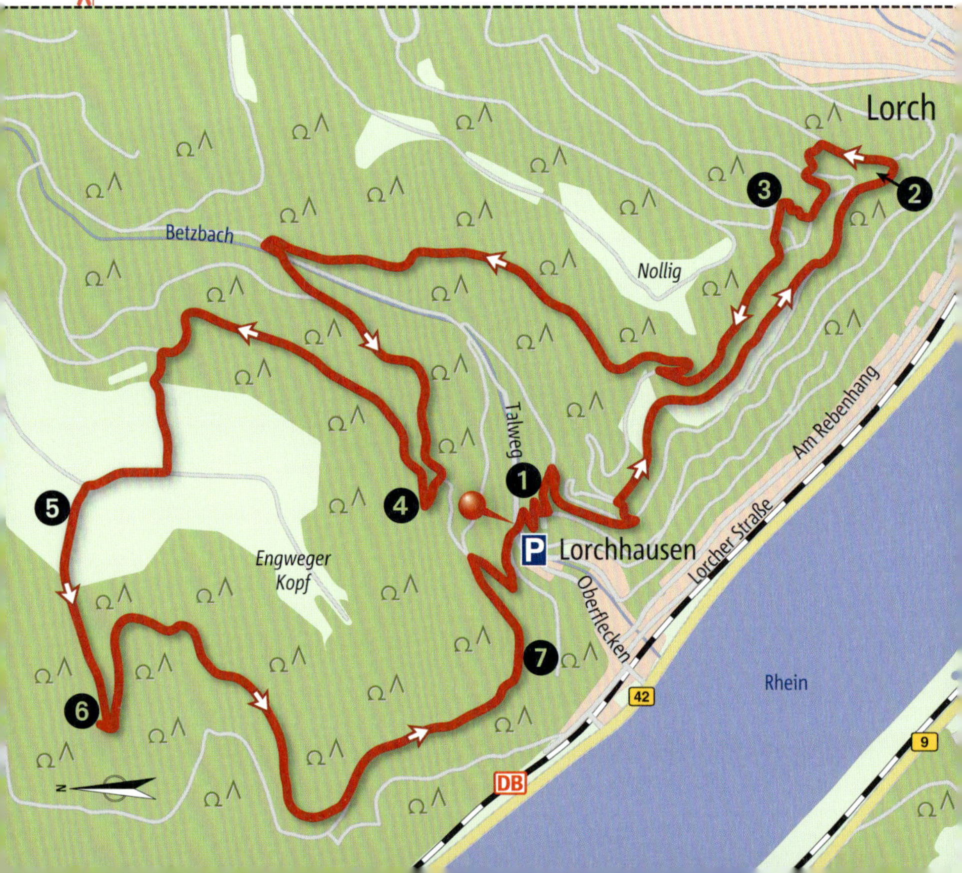

# Alles auf einen Blick

**WIE & WANN:**
**Asphaltwege, Schotterwege, Naturpfade, Wiesenwege.**
**Ganzjährig begehbar. Beste Wanderzeit: Frühjahr und Herbst.**

**HIN & WEG:**
**Auto:** Parkplatz Oberflecken, 65391 Lorchhausen
(GPS 50.054732, 7.787154) oder Parkplatz am Bahnhof, Kauber Straße, 65391 Lorchhausen

Entspannung ★★★★☆
Genuss ★★★★★
Romantik ★★★★☆

(GPS 50.053785, 7.781719), von hier Zuweg über Kauber Straße bis zur Kreuzung, dann links in den Weg Oberflecken, nach etwa 800 Metern Startpunkt der Wanderung

**ÖPNV:** Von Koblenz oder Wiesbaden mit der Regionalbahn RB10 nach Lorchhausen Bf., Zuweg vom Bahnhof über Kauber Straße und Oberflecken zum Start (etwa 800 Meter Fußweg)

**ESSEN & ENTSPANNEN:**
Bitte an Rucksackverpflegung denken!

**ENTDECKEN & ERLEBEN:**
**Clemenskapelle** ❶
**Ruine Nollig** ❷
**Rhein-Wisper-Blick** ❸
**Engweger Kopf** ❹
**Blick auf Burg Pfalzgrafenstein** ❺
**Förster-Lenhardt-Blick** ❻
**Rosenpavillon** ❼

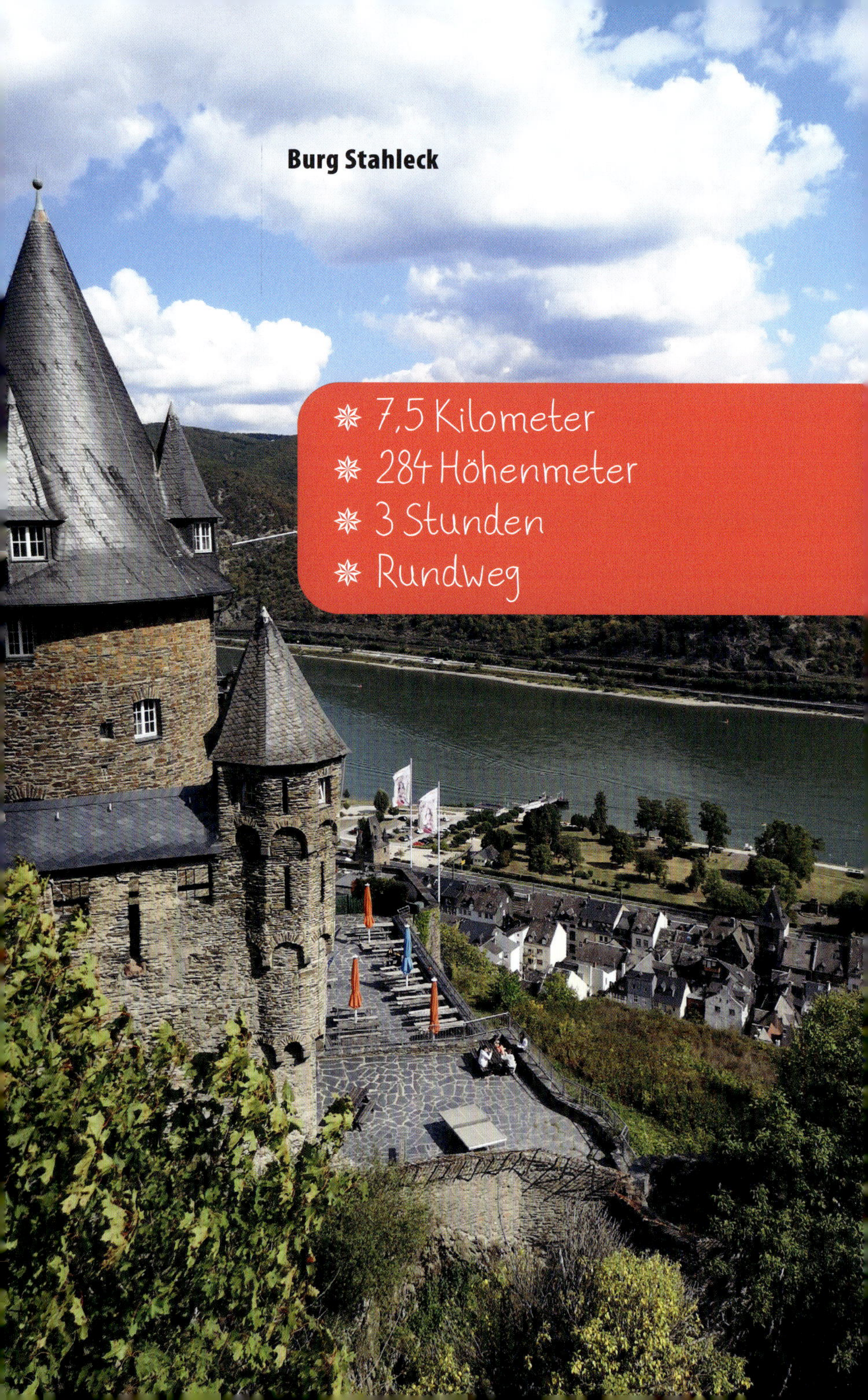

Burg Stahleck

- 7,5 Kilometer
- 284 Höhenmeter
- 3 Stunden
- Rundweg

Wir starten den Rundweg an der **Mainzer Straße** in Bacharach. Direkt daneben führt eine schmale, kleine **Treppe** nach oben. Schon nach wenigen Metern erreichen wir die erste Attraktion: den **Hutturm** ❶. Er ist in die historische Stadtmauer integriert und auf einer Felsnadel gelegen. Wir gehen den schmalen Pfad wei-

# Türme und Burgen

## Rund um Bacharach und Steeg

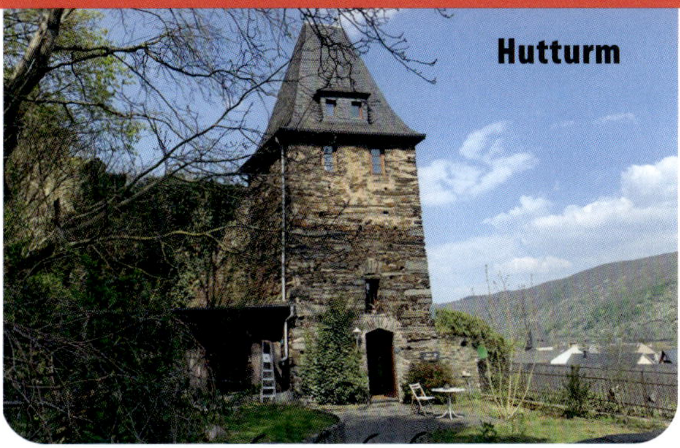
**Hutturm**

ter nach oben. Die eingelassenen Stufen und das seitlich angebrachte Stahlseil erleichtern den Anstieg. Wir erreichen eine Ruhebank und entschließen uns, einen Augenblick zu verweilen und den tollen Weitblick zu genießen.

Nach etwa 100 Metern weiter bergauf und über Treppenstufen nach rechts erreichen wir den **Sonnenturm** ❷. Einst der mächtigste Turm der Stadt, heute nur noch ein Mauerstumpf, der als Aussichtsplateau dient. Diesen besonderen Platz hat die Stadt Bacharach dem französischen Schriftsteller Victor Hugo gewidmet. Hugo verfasste 1842 auf seiner Rheinreise so-

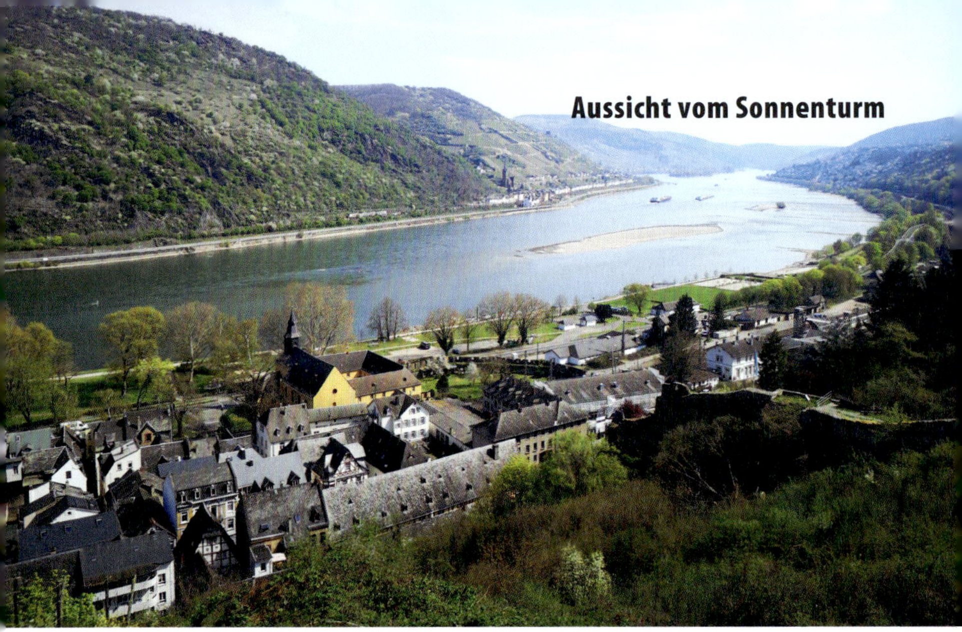


gar eine Liebeserklärung an Bacharach. Wir gehen weiter bergauf. Immer entlang der alten Stadtmauer. Drei serpentinenförmige Schleifen später erreichen wir die Ruine des dritten Turmes: den **Kühlbergturm** ③. Von diesem ehemals zur Stadtseite hin offenen Schalenturm existieren heute ebenfalls nur noch Mauerreste.

Knapp 20 Treppenstufen weiter stehen wir unterhalb der **Burg Stahleck.** An der Gabelung biegen wir rechts ab. Unsere Blicke schweifen über den Rhein, die vorbeifahrenden Binnenschiffe und das gegenüberliegende Ufer. Einige Meter weiter erreichen wir den **Halbrundturm.** Im Schatten des Turmes steht eine an die Architektur angepasste Ruhebank. Wir nehmen Platz, genießen die Stille und lassen den Alltag hinter uns. Vor uns der atemberaubende Blick hinunter auf den Rhein. Die Sonne lässt sein Blau intensiv erstrahlen.

Nach einer Weile setzen wir unsere Wanderung fort. Sie führt uns an der **Burgmauer** vorbei. Dort hängen Schiefertafeln mit weißen Aufschriften. Rechts neben uns gedeihen Reben auf einem steilen **Weinberg.** Hier werden Silvaner-Trauben angebaut. Kurz danach erreichen wir **Burg Stahleck** ④, in der mittlerweile eine Jugendherberge untergebracht ist. Die Gastronomie hat für alle geöffnet. Wir gehen durch den Rundbogen, vorbei am Eingang zur Burg, einige Meter geradeaus und links die Stufen zum **Aussichtspunkt** Burg Stahleck hinauf.

Wir verlassen den Aussichtspunkt und begeben uns über Treppenstufen hinauf zur **K 24.** Auf der ge-

## Für die Seele

Seidig schimmern die schiefergedeckten Dächer wie anthrazitfarbene Mondsteine im Sonnenlicht. Eine leichte Brise weht herauf. Stille erfasst uns. Schöne friedliche Welt.

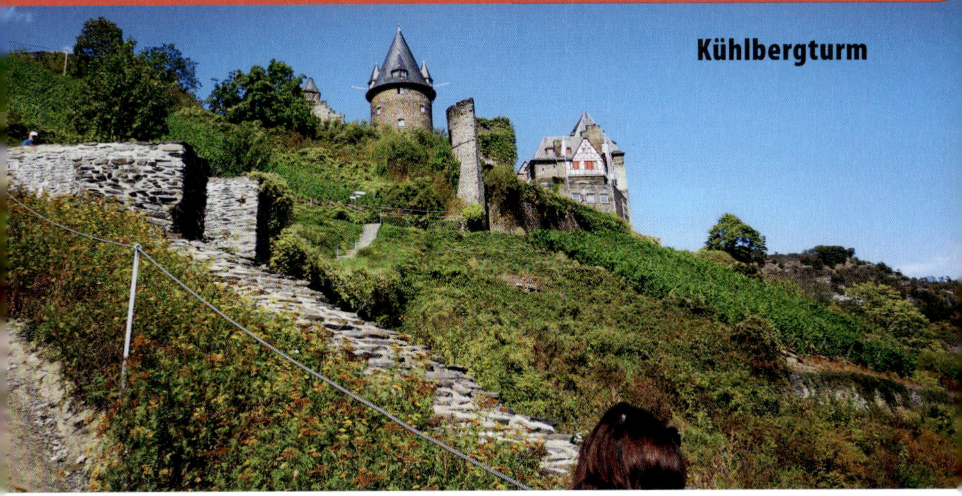

**Kühlbergturm**

genüberliegenden Seite folgen wir der roten Markierung **„Stahlbergschleife"** in Richtung Steeg. Wir steigen den schmalen Pfad hinauf. Die eingelassenen Natursteinstufen erleichtern den Anstieg. Oben angekommen erreichen wir einen wundervollen **Kraftort.** Mehrere hohe Douglasien stehen dicht beieinander, als wollten sie sich gegenseitig umarmen. Durch das Geäst brechende Sonnenstrahlen tauchen dieses Kleinod

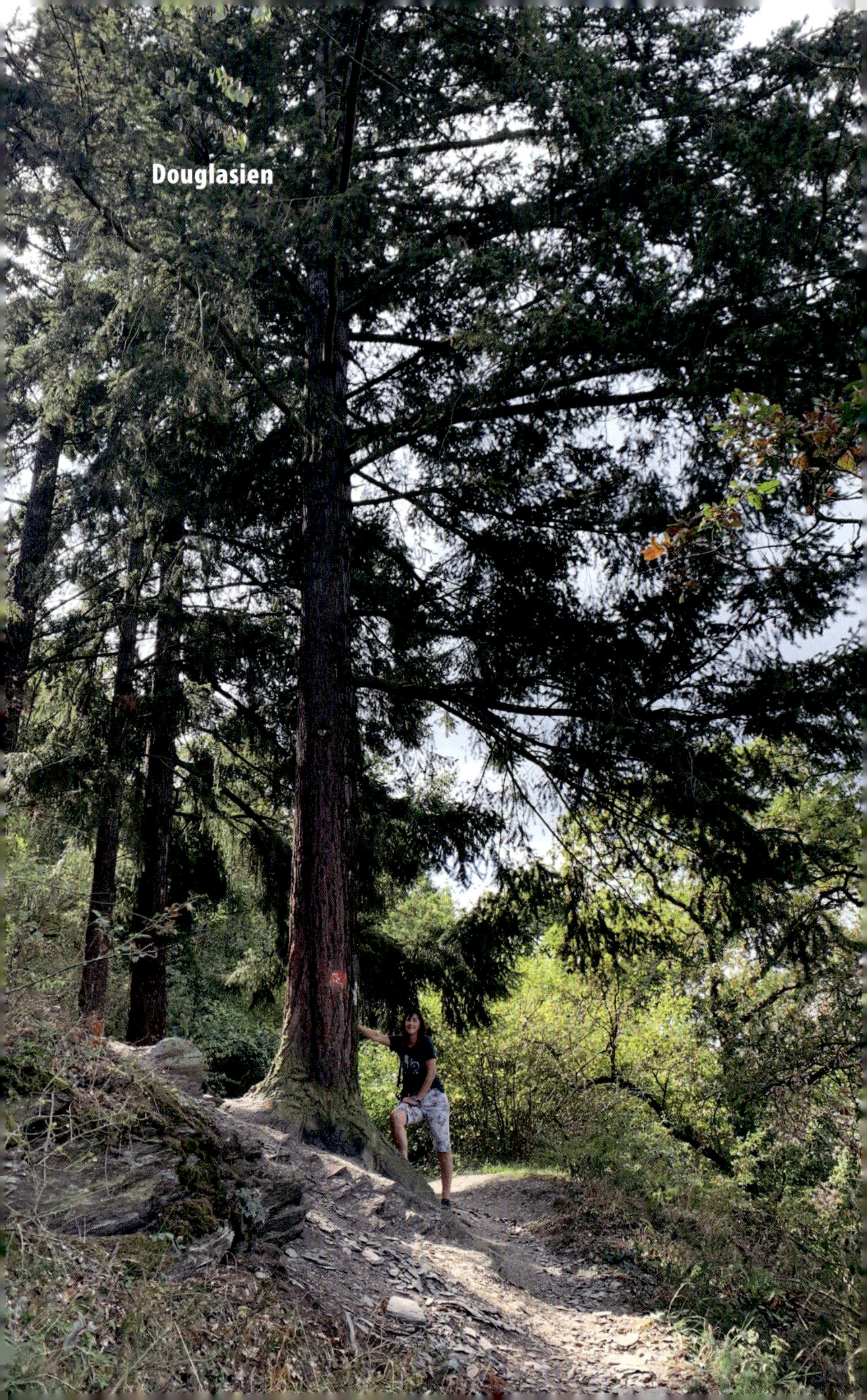
Douglasien

in ein wunderbares Licht. Was für eine warme, beruhigende Atmosphäre.

Unser Weg führt uns weiter durch den Wald. Wir folgen dem **„Eselspfad"** und wandern auf einem Wiesenweg vorbei an dichtem Mischwald, Sträuchern und Hecken. Einige Hundert Meter weiter beginnt rechter Hand ein **Wildgehege** mit Rot- und Damwild. Einige Ziegen entdecken wir auch. Wandernd beobachten wir die Rehe, von denen uns einige neugierig mit etwas Abstand ein Stück weit begleiten. Hinter Bäumen ragt der Kirchturm der **Pfarrkirche St. Anna** von Steeg hervor. Einige Meter später eröffnet sich der Blick auf den gesamten Ort, der idyllisch zwischen Wäldern und Weinbergen im **Münzbachtal** liegt. Wir folgen dem Eselspfad den Hang hinunter und erreichen den Ortseingang von Steeg. Wir überqueren die **L 222** und wenden uns nach links.

Vor uns liegt die Ruine **Weiherturm** **5**. Davor ein schöner Rastplatz, der mit Bänken und Tisch zum Picknick einlädt. Aus einem in die Mauer eingelasse-

**Blick auf die Ruine Stahlberg**

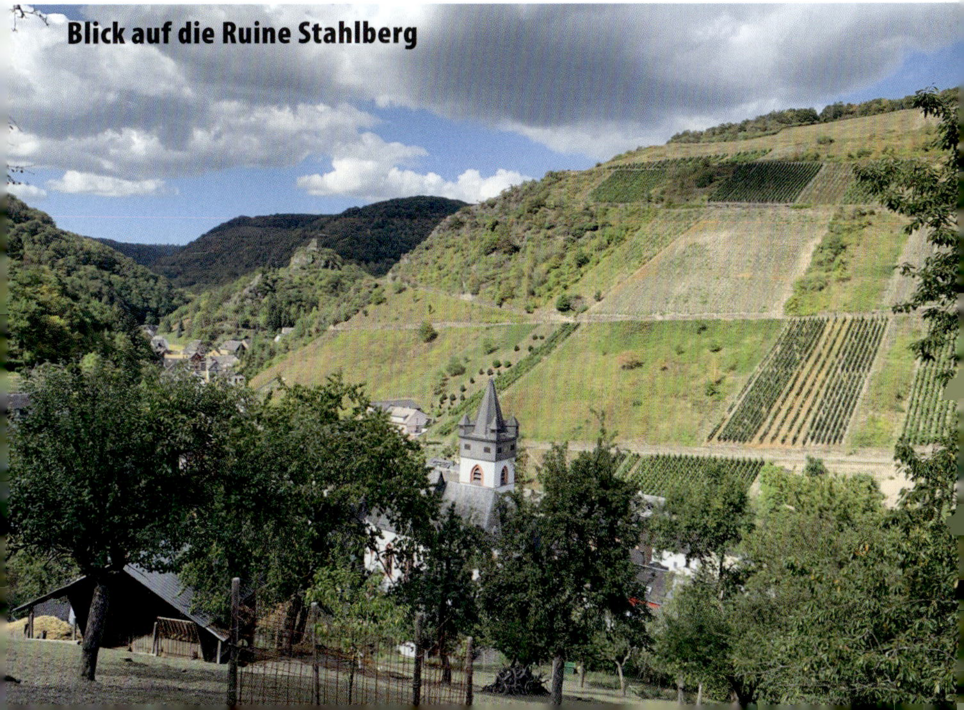

*Einst wurden die Einwohner von Steeg als „Steeger Esel" bezeichnet. Mit einer Verspottung hatte das freilich nichts zu tun. Ab 1820 nutzten die Winzer zur Erleichterung von körperlich schwerer Arbeit Esel im Steeger Tal.*

nen Wasserhahn mit Brunnen sprudelt frisches Trinkwasser. Daneben steht stolz eine Skulptur des **„Steeger Esels".** Nach einer kurzen Rast folgen wir weiter dem Eselspfad und gehen auf einem asphaltierten Weg leicht bergan. Der Ort liegt nun rechts von uns. Nach einigen Hundert Metern führt uns der Weg auf einen Wiesenweg. Vor uns, auf einem Hügel gelegen, entdecken wir die **Ruine Burg Stahlberg.**

Wir folgen dem Wiesenweg wieder hinab nach Steeg. Der Weg führt uns zwischen Gärten und alten Häusern hindurch und über eine schmale Brücke. Darunter fließt gemächlich der **Borbach.** Wenige Meter weiter erreichen wir die **Borbachstraße** und gehen nach rechts. Vorbei an **Fachwerkhäusern,** schön angelegten Gärten mit Blumen, Gemüse und Beeren. Weiter vorne an der nächsten Kreuzung biegen wir links ab und wandern den Berg hinauf. Vorbei an der wunderschönen kleinen **Pension Haus Stahlberg.** An der nächsten Abzweigung geht es nach rechts auf einen asphaltierten Weg. Zunächst führt uns der Weg wie-

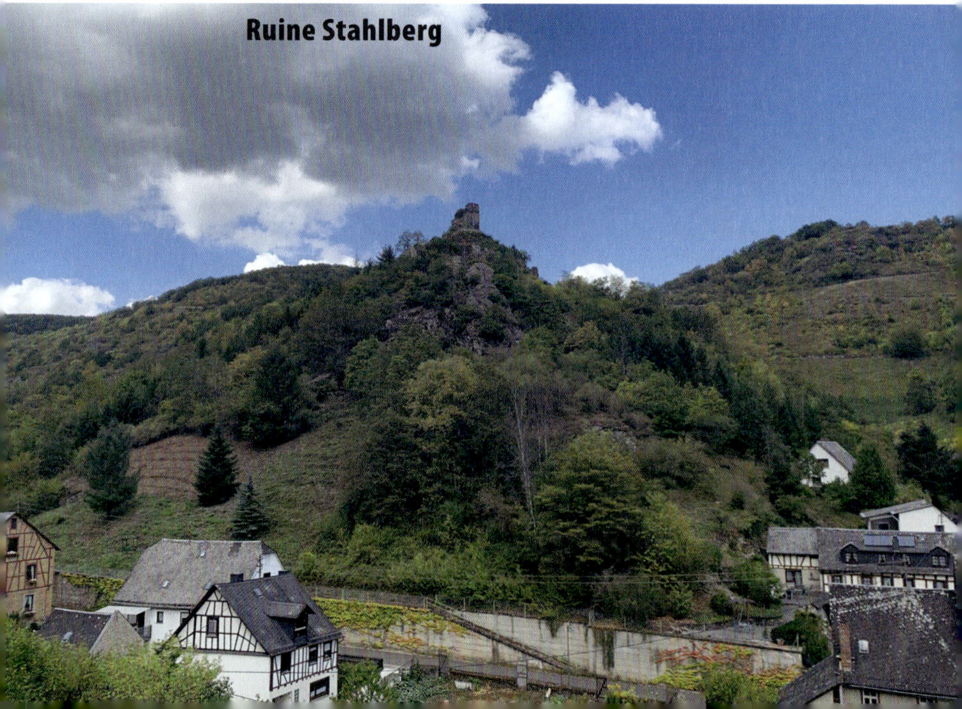
Ruine Stahlberg

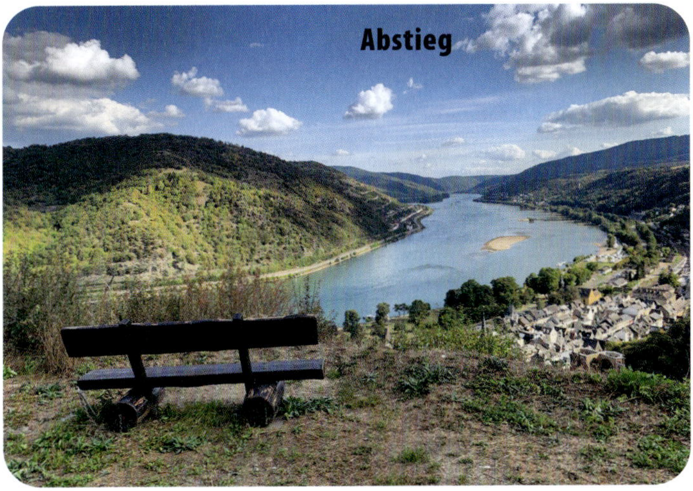


der in Richtung Steeg, verläuft dann nach links weiter, parallel zum Steeger Tal und weiter in Richtung Bacharach. Der Weg zieht sich etwa 1,5 Kilometer stetig bergauf. Dazwischen Rastplätze, steil ansteigende Schieferwände und immer wieder grandiose Ausblicke über die Weinberge hinüber zur Burg Stahleck, den blaugrün schimmernden Rhein und Bacharach.

Hoch über Bacharach angekommen, führt der Weg an einer Kreuzung nach rechts, nun leicht bergab. An der nächsten Kreuzung biegen wir wieder rechts ab und folgen dem **Holzschild Bacharach,** vorbei an den Weinreben der „besten Weine aus der schönsten Region“, wie wir auf den angebrachten Schildern lesen. Wir erreichen den **Wegepunkt „Auf der Schanze“** und folgen dem grünen Pfeil des Eselspfades. An einer Aussichtsbank, hoch über Bacharach gelegen, genießen wir einen weiteren wundervollen Blick. Weiter geht es stetig bergab. Der Weg verengt sich nun zu einem Pfad. Links von uns sind Stahlseile zum Festhalten und zur Sicherung gespannt. Etwas weiter unten erleichtern uns eingelassene Holzstufen den Abstieg. Wir gelangen auf einen etwas breiteren Weg, gehen nach links und wieder leicht bergauf. Dabei folgen wir

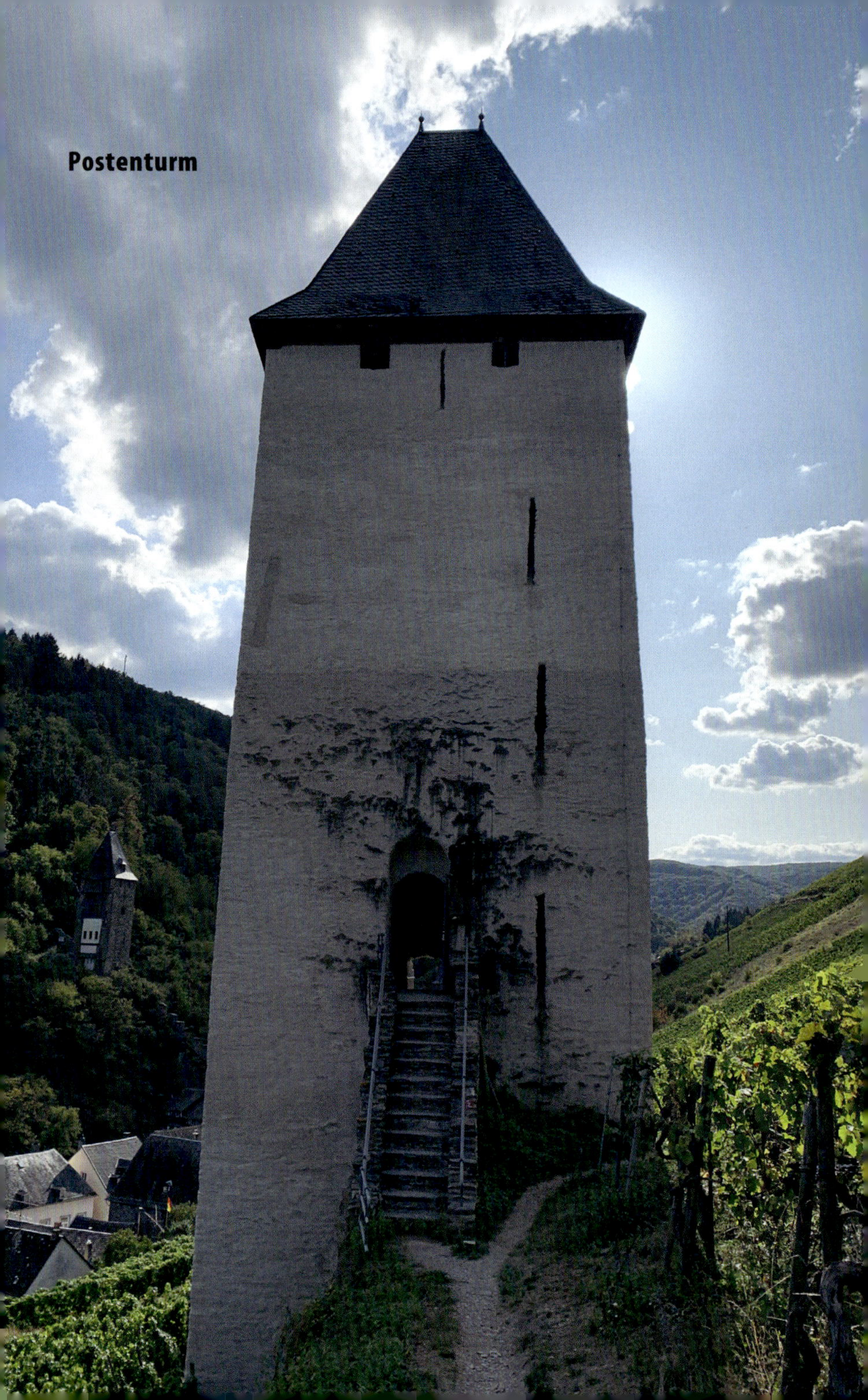
Postenturm

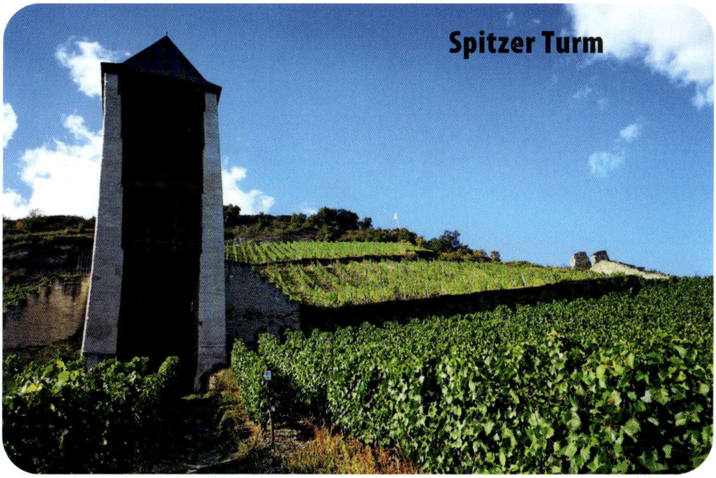


immer dem grünen Eselspfad-Schild, das uns nach einigen Metern nach rechts führt. Wir gelangen an eine Stahltreppe, die steil nach unten führt. Nach wenigen Metern erreichen wir erneut eingelassene Holzstufen. Auch hier sichert ein Stahlseilhandlauf den Abstieg. Es geht nun stetig steil hinab, bis wir auf einen asphaltierten Weg stoßen. Wir wenden uns nach links und erreichen nach einigen Metern die Mauerreste vom **Spitzen Turm** 6.

Unter uns die Stadt, neben uns ein steil angelegter Weinberg. Nach etwa 200 Metern bergab und über Treppen erreichen wir den nächsten Wehrturm. Es ist der große, auffällige weiße und mitten im Weinberg stehende **Postenturm** 7. Das imposante Bauwerk wurde aus Schieferbruchstein errichtet. Wir gehen daran vorbei und unmittelbar dahinter links den Berg hinunter, dem Eselpfad folgend weiter in Richtung Bacharach. Wir gehen den Berg hinab und schauen noch einmal zurück, auf die Weinberge und auf die beiden Türme.

An der nächsten Gabelung wenden wir uns nach links – immer noch dem Eselspfad folgend. Es geht weiter bergab, entlang der Stadtmauer, dann Treppenstufen hinab. Unten angekommen stoßen wir auf ei-

*Früher war der Postenturm Teil der Wehrbefestigung der Stadt Bacharach. Er wurde ab 1899 als Wasserspeicher genutzt. Der Wehrturm besitzt einen U-förmigem Grundriss und wurde aus Schieferbruchstein erbaut. Heute ist er ein beliebter Aussichtsturm.*

# Panoramatour 6

> *Die Peterskirche wurde im späten 12. Jahrhundert bis 1269 als dreischiffige Emporen-Basilika erbaut und Ende des 19. Jahrhunderts erneuert. Die Orgel der Kirche wurde 1826 von den Gebrüdern Stumm in dem historischen Orgelgehäuse erbaut und blieb bis heute weitgehend erhalten.*

nen **Brunnen,** hübsch verziert mit einer Reihe von Liebesschlössern. Nun sind wir zurück in **Bacharach.** Wir gehen vorbei an schmucken Fachwerkhäusern, engen Gassen und gemütlichen Weinstuben. In der **Weinstube Fritz Bastian** 8 legen wir eine längere Rast ein. Wir ergattern noch einen freien Tisch im Hof, trinken ein Glas Bacharacher Weißen Burgunder und ein Glas BASTIAN Gutsriesling. Dazu gibt es Pellkartoffeln mit gekochten Eiern und Kräutersauce.

Nach der stärkenden Pause wenden wir uns nach rechts und direkt wieder nach rechts in die Oberstraße. Vorbei am **Restaurant Altes Haus** 9, geht es nun immer geradeaus durch den Ortskern von Bacharach, vorbei an der **Peterskirche** und zahlreichen Weinstuben, zurück zum Anfang unserer Tour.

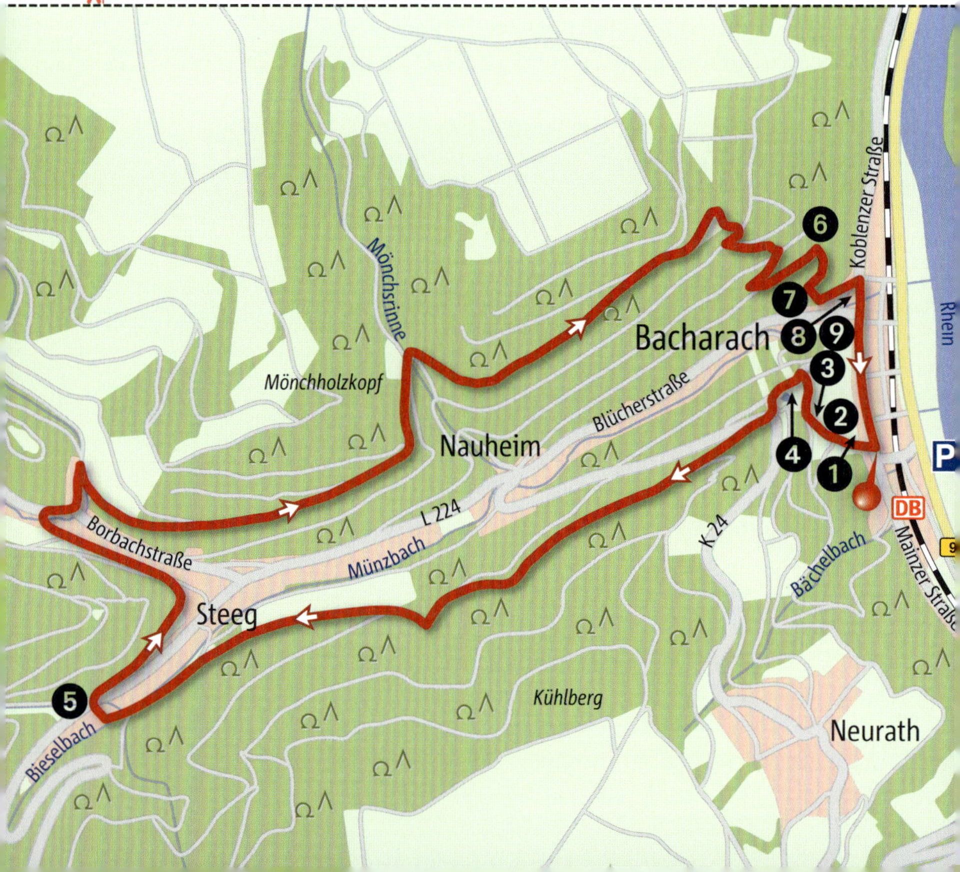

## Alles auf einen Blick

**WIE & WANN:**
**Waldwege, Naturpfad, Schotterweg, Straßen, asphaltierter Weg.**
**Beste Wanderzeit: April bis Oktober.**

**HIN & WEG:**
**Auto:** Parkplätze entlang der Mainzer Straße, 55422 Bacharach
(GPS 50.057058, 7.768561)

Entspannung ★★★★☆
Genuss ★★★★☆
Romantik ★★★★☆

**ÖPNV:** Von Mainz oder Koblenz mit dem Regionalzug RE2 oder RB26 nach Bacharach Bf., ab hier etwa 200 Meter Fußweg zum Startpunkt an der Mainzer Straße

**ESSEN & ENTSPANNEN:**
**Weingut Fritz Bastian** ❽ Oberstraße 63, 55422 Bacharach,
Tel. (0 67 43) 9 37 85 30, www.weingut-bastian-bacharach.de
**Weinhaus Altes Haus** ❾ Oberstraße 61, 55422 Bacharach, Tel. (0 67 43) 12 09

**ENTDECKEN & ERLEBEN:**
**Hutturm** ❶
**Sonnenturm** ❷
**Kühlbergturm** ❸
**Burg Stahleck** ❹
**Ruine Weiherturm** ❺
**Spitzer Turm** ❻
**Postenturm** ❼

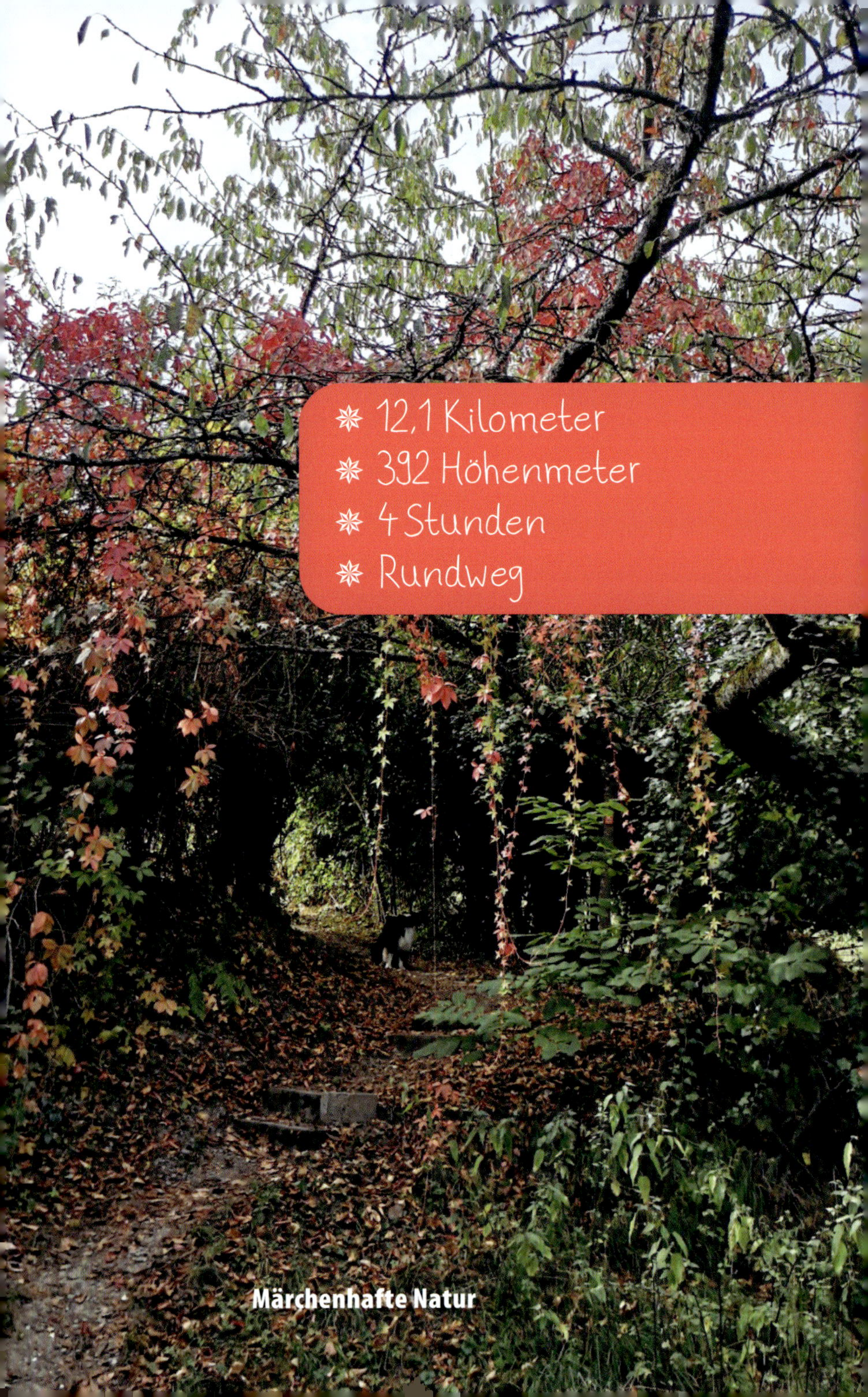

- 12,1 Kilometer
- 392 Höhenmeter
- 4 Stunden
- Rundweg

Märchenhafte Natur

Wir starten im Herzen von **Oberwesel.** Am **Schaarplatz.** Es geht nach rechts in die **Chablisstraße.** Nach etwa 100 Metern biegen wir erneut rechts ab, in die Gasse **„Rasselberg“.** Über eine Steintreppe geht es nach oben. Wir folgen der Markierung **„RheinBurgenWeg RUNDTOUR“** nach rechts in Richtung **St. Martinskirche –** gegen den

# Spuren der Liebe

## Auf dem Schwede-Bure-Weg

Uhrzeigersinn. Es geht zunächst steil bergauf. Ein schmaler, enger Weg entlang der **Stadtmauer.** Rechter Hand sehen wir den zerstörten **Pulverturm ❶** aus dem 13. Jahrhundert. Auf der linken Seite befindet sich der **Kuhhirtenturm ❷,** in dem einst die Hirten wohnten, die sich um die Pflege der Stadtweiden kümmerten. Wir gehen den ersten Kilometer auf dem schmalen Weg weiter, vorbei an den **Türmen am Michelfeld ❸.**

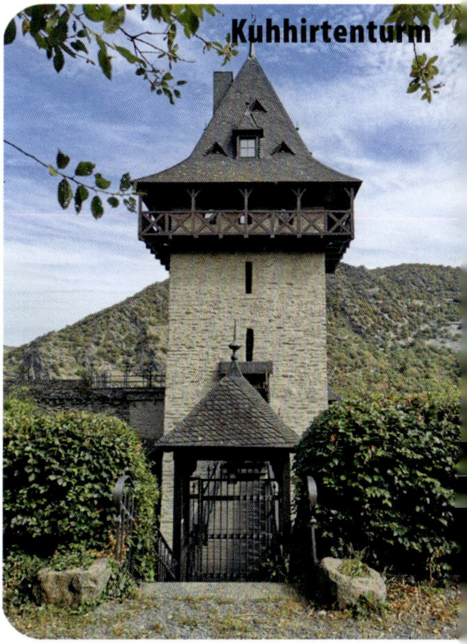
Kuhhirtenturm

An einem grünen Häuschen gabelt sich der Weg. Hier geht es rechts hinunter. Wir folgen der roten Markierung weiter entlang der alten **Stadtmauer.** Am Ende dieses schmalen Weges kommen wir erneut an eine Gabelung. Wir laufen kurz auf einer asphaltierten Straße bergab, dann biegen wir links und gleich erneut links ab. Es geht bergauf. An Gartenhäusern vorbei wieder auf einem Naturweg. Langsam wandern wir unter wunderschönen Ranken hindurch. Einfach märchenhaft. Wir erreichen eine asphaltierte

# Panoramatour 7

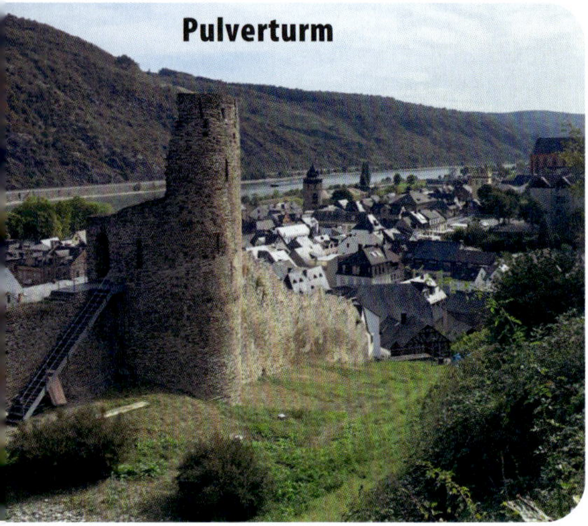


Straße und gehen nach rechts. Immer stetig bergauf.

Schon nach wenigen Metern erreichen wir einen Aussichtsplatz. Wir genießen einen ersten schönen Blick auf den Rhein und die Weinberge. Ein Tisch und zwei Bänke laden zum Verweilen ein. Daneben thront, aus einem Baumstamm gefertigt, ein massiver **Holzstuhl.** Darüber ein Schild mit der Aufschrift „Auf dem Kackstuhl“. Wir befinden uns oberhalb von Oberwesel. Von hier hat man einen guten Blick auf die schroffen Felsen der gegenüberliegenden Rheinseite und die Weinberge. Am Ende des Weges erreichen wir eine Kreuzung. Wir gehen rechts bergauf und folgen weiter der Rundweg-Markierung. Es geht vorbei an einer Pferdekoppel. Oben angekommen genießen wir die atemberaubende Weitsicht auf der **Hardt-Höhe,** mit einer sagenhaft schönen Perspektive hinunter auf den Rhein. Das einmalige Welterbe Oberes Mittelrheintal liegt uns zu Füßen. Wild und unberührt erscheint uns hier die Natur. Auf dem Höhenweg geht es weiter. Über Gras, vorbei an Viehweiden und Wiesen. Wir erreichen einen ehemaligen **Jüdischen Friedhof 4.** Ein mystischer Ort mit alten Grabmalen und wucherndem Grün.

Wieder auf dem Wanderweg erreichen wir bald eine wunderschöne Lichtung mit einer Waldsofa-Schaukel. Wir legen uns hinein und entspannen. Ein besinnlicher Ort und bestens geeignet für eine Ruhepause. Wir wandern weiter den Hang hinunter und queren die **K92.** Neben der Kreisstraße verläuft ein Grünstreifen. Diesen gehen wir etwa 500 Meter entlang, vorbei am **Gasthaus Rheingoldschänke 5,** bis wir nach weiteren 200 Metern rechts in den Wald einbiegen.

*Als die am besten erhaltene mittelalterliche Stadtbefestigung Deutschlands bot die Stadtmauer einst Schutz vor Überfällen, Hochwasser und Eisgang. Von den ursprünglich 22 Türmen stehen heute noch 16.*

Wir befinden uns nun auf einem schmalen Naturpfad und wandern durch eine **Allee aus Fichten.** Hinauf, über zwei Holztreppen, an einem Hochsitz vorbei, weiter durch dichten Wald. Trotz heißem Sommertag ist es hier angenehm kühl. Inmitten dieses dichten Gehölzes spüren wir mit allen Sinnen, wie die Bäume miteinander kommunizieren. Wer einen Baum umarmt, die Haptik seiner Rinde spürt, den Duft seiner ätherischen Öle atmet und seinen Geräuschen lauscht, nimmt die gesamte Lebensenergie des Baumes in sich auf. Und so stehen wir da und jeder von uns umarmt für eine Weile ganz still einen Baum. „Baumkuscheln", sagt man, hat heilende Wirkung. Einige Hundert Meter weiter erreichen wir einen Rastplatz.

## Für die Seele

In dichtem Fichtenwald tauchen wir ein in eine Oase der Ruhe. Es duftet nach Nadelholz, frischem Grün und feuchtem Moos. Still, ganz still stehen wir da.

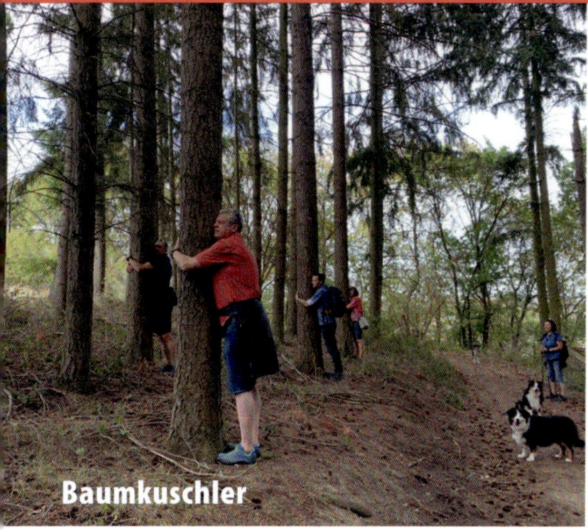

**Baumkuschler**

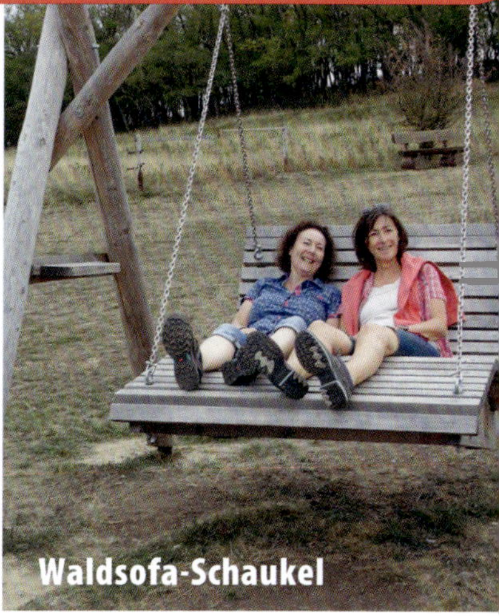

**Waldsofa-Schaukel**

## Panoramatour 7

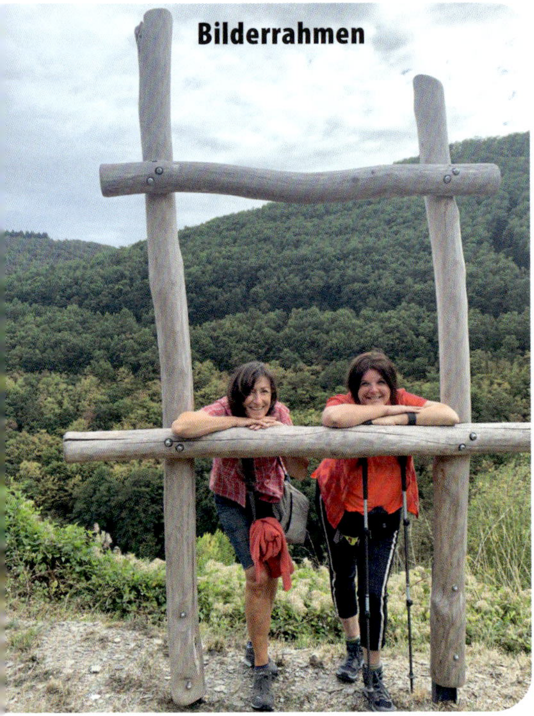


Die **Guckshöll** ❻ eröffnet einen fantastischen Blick über das Niederbachtal bis zum Rhein und in den Hunsrück. 200 Meter weiter stoßen wir auf eine Tannen-Plantage. Rechter Hand zeigt sich bald der kleine Ort **Damscheid.** Wir gehen ein Stück weit parallel entlang des Ortes. Wir überqueren einen asphaltierten Forstweg und wandern am **Wanderparkplatz Hardt** vorbei.

Wir passieren eine malerische Streuobstwiese mit Apfel-, Birn- und Pflaumenbäumen. Es geht nun langsam, aber stetig steil bergab. Immer wieder lädt ein schönes Plätzchen zum Verweilen und Verschnaufen ein. Gegenüber einem Hochsitz geht es links hinunter auf einen kleinen Feldweg. Der schmale Naturpfad schlängelt sich durch herrlichen Wald nach unten. Am Ende des schmalen Pfades gehen wir nach links. Der Weg führt auf eine Straße. Es geht bergab. Am Wegesrand lädt ein Holzgestell, ähnlich einem großen Bilderrahmen, zum Fotografieren ein. „Was für ein bildschöner Wanderweg“, denken wir.

Nun geht es durch Plantagen voller Riesling-Reben. Am Ende des Feldweges erreichen wir eine asphaltierte Straße. Einen Winzer-Weg. Wir blicken auf ein kleines Winzerdörfchen namens **Engehöll.** An der Gabelung gehen wir rechts bergab und verlassen den asphaltierten Weg. Auf einem gegenüberliegenden Hügel entdecken wir die **Schönburg.** Die grünen Hänge unterhalb von ihr sind dicht bewachsen mit Wald. Was für ein romantischer Anblick.

Diese letzten Meter der Schwede-Bure-Tour verwöhnen uns noch einmal mit einem ganz anderen

Wandererlebnis: Es geht zunächst über schmale Pfade durch ein Eichenwäldchen. Fast gegenüber der Burg weist uns ein Schild auf einem Holzfass die Richtung. Ein kleiner schöner Pfad führt steil bergauf und es eröffnet sich uns am sogenannten **Landsknechtblick** ein grandioser Ausblick auf Oberwesel. Eine breite Liegestuhl-Bank lädt zu einer letzten Pause ein.

Die namengebende Attraktion der Wanderung liegt 200 Meter entfernt von diesem Ort. Ein dicht bewaldeter Naturweg führt dorthin. Festes Schuhwerk ist von Vorteil, denn auf der rechten Seite geht es steil bergab. Dann sind wir da: am **Schwede-Bure** 7 oder auf Hochdeutsch am Schweden-Born. Ein wildromantischer Ort, der immer schon Liebespaare bezaubert hat. Davon zeugen die vielen Gravuren in den Schieferfelsen. An einer eigens aufgestellten Tafel darf man sich mit einem Griffel nun selbst eintragen und verewigen. So machen auch wir es. Ein H.

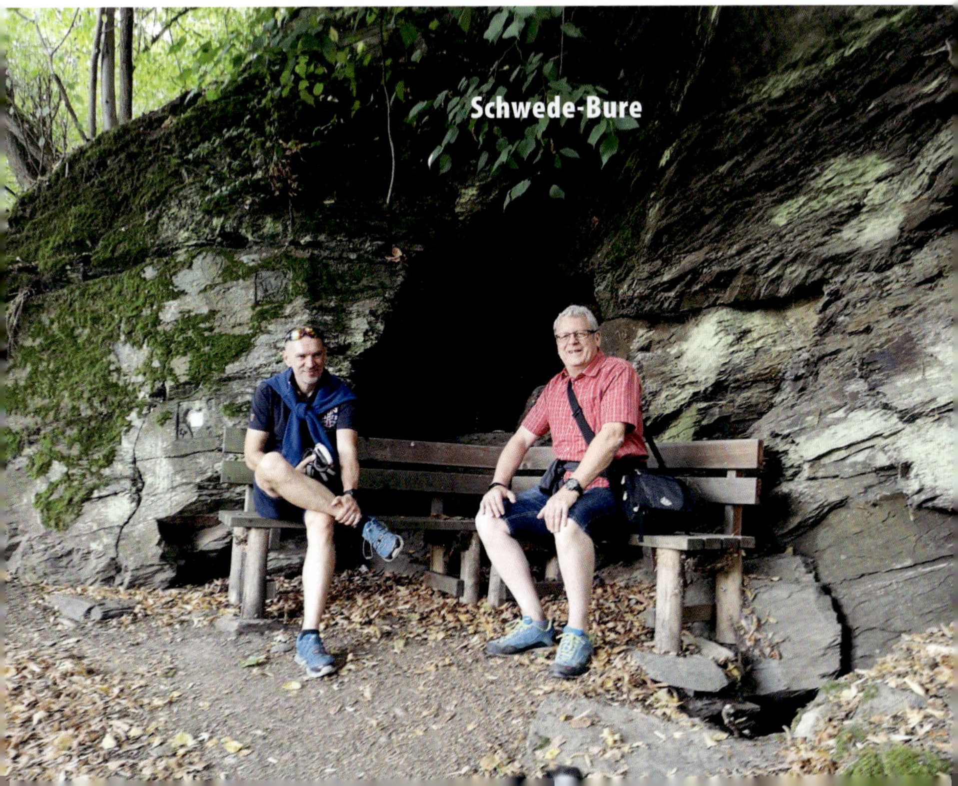
Schwede-Bure

# Panoramatour 7

*Im Dreißigjährigen Krieg des 17. Jahrhunderts war die Schwede-Bure ein Zufluchtsort der Oberweseler, die Schutz vor den Schweden suchten. Später war der Platz ein Treffpunkt für Liebende, die neugierigen Blicken entfliehen wollten und ihre Liebe mit Gravuren im Schieferfels verewigten.*

und ein S. umrahmt von einem Herzen. Eine kleine Sitzecke finden wir dort auch vor. Für die sich Liebenden des 21. Jahrhunderts. Es geht urig weiter. Die letzten 500 Meter bis zum Ziel. Am Ende wartet die liebliche kleine **Kavalerienberg-Kapelle** (8) auf uns. Genau der richtige Ort, um ein letztes Mal innezuhalten und zur Ruhe zu kommen. Wer hier die Glocke läutet, zeigt den Oberweselern an: Es sind Menschen in der Kapelle. Von der Kapelle aus wandern wir nun noch einen kurzen Kreuzweg entlang. Es geht den Berg hinunter und wir genießen noch einmal einen letzten Blick auf die Schönburg, bevor wir in der **Weinstube zum Lamm** (9) bei Knödeln, leckerem Braten und einem hervorragenden Glas Wein unsere Wanderung ausklingen lassen.

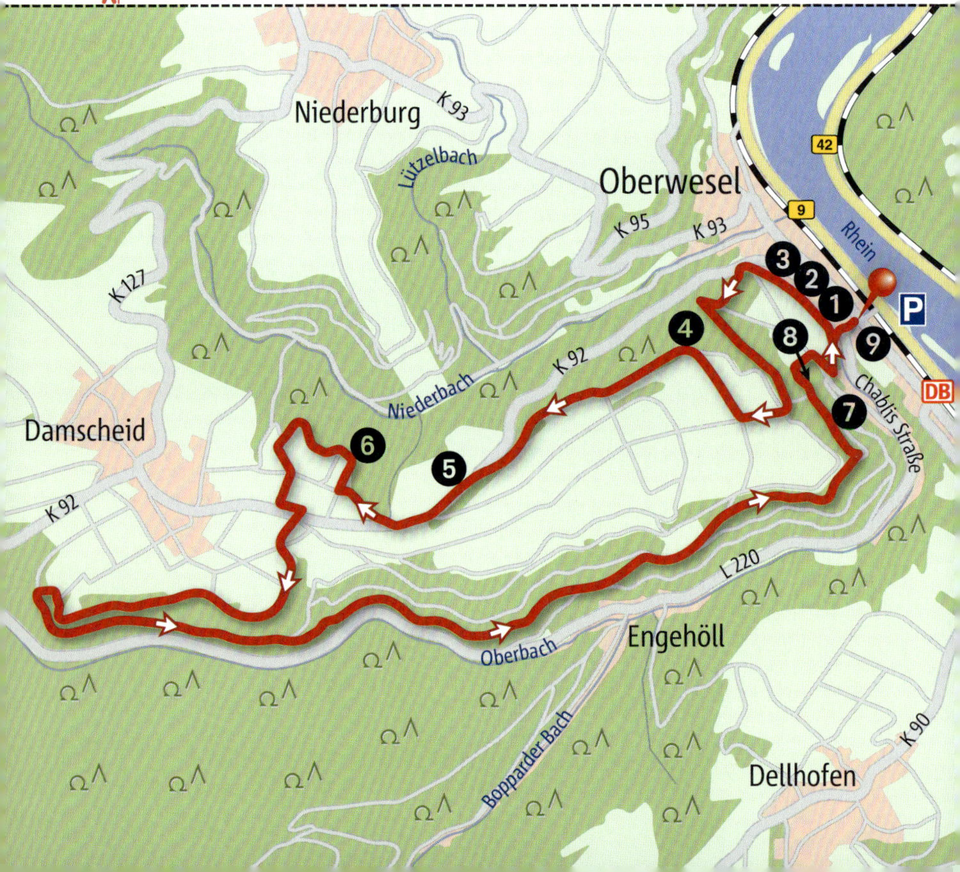

## Alles auf einen Blick

**WIE & WANN:**
**Waldwege, Naturpfad, asphaltierter Weg.**
**Ganzjährig begehbar.**

**HIN & WEG:**
**Auto:** B 9 bis Oberwesel, Parken in der Tiefgarage am Schaarplatz, 55430 Oberwesel (GPS: 50.107453, 7.726424)

Entspannung ✸✸✸✸✸
Genuss ✸✸✸✸✸
Romantik ✸✸✸✸✸

**ÖPNV:** Von Mainz oder Koblenz mit dem Regionalzug RB26 oder RE2 Oberwesel Bf., Zuweg zum Startpunkt über die Liebfrauenstraße (etwa 500 Meter Fußweg)

**ESSEN & ENTSPANNEN:**
**Gasthaus Reingoldschänke** ❺ Damscheider Weg 1, 55430 Oberwesel, Tel. (0 67 44) 5 08, www.rheingoldschenke.de
**Weinstube Zum Lamm** ❾ Schönauergasse 4, 55430 Oberwesel, Tel. (0 67 44) 2 21, www.weingut-dietrich-becker.eu

**ENTDECKEN & ERLEBEN:**
**Pulverturm** ❶
**Kuhhirtenturm** ❷
**Türme auf dem Michelfeld** ❸
**Jüdischer Friedhof** ❹
**Guckshöll** ❻
**Schwede-Bure** ❼
**Kalvarienberg-Kapelle** ❽

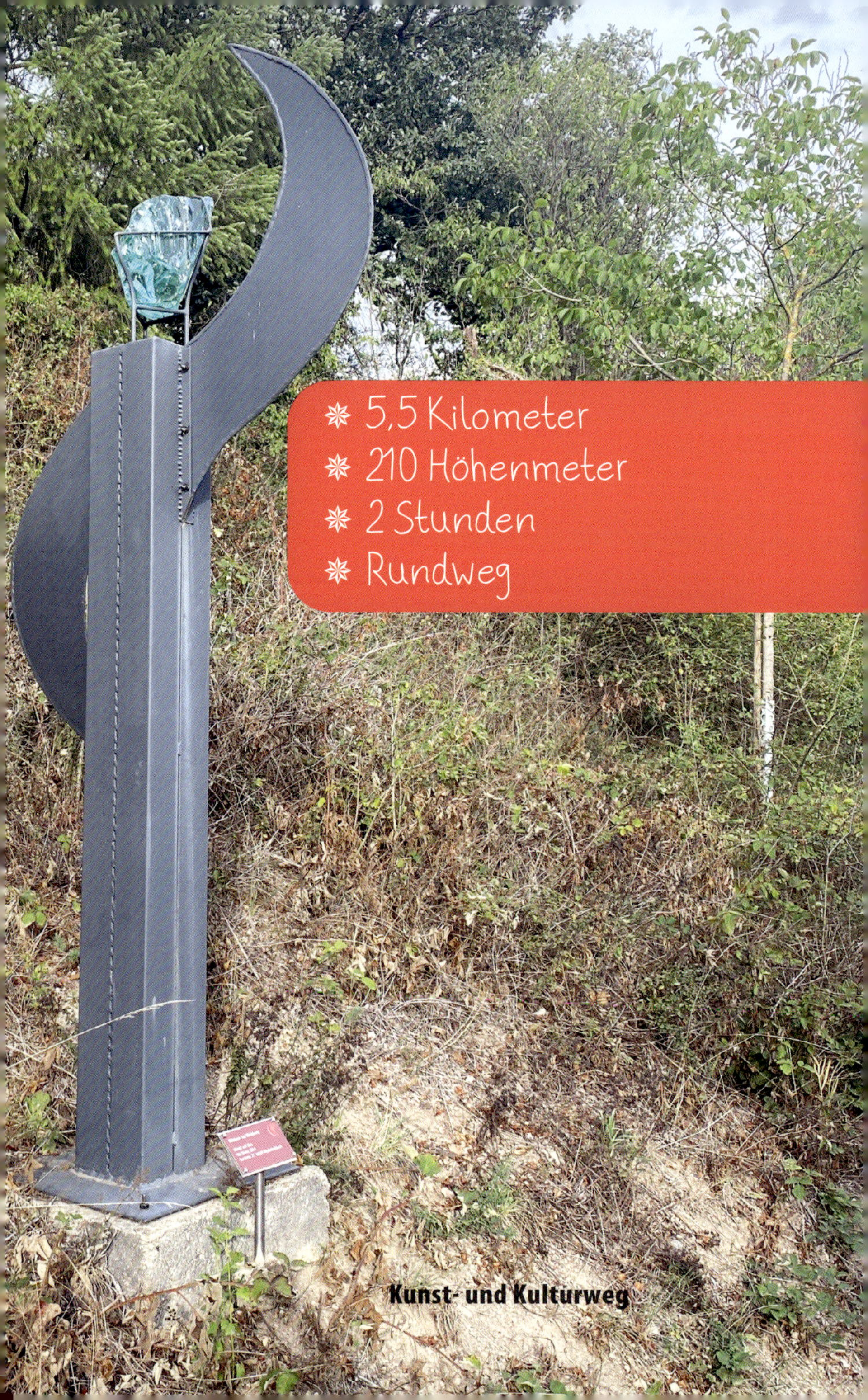

- 5,5 Kilometer
- 210 Höhenmeter
- 2 Stunden
- Rundweg

Kunst- und Kulturweg

Unsere Wanderung beginnt am **Parkplatz an der Schützenhalle** in Leutesdorf. Wir gehen ein kurzes Stück auf dem **Schützenweg** zurück, bis wir uns auf der asphaltierten Straße **Neuer Weg** befinden. Wir folgen dieser 700 Meter bergan und gehen in einer Rechtskurve den Hang hinauf. Ab und zu müssen wir etwas zur Seite

# Kunst im Weinberg

## In den Leutesdorfer Höhen

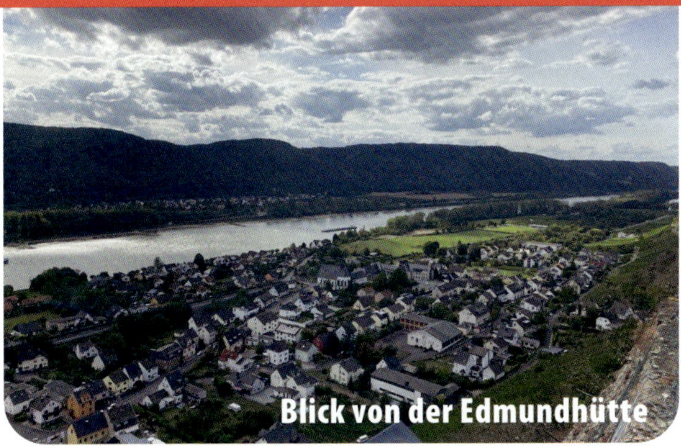
Blick von der Edmundhütte

weichen, da an dieser Stelle auch Autos fahren. Doch schon an der nächsten Linkskurve verlassen wir die Straße und laufen geradeaus in den Wald hinein und über einen Naturpfad in Richtung Naturfreundehaus Edmundhütte. Nach 150 Metern erreichen wir die ersten Steinstufen, die uns hinunter auf eine große Terrasse der **Edmundhütte** 1 führen. Von hier aus haben wir einen sagenhaften Blick auf Leutesdorf, den Rhein und die Weinberge. Es heißt wohl nicht umsonst, dass die Edmundhütte zu den schönsten Aussichtspunkten am Mittelrhein gehört. Unter uns tummeln sich die Binnenschiffe auf dem Rhein, der wie ein breites tiefblaues Band zu unseren Füßen liegt. Unser Blick schweift hinüber zu den sonnenverwöhnten **Weinhängen** und dem **Andernacher Geysir** auf der anderen Rheinseite.

Nun führt uns eine steile Treppe hinauf zur nächsten Aussichtsterrasse der Hütte, die von März bis November bewirtschaftet wird. Hinter der Hütte führt uns die Markierung **Rheinsteig** auf ein schmale felsige Steilpassage und durch das Naturschutzgebiet Langenbergskopf. Der Pfad verläuft anspruchsvoll alpin hinauf in die Höhe. Nach 500 Metern Anstieg erreichen wir eine kleine **Schutzhütte** mit Bank. Hier gehen wir auf dem asphaltierten Wirtschaftsweg nach rechts. Nach wenigen Metern biegen wir nach links auf den **Kniebrecher Pfad** ab. An der nächsten Gabelung geht es nach rechts auf den Feldweg, bis wir an einem Hochsitz dem Weg nach links folgen. Es geht nun stetig bergauf durch den Wald. Wir gelangen nach einigen Metern auf einen schmalen Waldpfad, der uns in wenigen Serpentinen zu einem breiten Querweg bringt. Wir gehen nach rechts und erreichen schon nach weniger Metern die **Brombeerschenke ❷.** Wir setzen uns auf die Terrasse, von der aus wir einen herrlichen Blick ins Neuwieder Becken genießen. Nach einer Tasse Kaffee und zwei Kugeln Eis mit Brombeeren machen wir uns gestärkt auf den Weg.

Wir verlassen die Hütte und gehen nach rechts wieder in den Wald hinein. Nach 300 Metern biegen wir an einer Kreuzung nach links in den Kniebrecher Pfad ab. Es geht bergab durch den Wald, bis wir nach 400 Metern wieder die asphaltierte Straße Neuer Weg erreichen und nach rechts abbiegen. Noch einmal geht es vorbei an der Schutzhütte und nach wenigen Metern biegen wir nach rechts in den **Klinker Weg** ein. 400 Meter weiter gabelt sich der Weg und wir gehen nach links in die **Nußbaumallee.** Wir befinden uns nun auf dem **Kunst- und Kulturweg Leutesdorf ❸** und entdecken auf den nächsten 700 Metern allerlei Werke heimischer Künstler. Scheinbar unvermittelt tauchen sie am Wegesrand auf – begleitet von wunderbaren Blicken hinunter auf den Rhein. **Weinberge** ziehen sich am Weg entlang und wechseln sich mit Sträuchern und Hecken ab, bis wir drei bunte Skulpturen am Wegesrand entdecken: die **„Vogelstuben am Rheinsteig“**, wie die Künstlerin Pia Ockenfels ihre Skulptur genannt hat.

## Für die Seele

Wir setzen uns, schaukeln leicht hin her und tauchen ein in dieses fantastische Landschaftsgemälde. Unsere Gedanken fliegen dahin und zaubern uns zugleich ein Lächeln ins Gesicht.

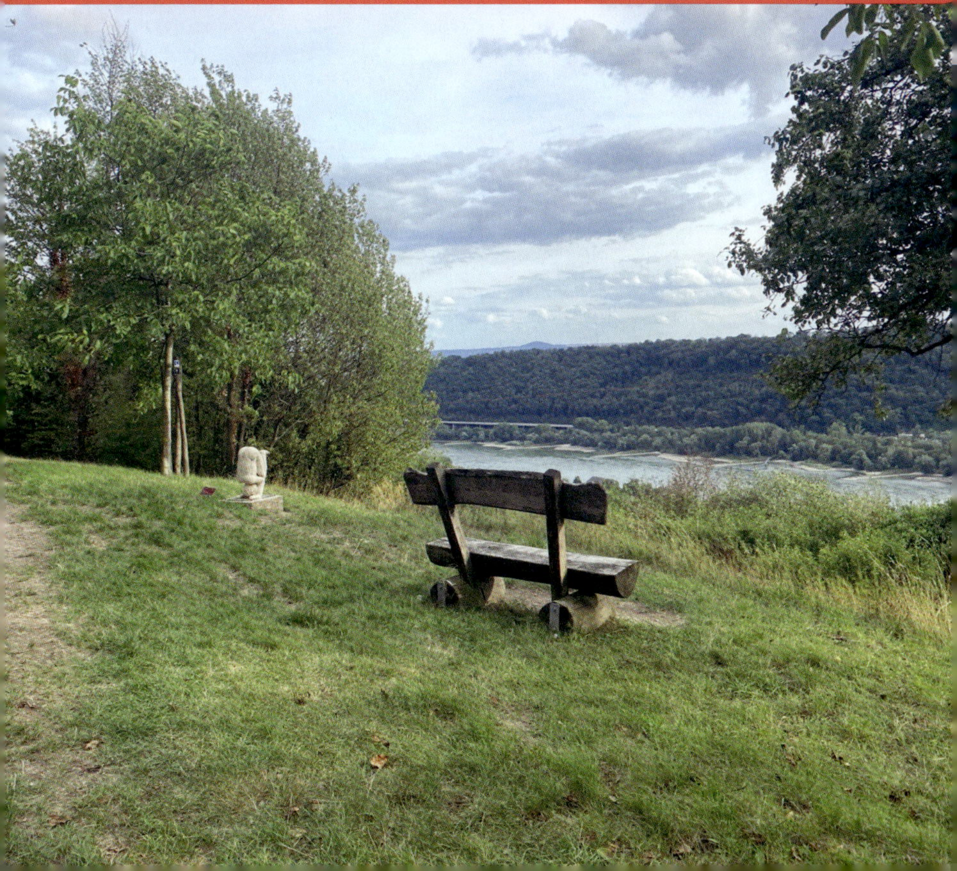

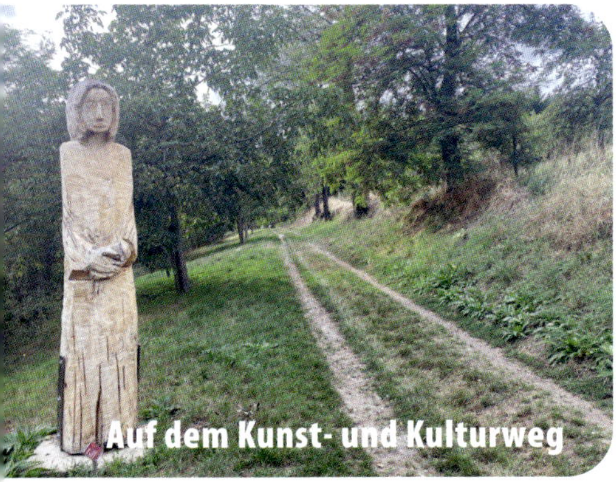

Auf dem Kunst- und Kulturweg

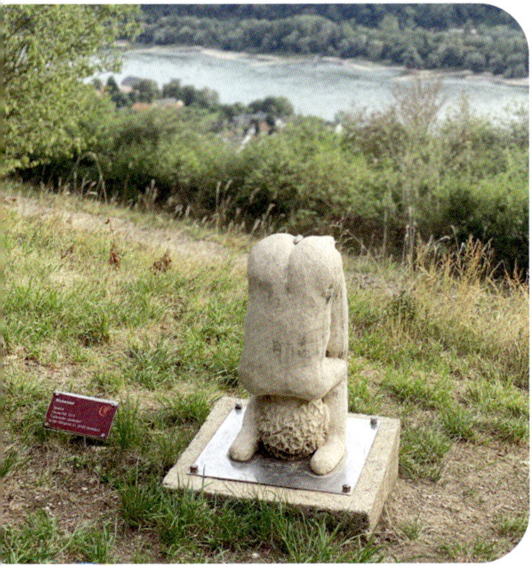

Wir schlendern gemütlich weiter, vorbei an einem **Streuobstwiesen-Lehrpfad.** Wer mag, macht einen Abstecher hinein, um die zahlreichen und zum Teil sehr alten Apfelbaumsorten zu entdecken. Etwa 50 Meter weiter befindet sich auf der linken Seite eine aus Altholz geschnitzte Statue. Die Künstlerin Marianne Nalbach gab ihr den Namen **„Engel aus der Flut“**. Erhaben steht sie da am Wegesrand und blickt gütig auf uns herab. Gerade so, als wolle sie uns dazu einladen, innezuhalten, aufmerksam hinzuschauen und uns hineinzufühlen in ihre Aura, die so würdevoll und klar erscheint. Schon 100 Meter weiter erwartet uns die nächste Skulptur. Eine Plastik mit dem Titel **„Blickwinkel“.** Eine kleine Skulptur steht Kopf, die Beine angewinkelt, und blickt nach unten in Richtung Rhein. Die Augen sind geschlossen, als meditiere sie, versunken in sich und eins mit ihren Gedanken. Ganz in der Nähe befindet sich eine **Ruhebank ④.** Wir setzen uns, schauen in die Ferne und unterhalten uns über diese kleine Skulptur, ihre gewaltige Ausstrahlung – und darüber, wie wichtig es ist, im Hamsterrad des Lebens auch einmal innezuhalten. Wir genießen noch eine Weile den wundervollen Anblick und nach einigen Minuten der Entspannung setzen wir unsere Wanderung fort. Bevor wir nach links abbiegen, entdecken wir noch eine weitere Skulptur. Den **„Wächter am Weinberg“.** Er hebt einen Arm, als wolle er uns zuwinken.

Wir gehen nach links und folgen dem Weg weiter bergab. Unter uns fließt der Rhein und wir genießen

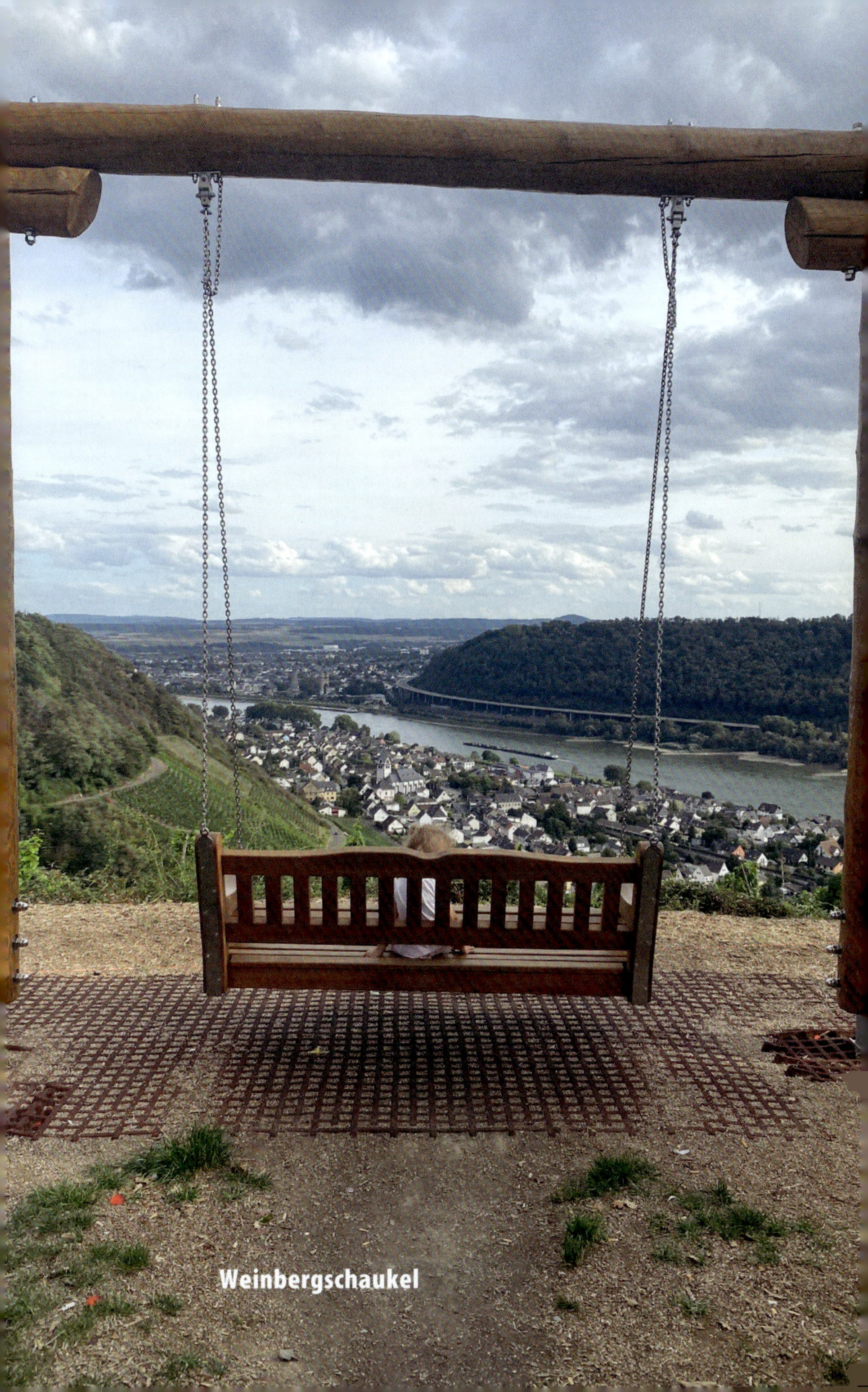

Weinbergschaukel

diesen wundervollen Weitblick. Nach 200 Metern erreichen wir die **Weinbergschaukel** **5** am Nürer Kopf. Ohne Zweifel ein besonderes Highlight dieser Tour. Eine schwingende Holzbank mit einem der schönsten und spektakulärsten Blicke auf Leutersdorf, die steilen Rebhänge und über den Rhein. Gleich daneben befindet sich eine Stele mit den Lettern **„Schönste Weinsicht 2020".** Wir bleiben noch ein wenig sitzen, bevor wir den Weg weiter bergab wandern. Es geht vorbei an Steilhängen und wenig später durch den Wald. Nach 600 Metern erreichen wir wieder die **Straße Neuer Weg.** Wir wenden uns nach rechts, gehen 400 Meter den Berg hinab und zurück zum Ausgangspunkt unserer Wanderung.

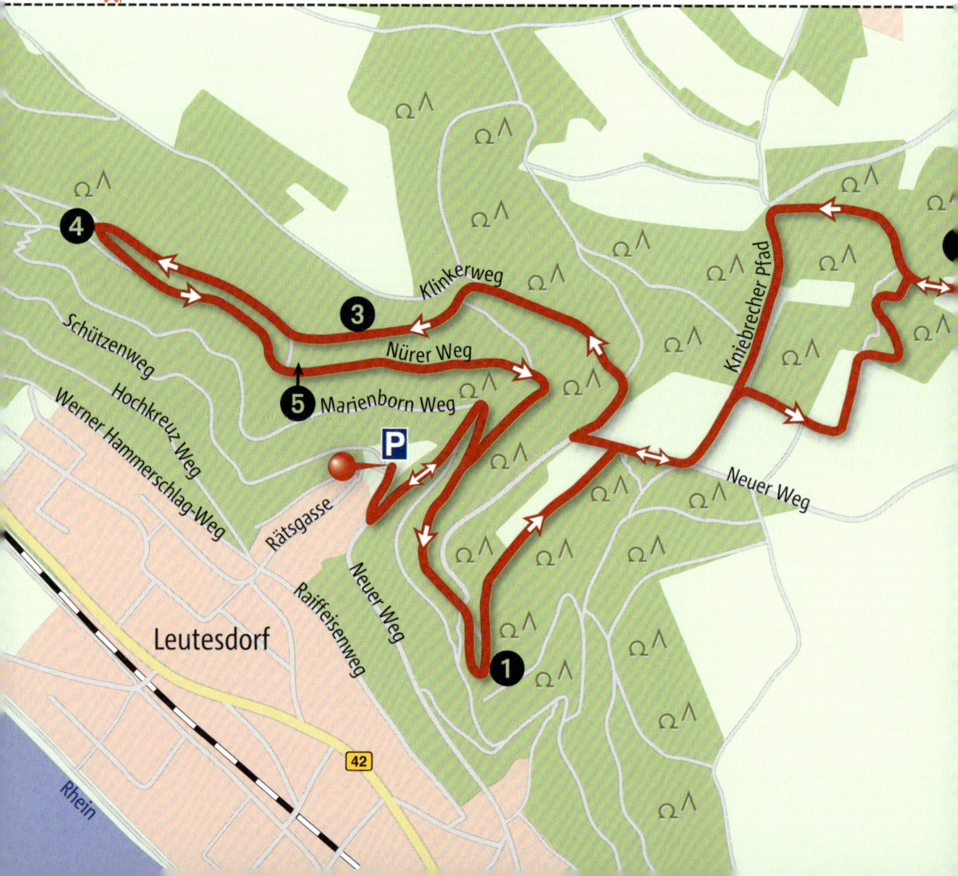

# Alles auf einen Blick

**WIE & WANN:**
**Asphaltwege, Schotterwege, Naturpfade.**
**Ganzjährig begehbar. Beste Wanderzeit: Frühjahr und Herbst.**

**HIN & WEG:**
**Auto:** Parkplatz Schützenhalle, Im Bitzental 1, 56567 Leutesdorf
(GPS: 50.458279, 7.383622)

Entspannung ★★★☆☆
Genuss ★★★★☆
Romantik ★★★★☆

**ÖPNV:** Ab Koblenz mit der Regionalbahn RB27 nach Leutesdorf (Rhein) Bf., Zuweg zum Startpunkt über Hauptstraße und Neuer Weg (etwa 1,7 Kilometer Fußweg)

**ESSEN & ENTSPANNEN:**
**Brombeerschenke** ❷ Hof Haselberg, 56567 Leutesdorf, Tel. (0 26 31) 7 12 42, www.brombeerschenke.de

**ENTDECKEN & ERLEBEN:**
**Edmundhütte** ❶ Naturfreundehaus Edmundhütte, Am Langenbergkopf, 56599 Leutesdorf, Tel. (0 26 32) 25 36 17, www.K1.naturfreundehaus.de
**Kunst- und Kulturweg Leutesdorf** ❸
**Ruhebank** ❹
**Weinbergschaukel** ❺

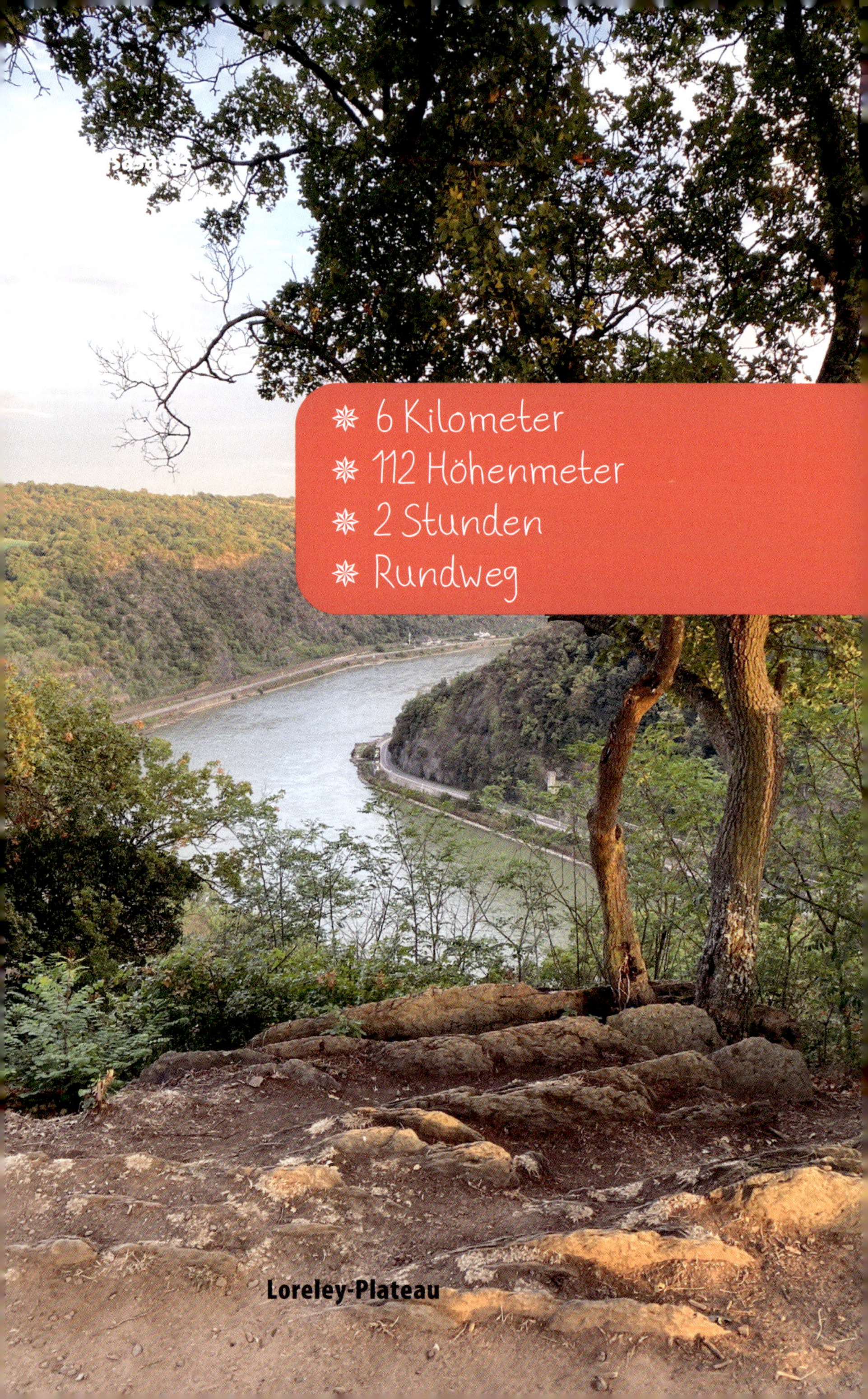

- 6 Kilometer
- 112 Höhenmeter
- 2 Stunden
- Rundweg

Loreley-Plateau

Dieser Weg ist etwas ganz Besonderes. Er ist so schön und beeindruckend, dass wir ihn gleich zweimal gehen: hin und zurück. Es erwarten uns atemberaubende Blicke auf den Rhein, auf den Loreleyfelsen, auf Burg Rheinfels, St. Goar und hinüber in den Hunsrück und den Taunus. Außerdem wandern wir auf

# Sagenhafte Loreley

## Unterwegs auf der Königsetappe

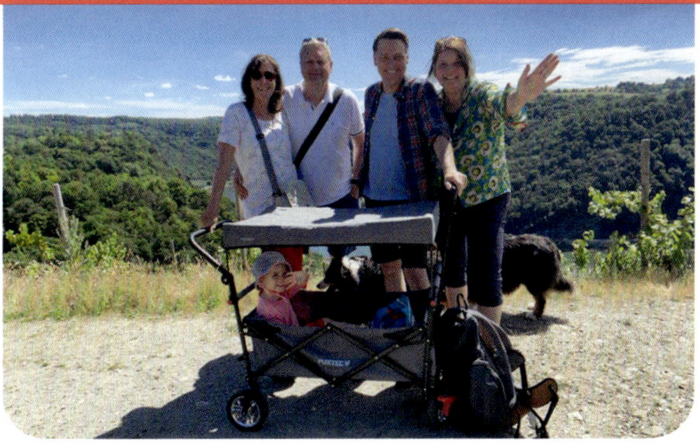

einem besonders schönen Abschnitt: dem spektakulärsten Teil der sogenannten Königsetappe des Rheinsteigs zwischen Loreley und Lorch.

Wir starten oben in luftiger Höhe. Am wohl sagenumwobensten Ort des Oberen Mittelrheintales: dem Loreley-Plateau. Ausgangspunkt ist der Parkplatz am **Loreley-Besucherzentrum.** Wir verlassen jedoch schnell das Besucherzentrum und wenden uns genau in die entgegengesetzte Richtung.

Auf einem asphaltierten schmalen Weg, der parallel zur **K89** verläuft, gehen wir bergauf. An einem großen Holzschild in Form eines **Weinfassbodens** überque-

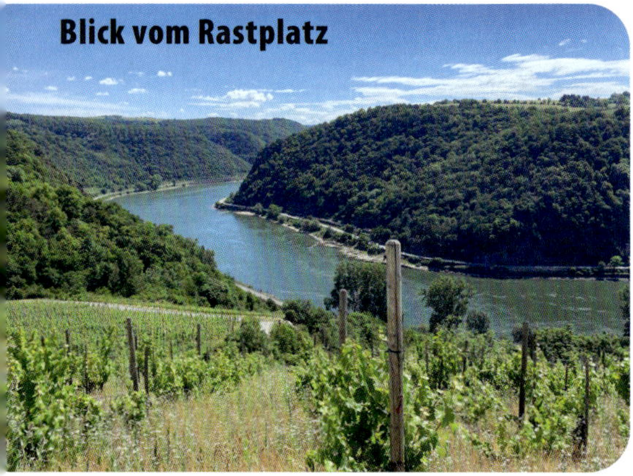


ren wir die Straße. Es geht in Richtung **Weinlehrpfad.** Wir sind jetzt auf dem Rheinsteig unterwegs – und zum ersten Mal erhaschen wir einen Blick hinunter auf den mächtigen Strom. Wir bleiben in der Höhe. Es geht nur leicht bergab. Nach einigen Hundert Metern durchschreiten wir ein **Holztor** und erreichen den Weinlehrpfad. Er startet unmittelbar an einem ersten grandiosen Ausblick auf den Rhein, mit der ersten Möglichkeit für eine schöne Rast auf einer gepflegten Holzbank mit Tisch.

Wir gehen weiter und informieren uns an 20 Tafeln über den aufwendigen Steillagenweinbau am Mittelrhein, aber auch über die Arbeit der Winzer und die verschiedenen Rebsorten, die hier gedeihen – vom „Regent" über den „Burgunder" bis hin zum „Müller-Thurgau", der auch Rivaner genannt wird.

Wir schwelgen im Ausblick über die Weinberge hinweg auf den Rhein, der unter uns parallel zum Wanderweg die Landschaft durchströmt, und bleiben in der Höhe. Nach etwa 500 Metern führt die Route geradeaus in dichten, Schatten spendenden Mischwald. Vor Beginn des Waldabschnittes legen wir noch eine kurze Erfrischungspause ein. Am **Abrahams-Brünnchen.** Die kristallklare Quelle bietet eine tolle Gelegenheit, kühles Wasser zu trinken und das Gesicht zu befeuchten.

In dem schattigen Wald geht es nun im Anschluss etwa 1 Kilometer leicht und gut gehbar bergauf, in Richtung Spitznack-Felsen. Am Ende dieses Waldstücks gelangen wir an eine Kreuzung und gehen dort nach rechts. Einen schönen Wiesenweg bergab. Vorbei an Feldern und weiter in Richtung Spitznack. Bevor wir den Felsen erreichen, machen wir einen kleinen Abstecher zum gut ausgeschilderten **Aussichtspavil-**

*Einer Legende zufolge saß einst die Nixe Loreley auf diesem Felsen. Sie kämmte dort ihr langes goldenes Haar und verdrehte so den Schiffern mit ihrem Gesang den Kopf. Diese achteten trotz gefährlicher Strömung nicht mehr auf den Kurs, sodass die Schiffe an den Felsenriffen zerschellten.*

**lon.** Von hier aus eröffnet sich uns ein grandioser Blick auf das enge Rheintal und die Loreley.

Vom Pavillon geht es kurz zurück und an der Abzweigung nach rechts. Wir laufen ein kurzes Stück bergab zum beeindruckenden Spitznack-Felsen, den wir nach wenigen Hundert Metern erreichen. Hierfür gehen wir an der folgenden Kreuzung nach rechts und

## Für die Seele

Der Rhein unter uns schlägt fröhlich seine Wellen und der sagenhafte Weitblick lässt uns sprachlos staunen. Wir bleiben eine Weile. Schweigend. Genießend. Ein Traum.

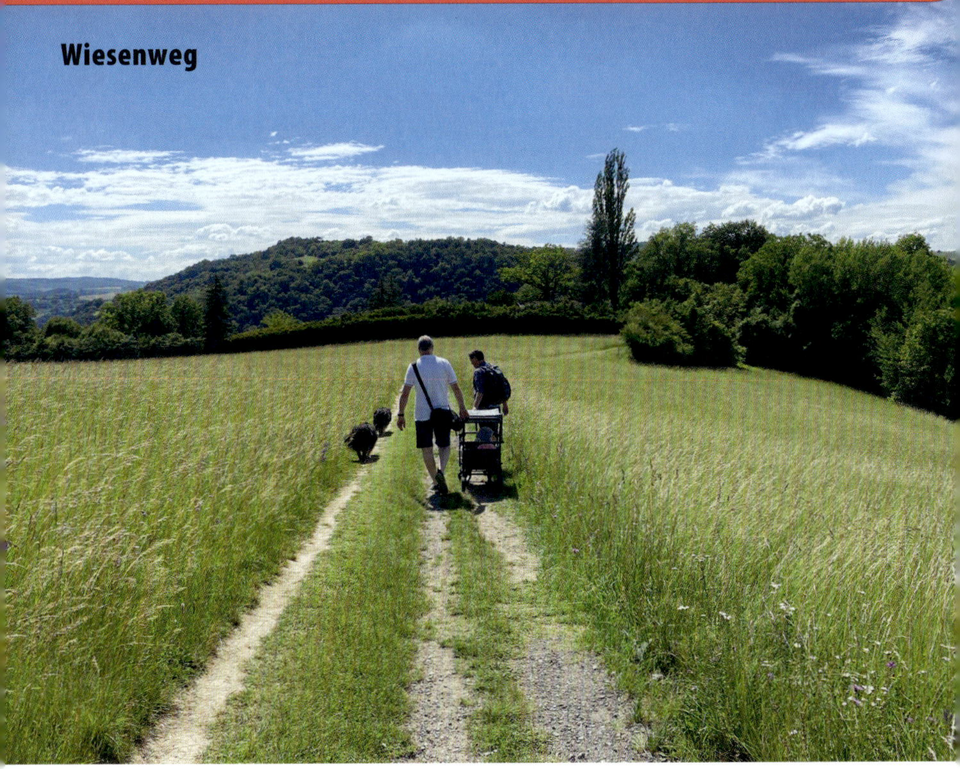

**Wiesenweg**

stehen auf einer wunderschönen Wiese. 50 Meter weiter: ein bewegend schöner Blick auf den Rhein. Aber der kleine Aufstieg direkt auf den rechts über den Rhein hinausragenden **Spitznack-Felsen** 1 toppt alles bisher Gesehene. Von dort oben – direkt auf dem Felsen – haben wir den besten Blick hinunter auf die engste Stelle des befahrbaren Rheins und den nebenan liegenden berühmten Loreleyfelsen. Der Spitznack ist breiter, als er von unten scheint. Wir stehen dort sicher und sind tief bewegt von der unfassbar schönen Natur.

Die mächtigen Frachtschiffe unter uns müssen sich fast quer legen, um diese enge Stelle zu bewältigen. Ein spannendes Schauspiel. Eine Ampel regelt hier den Schiffsverkehr, denn durch diese Enge kann immer nur ein Schiff passieren, während die auf der anderen Seite warten müssen. Entweder stromab- oder stromaufwärts. Nach einer Weile verlassen wir den Felsen und steigen kurz die Anhöhe hinauf. An der Gabelung wenden wir uns nach rechts. Nach weiteren 100 Metern erreichen wir ein Plateau.

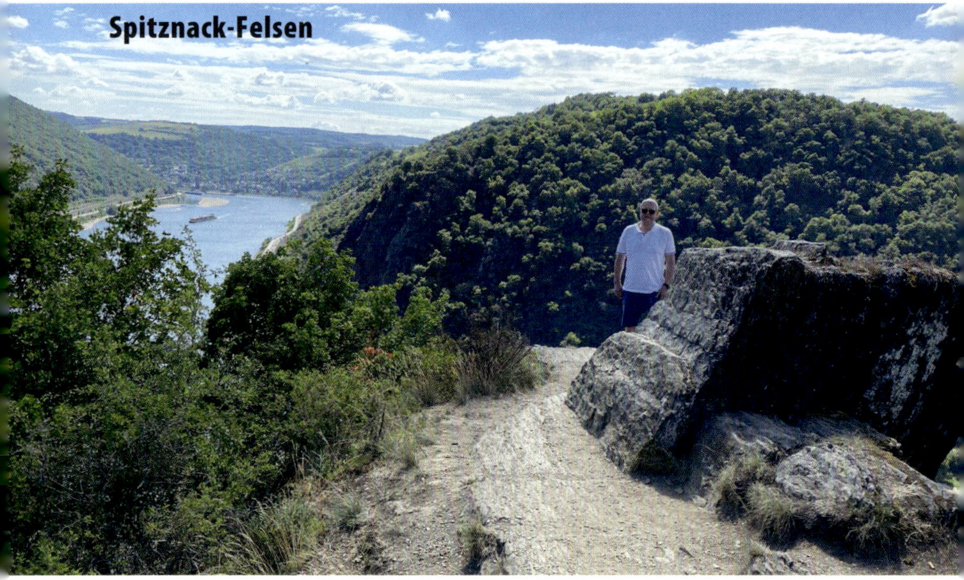

Spitznack-Felsen

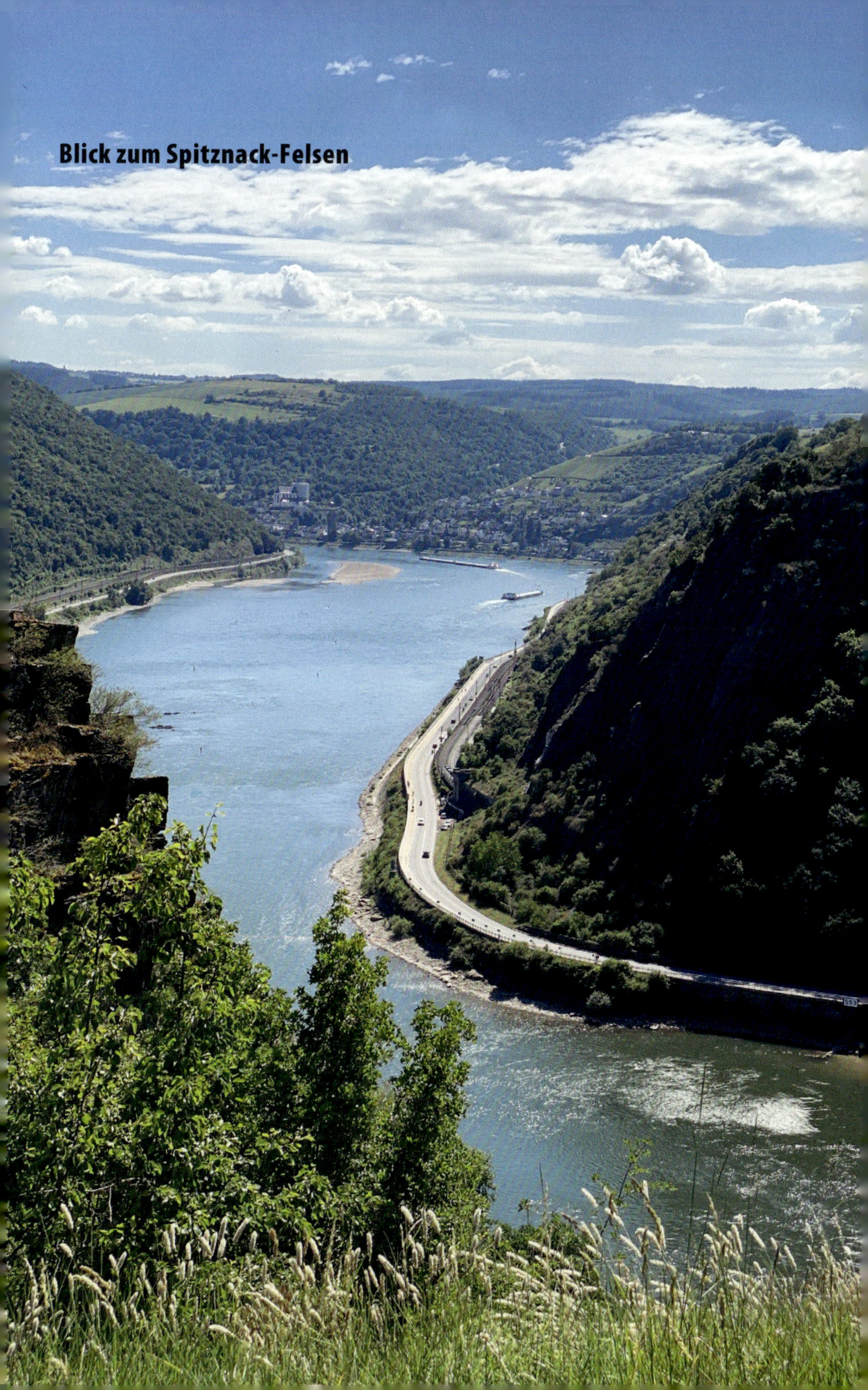

Blick zum Spitznack-Felsen

# Panoramatour 9

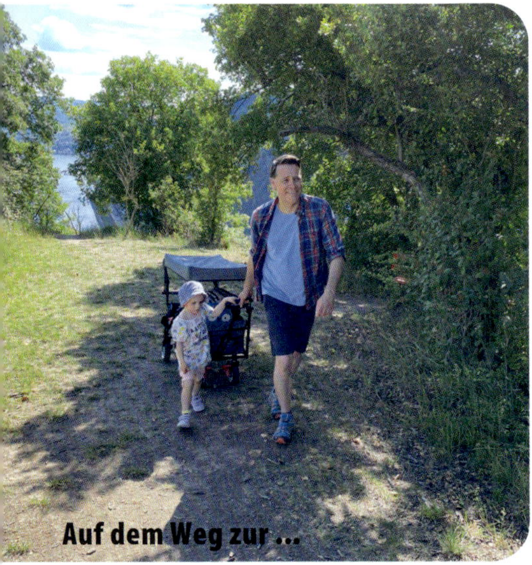

Auf dem Weg zur …

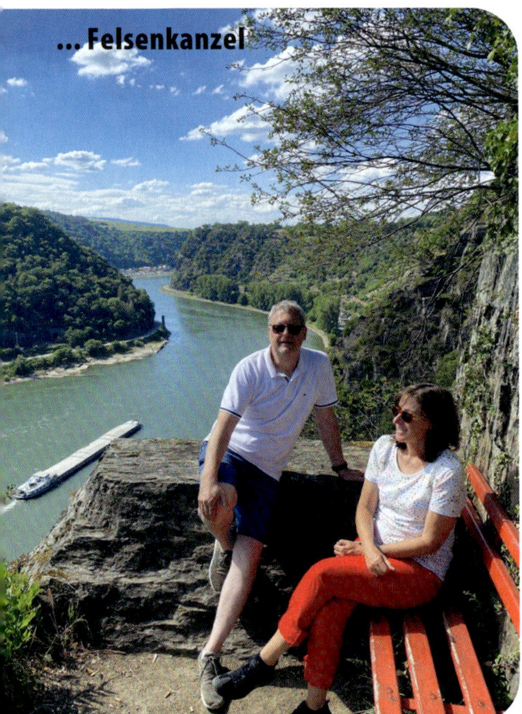

… Felsenkanzel

In Sichtweite auf der linken Seite befindet sich eine kleine **Gaststube.** Wir aber entscheiden uns, zunächst auf dem Plateau weiter geradeaus zu gehen. In Richtung Felsenkanzel. Ein kleines Schild weist den Weg.

Vorher lohnt es noch, eine kurze Pause einzulegen für einen weiteren atemberaubenden Ausblick. Eingerahmt von Ästen und Bäumen sitzen wir auf einer Bank und bestaunen erneut den schroffen Loreleyfelsen. Dieses Motiv findet man auf nahezu jedem Rheinsteig-Reiseführer und Wander-Blog. Aber das absolute Highlight ist nur wenige Meter von hier entfernt und wird von vielen Wanderern schlicht übersehen.

Wir verlassen die Bank, gehen nach rechts, ein paar Meter weiter bergab. Es öffnet sich ein weiterer Blick auf das wunderschöne Rheintal. Genau dort – noch immer weit oben –führt links ein kaum wahrnehmbarer schmaler Pfad zunächst etwas steiler bergab. Scheinbar ins Nichts. Doch nach wenigen Metern wird aus dem Pfad ein Weg. Stufen sind in den Boden eingelassen und einige wenige Wendungen später stehen wir mitten auf der sagenhaften **Felsenkanzel ②.**

Dort erwartet uns auf einer Art **Balkon aus Felsgestein** eine Bank, auf der wir bequem Platz nehmen

**Rodelbahn**

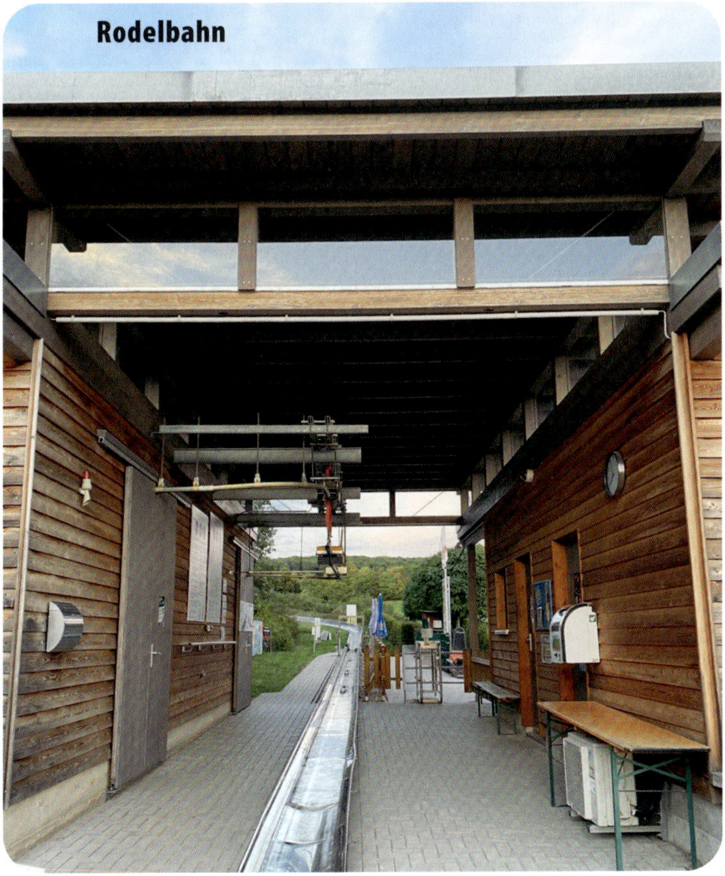

und um uns herum eine atemberaubende Stille wahrnehmen. Ein Moment, der in Erinnerung bleibt, für immer.

Von hier aus treten wir irgendwann den Rückweg an. Wir folgen der Rheinsteig-Markierung nach rechts vorbei am **Leiselfeld.** Es geht nun leicht bergan. Nach 600 Metern verlassen wir den Rheinsteig, der nun nach rechts führt. Wir gehen geradeaus weiter. Nach einer Linkskurve geht es nach 100 Metern auf einem **Naturpfad** geradeaus. Der Weg macht nun eine Rechtskurve. Nach 300 Metern gehen wir nach links. Gleich darauf wieder nach rechts und erreichen nach

!

*Die Sommerrodelbahn Loreley liegt auf dem Loreley-Plateau und bietet Rodelspaß für Jung und Alt. Die Rodelstrecke ist etwa 700 Meter lang, der Rücktransport erfolgt durch eine Liftanlage. www.loreleybob.de*

300 Metern einen Schotterweg, dem wir nach links folgen. Wir wandern gemütlich am Waldrand und Feldern vorbei. Nach 1,1 Kilometern erreichen wieder die **K89** und vor uns am Hang liegt die **Sommerrodelbahn Loreley 3.** Wer mag, kann etwas unterhalb direkt einen Abstecher dorthin machen.

Nach 300 Metern und 3 Stunden wundervoller Auszeit erreichen wir wieder den Parkplatz am Besucherzentrum der Loreley. Wir nutzen die Gelegenheit und spazieren hinüber zum **Besucherzentrum Loreley 4** und auf das neu gestaltete **Plateau** mit dem Aussichtspunkt **Loreley 5.** Dann verlassen wir den märchenhaften Ort. Ein perfekter Ausflug für Einsteiger und Familien. Leicht und bewegend.

*Das Besucherzentrum Loreley wurde im Jahr 2000 als offizielle Außenstelle der Expo Hannover eröffnet. In der sechsteiligen Ausstellung gibt es Informationen rund um das Thema „Welterbe Oberes Mittelrheintal". www.loreley-besucherzentrum.de*

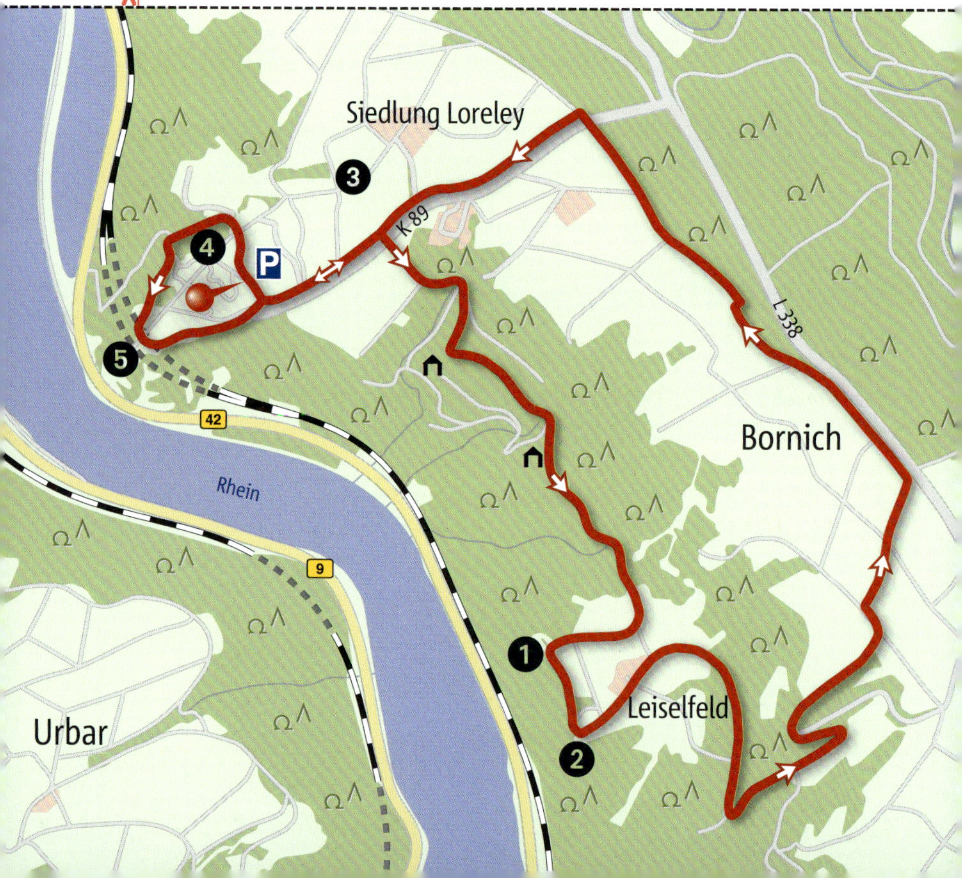

## Alles auf einen Blick

**WIE & WANN:**
**Asphaltwege, Schotterweg, Naturpfade, Felsenweg.**
**Ganzjährig begehbar. Beste Wanderzeit: Frühjahr und Herbst.**

**HIN & WEG:**
**Auto:** Parkplatz Loreley Besucherzentrum (oberhalb von St. Goarshausen), Loreley 7, 56348 Bornich (GPS: 50.140923, 7.734076)

Entspannung ✱✱✱✱✱
Genuss ✱✱✱✱
Romantik ✱✱✱✱

**ÖPNV:** Von Mainz, Koblenz und Wiesbaden mit der Regionalbahn nach St. Goar Bf., weiter mit der Rheinfähre nach St. Goarshausen, vom Anleger 500 Meter Fußweg zum Bahnhof St. Goarshausen, dort weiter mit Bus 535, Haltestelle „Loreley Besucherzentrum, Bornich"

**ESSEN & ENTSPANNEN:**
Bitte an Rucksackverpflegung denken!

**ENTDECKEN & ERLEBEN:**
**Spitznack-Felsen** ❶
**Felsenkanzel** ❷
**Sommerrodelbahn** ❸ Loreley-Bob, Auf der Loreley 11, 56348 Bornich, Tel. (0 67 71) 9 59 48 33, www.loreleybob.de
**Besucherzentrum** ❹ Loreley Besucherzentrum, Auf der Loreley 7, 56348 Bornich, Tel. (0 67 71) 59 90 93, www.loreley-besucherzentrum.de
**Aussichtspunkt Loreley** ❺

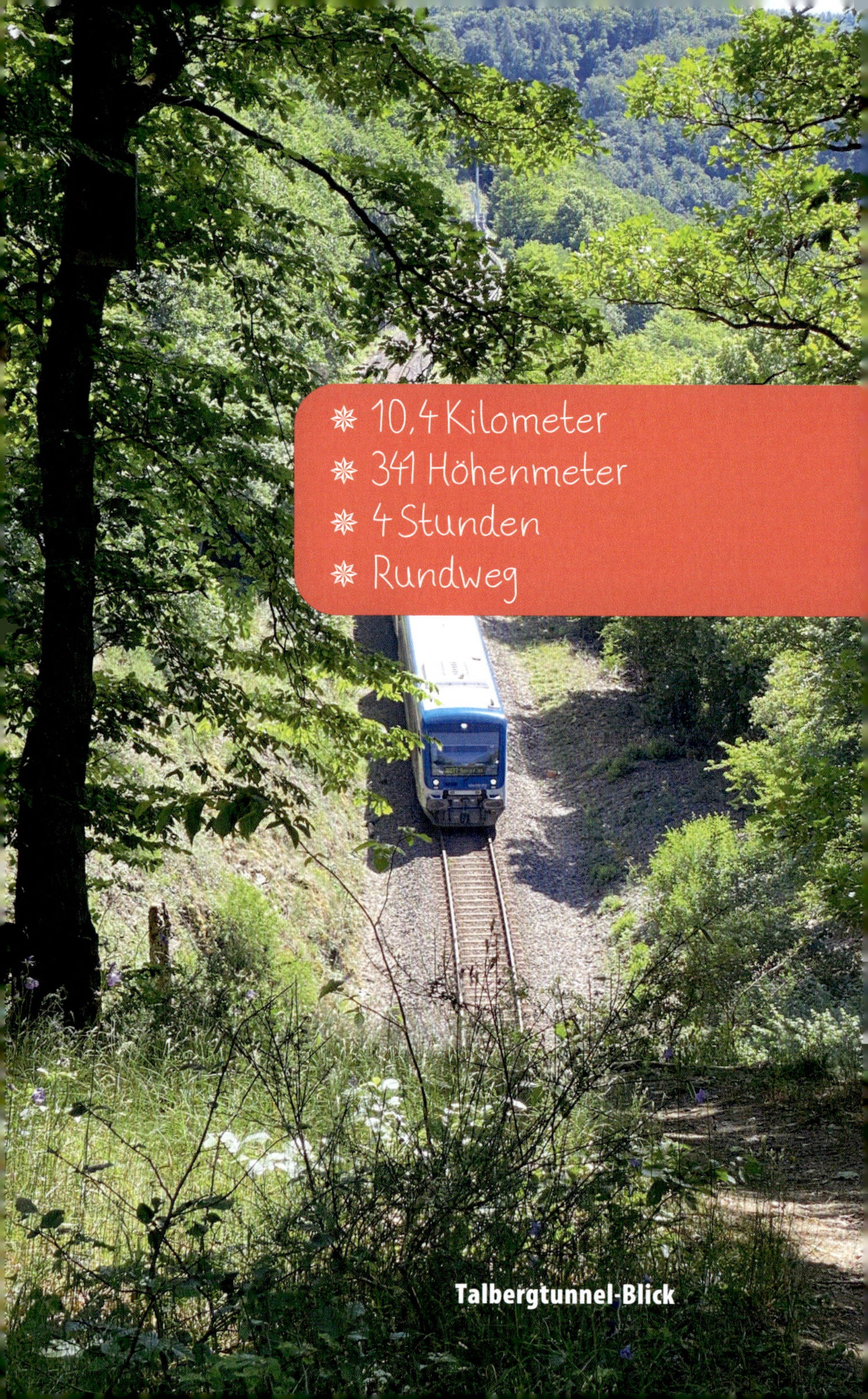

- 10,4 Kilometer
- 341 Höhenmeter
- 4 Stunden
- Rundweg

Talbergtunnel-Blick

Wir starten unsere Wanderung am **Remigiusplatz** in Boppard und gehen zunächst auf der gegenüberliegenden Seite durch die Unterführung und danach nach rechts. Nach wenigen Metern entlang der Schienen geht es auf einem schmalen Pfad links bergauf. Und schon bald genießen wir einen ersten Blick auf

# Eisenbahnromantik

## Die Elfenlay bei Boppard

den alten **Zwei-Sitzer-Sessellift** auf der anderen Seite des Mühltals. Der Weg führt auf einem urigen Serpentinenweg durch zauberhaften Mischwald bergan. Wir erreichen den ersten Aussichtspunkt **Somborns Ruh,** benannt nach Carl Somborn, einem ehemaligen Beigeordneten der Stadt Boppard. Eine Bank lädt zum Verweilen ein. Der Rhein und die Stadt Boppard liegen uns zu Füßen.

Wir bleiben auf dem schönen Weg und ein wunderbares vielstimmiges Vogelkonzert verwöhnt unsere Ohren. Etwa 10 Minuten dauert der Anstieg, bis wir den nächsten fantastischen Ausblick erleben. Wir sind am **Heinz-Bach-Eck 1,** benannt nach dem ehemaligen Verkehrsdirektor von Boppard. Der Rundweg führt uns von Aussicht zu Aussicht – und auf eine Zeitreise durch die Bopparder Lokalgeschichte. Unter uns sehen wir jetzt den Bopparder Hamm, die größte aller Rheinschleifen. Gegenüber liegt das kleine Filsen, aber noch beeindruckender finden wir die mächtigen terrassenförmig angelegten Weinberge des Mittelrheins.

Von hier aus geht es bequem weiter auf einem Wiesen- und Schotterweg. Bald führt er wieder in den

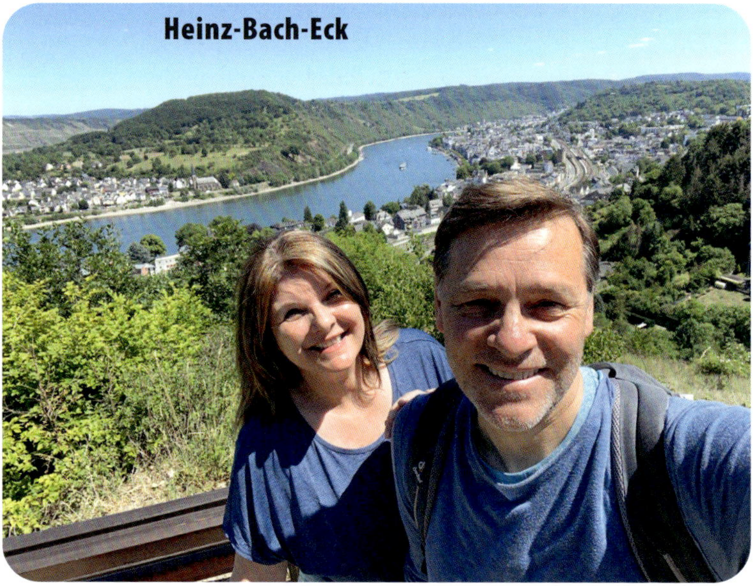
Heinz-Bach-Eck

Wald. Zuweilen auf wildromantischen alten **Winzerwegen.** Wir folgen einem alten **Holzschild** mit der Inschrift „DEN DREI EICHEN und ELFENLAY". Der Weg leitet uns direkt zum nächsten Aussichtspunkt. Dem **Kurt-Alich-Blick 2.** Kurt Alich war Ehrenmitglied des Bopparder Verkehrs- und Verschönerungsvereins. Eine weitere lokale Größe der Stadt am Rhein. Von diesem Aussichtspunkt aus überschauen wir wieder fast die gesamte Rheinschleife. Ab jetzt wird der Weg schmaler, führt durch Mischwald zunächst bergab. Immer wieder ergeben sich schöne Ausblicke und gepflegte Bänke laden zum kurzen Innehalten ein. Unten angekommen gehen wir an der Wegkreuzung nach links. Entlang des **Hunsrückbahn-Wanderweges.** Nach einigen Hundert Metern gabelt sich der Weg. Wir folgen der weißen Markierung auf violettem Grund, dem Zeichen der **Traumschleife Elfenlay,** bergab. Es geht durch Schatten spendenden Wald mit knorrigen Bäumen und saftig grünen Moosen. Wir erblicken erstmals auf diesem Rundweg unter uns die Schienen der historischen Hunsrück-Bahn, die über eine kurze Strecke von nur 15 Kilometern von Boppard über Buchholz nach Emmelshausen fährt, dabei aber erstaunliche 336 Höhenmeter überwindet. Die steilste fahrplanmäßig betriebene Eisenbahnstrecke Deutschlands. Eine Weile laufen wir parallel zu den Bahngleisen bergab, immer weiter durch den Wald, bis wir die Schienen kreuzen.

## Für die Seele

Wir genießen den Moment auf einer schönen Bank, schauen von diesem exklusiven Logenblick auf die Schienen und warten im Schatten, bis der nächste Zug unter uns vorbeirauscht.

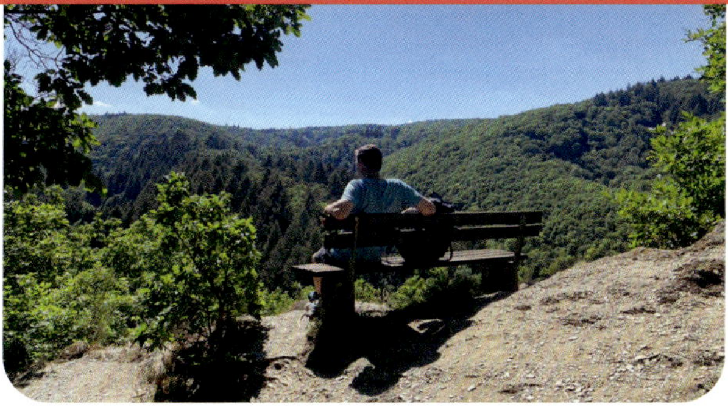

Am Ende der sogenannten **Elfenlay-Stiege** gehen wir nach links. Unter uns erblicken wir nun den romantisch rauschenden Mühlbach. Nach einigen Hundert Metern befinden wir uns auf Höhe des Baches und stoßen auf eine schöne **Holzbrücke.** Wir überqueren sie aber nicht, sondern wandern nach links – auf einem Pfad – parallel zum munter fließenden Flüsschen auf unserer rechten Seite. Ein bisschen ist so, als befänden wir uns inmitten eines fantastischen Abenteuerspielplatzes, schauen uns um und bemerken: Viele Familien machen es sich hier am idyllischen **Mühlbach** gemütlich und die Kinder spielen am und im rauschenden Wasser.

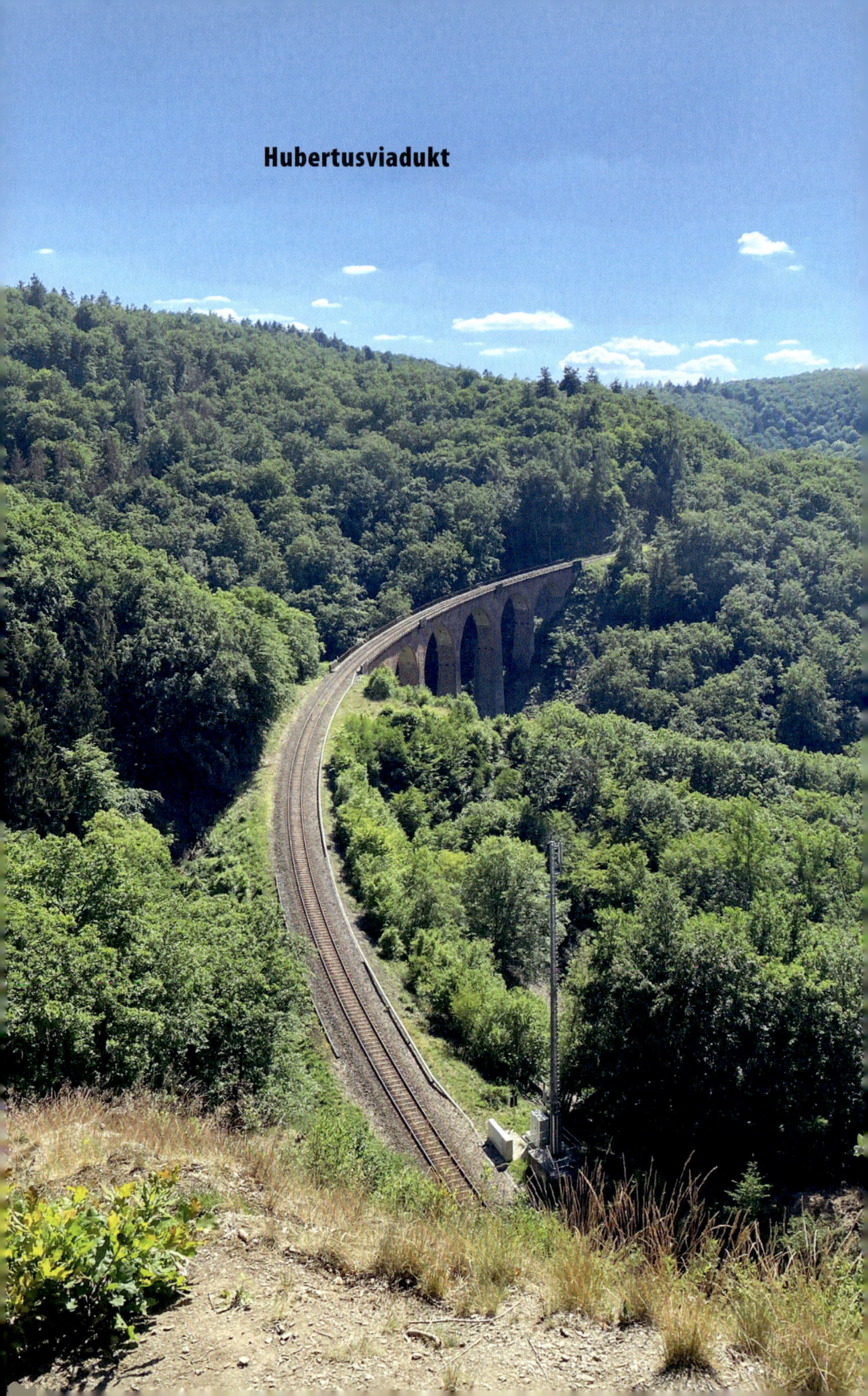
Hubertusviadukt

Schön ist es hier. Erfrischend und schattig. Der Bach plätschert weiter an unserer Seite. Wir tauchen einfach die Füße in das Flüsschen – eine herrliche Erfrischung! Nach einer guten Weile kommen wir wieder an einer kleinen **Holzbrücke** vorbei. Wir lassen Mühlbach und Brücke rechts liegen und gehen unmittelbar dahinter nach links. Einen schmalen Weg bergauf. Der Pfad führt vorbei an Buchen, Kiefern und Eichen. Stetig leicht bergauf. Nun lassen wir den keinen Bach hinter uns. Wir beginnen den Aufstieg zum **Rauhberg.**

An der nächsten Gabelung geht es nach rechts und dann gleich wieder links, etwas steiler den schmaleren der beiden Pfade vor uns bergan. Auf zuweilen schroffen, aber wunderschön mit Moosen überzogenen Naturpfaden. Fast oben angekommen erwartet uns an einem Felssporn eine Bank. Sie ermöglicht einen bildschönen Blick über die Wälder und Höhen des Hunsrücks, das Tal und den **Rauhberg-Tunnel ❸.**

Wir steigen weiter aufwärts – und fast ein wenig überraschend liegt plötzlich einer der absoluten Höhepunkte dieser Tour unter uns. Denn wir stehen mitten auf dem **Talbergtunnel ❹.** Wir blicken direkt hinunter auf die Schienen der **Hunsrückbahn.** Und hier – irgendwo im Nirgendwo – hängt an einem Baum der aktuelle Fahrplan der unter Denkmalschutz stehenden 1908 eröffneten Bahn. So wissen wir genau, wann der nächste Zug aus dem Tunnel zu erwarten ist.

Wir verlassen den Hang über dem Talberg-Tunnel. Von dort geht es zunächst weiter den Berg hinauf. Nach nur 50 Metern wenden wir uns an einer Kreuzung nach rechts. Der Weg wird nun breiter und führt weiter durch schönen, dichten Wald. Nach einigen Hundert Metern fesselt uns der nächste Ausblick: auf das spektakuläre, 150 Meter lange **Hubertusviadukt ❺,** erbaut aus Rotsandstein-Quadern und zu seiner Bauzeit die größte Steinbogen-Brücke Deutschlands. Diese Brücke ragt 50 Meter über der **Hubertusschlucht** in die Höhe. Ein besonderes Bonbon, nicht nur für Eisenbahnromantiker!

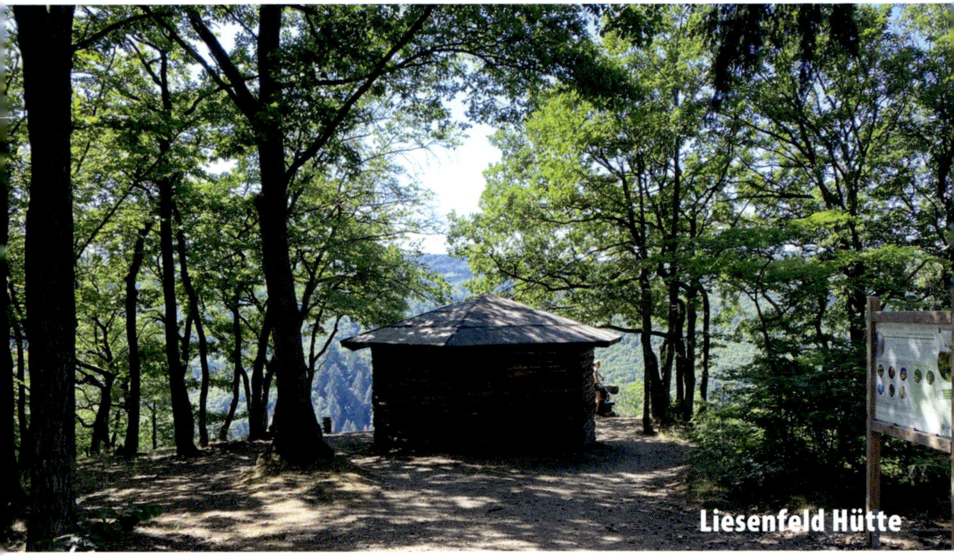


Weiter oben gelangen wir an eine Kreuzung. Dort gehen wir nach rechts. Nach dem nächsten kurzen Anstieg sind wir nun auf einem breiteren natürlichen Fußpfad. Es geht bergab. Auf der rechten Seite stoßen wir nach etwa 200 Metern auf die **Liesenfeld Hütte** 6, benannt nach einem Stadtförster. Sie bietet uns eine weitere, noch schönere Aussicht auf das **Viadukt** und das großartige Mittelgebirgspanorama des Hunsrücks um die Eisenbahnstrecke herum. Eine kurze Pause nur, dann gehen wir gegenüber der Schutzhütte bergauf wieder in den Wald hinein, auf einem weiteren schattigen, naturbelassenen und schmalen Weg. An der nächsten Kreuzung geht es an einer kleinen Lichtung nach rechts. Weiter durch den Wald. Unmittelbar dahinter überqueren wir geradeaus die nächste Kreuzung. Und wieder bergauf. Oben angekommen erreichen wir eine Bank und genießen den schönen **Hubertusschluchtblick** 7 auf die beeindruckende Landschaft.

An der nun folgenden Kreuzung überqueren wir den etwas breiteren der beiden Wege. Hinein in den Wald, auf einen weiteren naturbelassenen Pfad. Hinter einer kleinen Lichtung wenden wir uns an der nächsten Kreuzung nach rechts – dem Schild **„Traumschleife Elfenlay“** folgend. Rechts geht es nun auf einem etwas breiteren Waldweg zunächst leicht bergauf und wenig später bergab. Nach etwa 200 Metern müssen wir aufpassen. Recht unvermittelt geht es steil bergab. Ein **Holzschild** weist die Richtung. Stufen sind in den naturbelassenen Weg eingelassen. Ein **Geländer aus Holz** gibt uns Sicherheit.

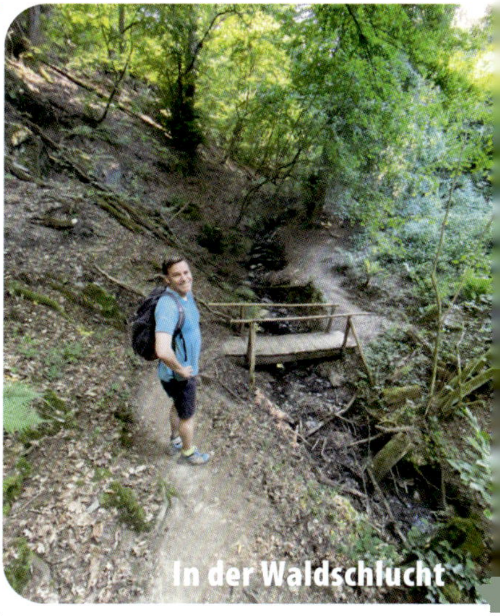
In der Waldschlucht

Anschließend geht es noch einmal steil hinauf. Auf einem schmalen Weg. Am Ende dieses Pfades wandern wir zwischen Kräutern und Gräsern hindurch und nach links in den Wald. 7 Kilometer des Rundweges haben wir jetzt hinter uns gebracht. 500 Meter weiter die nächste Kreuzung. Wir bleiben auf dem Weg. Gehen geradeaus und überqueren die folgende Kreuzung. Inzwischen geht es bergab. Eine ganze Weile, bis wir im Tal ankommen. Am Ende eines kleinen Baches laufen wir dann noch einmal bergan. Es ist nur ein kurzer Anstieg, etwa 150 Meter durch den Wald.

Wir erreichen das Plateau. Offenes Weideland. Laufen an Feldern vorbei, über Streuobstwiesen, entlang einer Weide und einer schönen **Pferdekoppel.** Unmittelbar dahinter geht es nach links. Bergab. Auf einen Schotterweg. In Richtung Sabelsköpfchen. Hinter einer Kleingartensiedlung und Hundepension geht es rechts durch zwei Koppeln hindurch auf einen Feldweg. Nach 100 Metern erreichen wir die **Schutzhütte Sabelsköpfchen** 8 mit ihrem grandiosen Panoramablick. Wie zwei riesige ausgebreitete Arme umschlingt der Rhein an dieser Stelle das kleine gegenüberliegende Filsen.

Über einen serpentinenförmigen schmalen Waldpfad geht es bergab und, etwas überraschend, wenig später scharf links in den Wald. Abwechselnd geht es nun bergab und bergauf auf diesem wie verwunschen

# Panoramatour 10

wirkenden Weg und tief hinein in eine kühlende **Schlucht.** Eine **Holzbrücke** führt hier über den kleinen **Burdenbach** und dahinter wieder heraus aus der Klamm. Noch einmal kurz bergauf. Dann befinden wir uns auf der Zielgeraden und wandern die letzten Meter durch dichten Wald, auf einem gut begehbaren Weg im Burdenbachtal.

Die **Elfenlay** ist eine stille Schönheit. Der Geheimtipp bietet viele ungewöhnliche Perspektiven, tolle Aussichten, fast ausschließlich schattige Waldwege, in die wir regelrecht eintauchen. Eine schöne Sommertour, auf der Wanderer ihr Picknick mitnehmen sollten. In der **Fondels Mühle** 9 oder dem **Wirtshaus Anders** 10 in Boppard kann man die Tour aber zünftig ausklingen lassen.

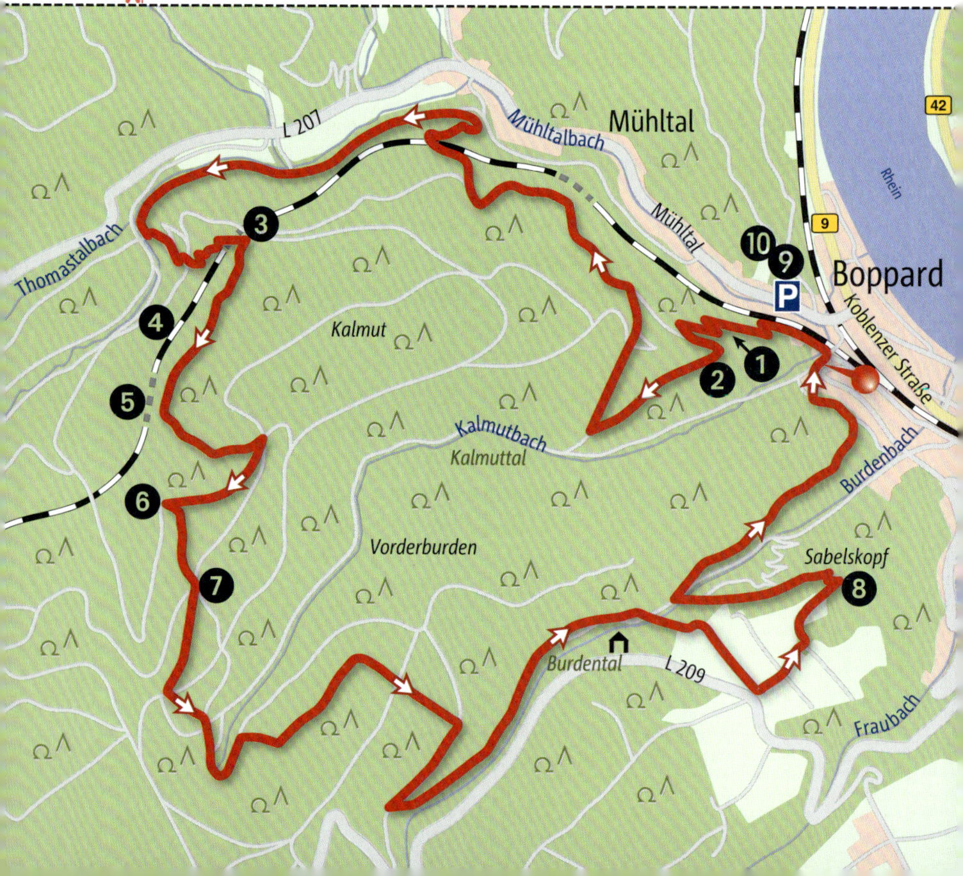

# Alles auf einen Blick

**WIE & WANN:**
**Asphaltwege, Waldwege, Naturpfade.**
**Ganzjährig begehbar. Beste Wanderzeit: Frühjahr und Herbst.**

**HIN & WEG:**
**Auto:** Parkplatz Mühltal/St. Remigiusplatz an der L207/B9, 56154 Boppard (GPS: 50.234110, 7.576813)

Entspannung ✸✸✸✸✸
Genuss ✸✸✸✸✸
Romantik ✸✸✸✸✸

**ÖPNV:** Von Mainz oder Koblenz mit dem Regionalzug RB26 oder RE2 bis Boppard Hbf., weiter mit Bus 670 bis Haltestelle „Sesselbahn Boppard"; alternativ etwa 1 Kilometer Fußweg zum Startpunkt ab Boppard Hbf. in Richtung Rhein und Talstation Sesselbahn

**ESSEN & ENTSPANNEN:**
**Fondels Mühle** ⑨ Mühltal 8, 56154 Boppard, Tel. (0 67 42) 57 75, www.fondelsmuehle.de
**Wirtshaus Anders** ⑩ Mühltal 6, 56154 Boppard, Tel. (0 67 42) 89 67 54, www.wirtshaus-anders.de

**ENTDECKEN & ERLEBEN:**
**Heinz-Bach-Eck** ①
**Kurt-Alich-Blick** ②
**Rauhberg-Tunnel** ③
**Hubertusviadukt** ⑤
**Liesenfeld Hütte** ⑥
**Hubertusschluchtblick** ⑦
**Schutzhütte Sabelsköpfchen** ⑧

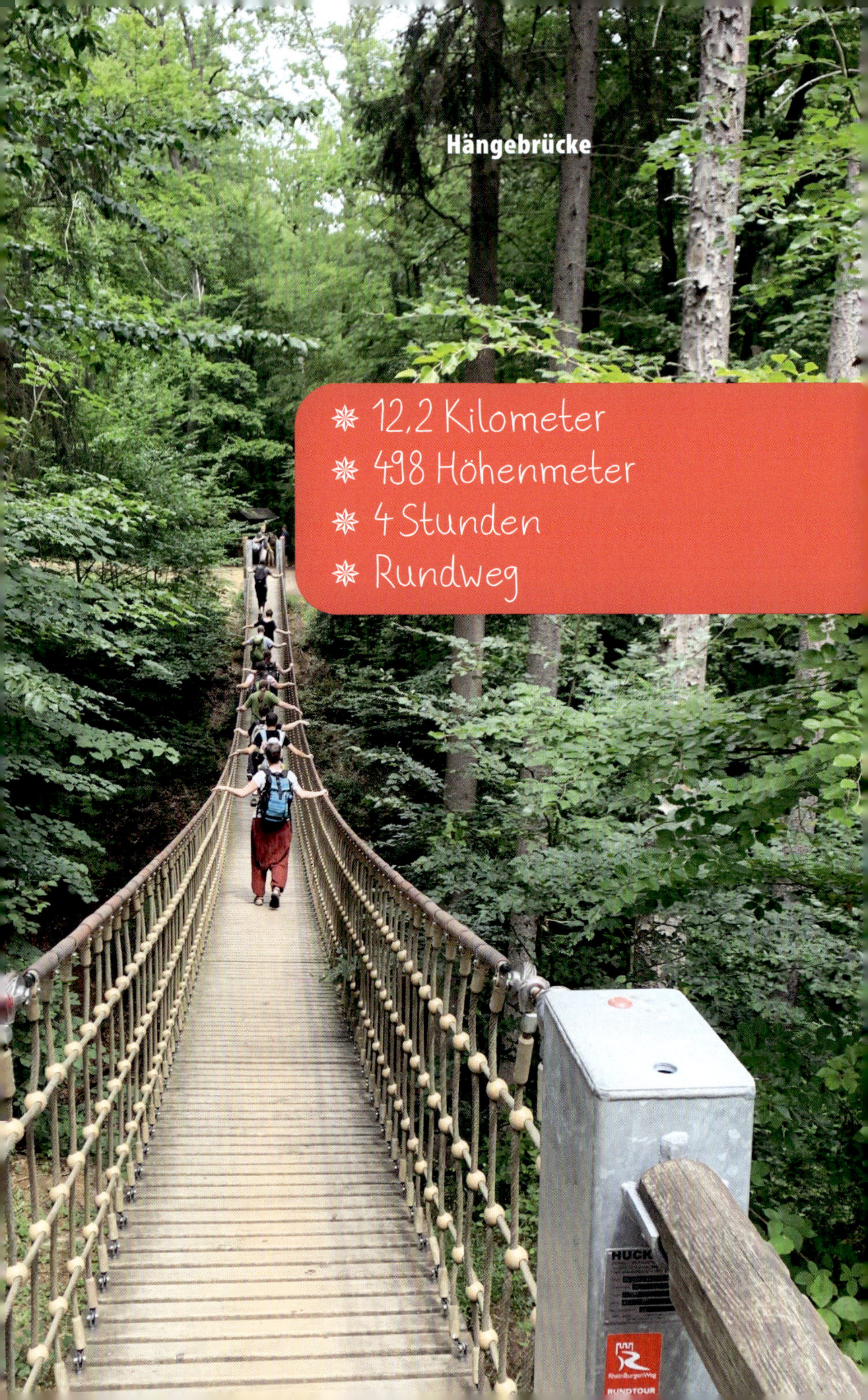

Hängebrücke

- 12,2 Kilometer
- 498 Höhenmeter
- 4 Stunden
- Rundweg

Wir starten am **Forsthaus Heiligkreuz.** Seitlich des Parkplatzes, neben einer großen hölzernen Schautafel, führen uns einige Stufen und ein kurzer steiler Pfad direkt auf einen breiten, gut angelegten **Waldweg.** Wir wenden uns nach rechts und folgen dem **Rheinburgenweg,** der an dieser Stelle gemeinsam mit dem **Erlebnis-**

# Wanderweg der Sinne

## Im Morgenbachtal

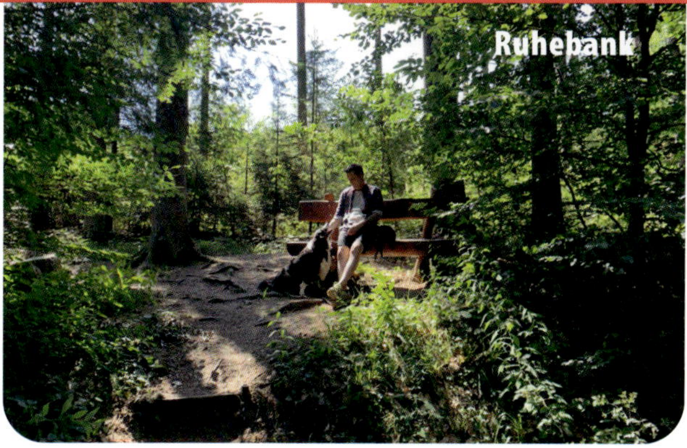
Ruhebank

**pfad Binger Wald** verläuft. Bereits nach wenigen Metern entdecken wir auf der linken Seite eine kleine Anhöhe. Dort steht, inmitten einer grünen Oase, eine Holzbank. Einige Meter weiter schlängelt sich eine Holzkugelbahn am Weg entlang. Wir lassen zwei Kugeln die Bahn hinunterrollen. Nur wenige Schritte entfernt liegen **Balancesteine** am Wegesrand. Wir balancieren um die Wette. Kurz darauf entdecken wir, versteckt hinter Sträuchern, eine **Hängebrücke** ❶**.** Sie führt über eine schmale Schlucht, durch die der **Kreuzbach** fließt. Die Überquerung liegt zwar nicht auf unserem Weg,

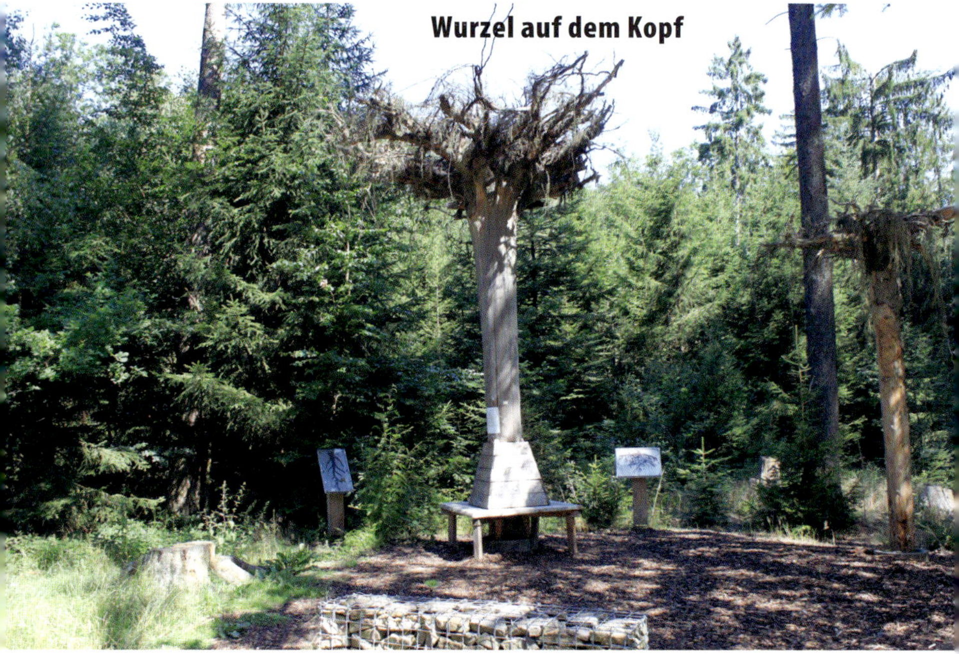

**Wurzel auf dem Kopf**

aber diesen 100 Meter kurzen, etwas wackeligen Abstecher wollen wir uns nicht entgehen lassen.

Zurück auf unserem Weg geht es vorbei an hochgewachsenen Fichten, durch deren Kronen die Sonne wunderschöne Schatten auf den Waldweg zeichnet. Hinter der nächsten Waldbiegung erwartet uns ein besonderes Erlebnis: ein **Baum steht Kopf ❷.** Seine mächtigen Wurzeln ragen in die Höhe. Was für ein ungewöhnlicher Anblick. Wir setzen uns auf die Rundbank, die den Baumstamm einfasst. Über unseren Köpfen bilden die Wurzeln ein perfektes Sonnendach. Wie wäre es, unser Leben einfach auf den Kopf zu stellen? Wie wichtig sind Wurzeln im Leben und wo wollen wir in Zukunft noch Wurzeln schlagen? Herrlich, auf welche Gedanken uns dieser magische Ort bringt. Schräg gegenüber erregen ein kleiner **Waldsteg ❸** und die dahinterliegende Lichtung unsere Aufmerksamkeit. Von dort aus führt ein längerer Steg in und durch den mit Sträuchern, Fichten und heranwachsenden Rotbuchen besiedelten Wald. „Es braucht der Mensch die Naturerlebnisse als Gegengewicht gegen Unruhe und Ängste des Herzens …" steht auf einem Schild, das direkt neben dem Waldsteg befestigt ist. Ein Gedicht von Theodor Heuss. Die Worte fügen sich perfekt in diesen besinnlichen Augenblick der Ruhe und Gelassenheit.

## Für die Seele

Begleitet vom Lichtspiel der Sonnenstrahlen wandern wir entspannt durch das Morgenbachtal. Pures Wanderglück erfüllt unsere Seele.

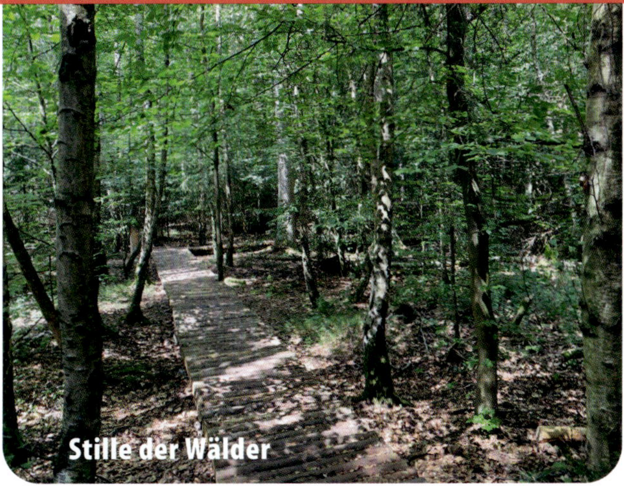

Stille der Wälder

Wir verlassen heiter und beseelt den Waldsteg, um nach links auf den **Rheinburgenweg** einzubiegen. „Die Mutter des Waldes ist die Buche" steht auf einem weiteren Schild, das wir einige Hundert Meter weiter am Wegesrand entdecken. Es fordert uns auf, eine Buche auszuwählen und diese zu umarmen. Schon in der Antike glaubte man, dass Bäume von Naturgeistern beseelt sind, und sagte ihnen sogar eine heilende Wir-

*Der Wald ist ein wahrer Seelentröster. Leise, dunkel und friedlich verspricht er innere Gelassenheit, Frieden und Heilung. Schon ein kurzer Aufenthalt, sagt man, stärkt das Immunsystem, hebt die Stimmung und lindert Stress.*

*Vor etwa 2000 Jahren war der Binger Wald Teil der römischen Provinz Obergermanien. Damals befand sich hier ein römischer Gutshof. Die Reste des Hauptgebäudes wurden in den Jahren 1999 bis 2003 ausgegraben. Die Villa Rustica ist Teil des UNESCO-Welterbes Oberes Mittelrheintal.*

kung auf uns Menschen nach. Weiter geht es, vorbei an der **Villa Rustica** ④. Ein Gutshof aus der Römerzeit. Teile des Hofes wurden wieder ausgegraben. Schilder, Tafeln und Bilder veranschaulichen das Leben vor fast 2000 Jahren.

Nach etwa 500 Metern überqueren wir die **Kreisstraße 29**. Direkt danach befindet sich auf der rechten Seite ein kleines Feuchtbiotop. Es beherbergt zahlreiche seltene Pflanzen und Tierarten, wie Sumpfhornklee, Rohrglanzgras, Lurche, Libellen und Wasservögel. Nach etwa 900 Metern erreichen wir einen Parkplatz. Hier verlassen wir den Rheinburgenweg und überqueren erneut die Kreisstraße 29, um direkt gegenüber in die **Steckeschlääferklamm** ⑤ zu gelangen. Zwei kleine Holztafeln heißen uns willkommen. Der Name „Steckeschlääfer" stammt, so steht zu lesen, von Wanderern, die ihre „Stecke" (Stöcke) über den Boden „schlääfe" (schleifen) lassen. Wir betreten die Klamm und staunen: Vor uns befinden sich kreuz und quer viele unterschiedliche Holzbrücken. Sie führen bergab über den schmalen Haselbach. Weiter unten, in der Mitte der Klamm, grinsen uns plötzlich Dutzende Kobolde an. Bunt, listig, verwegen. Wir setzen uns auf eine Bank neben einem fast mannshohen Zwerg und lassen unsere Blicke schweifen. Da sind kleine und große Masken, versteckte Kobolde, Baumgeister und Waldwichtel, die fantasievoll und mit viel Liebe in die Baumstämme ge-

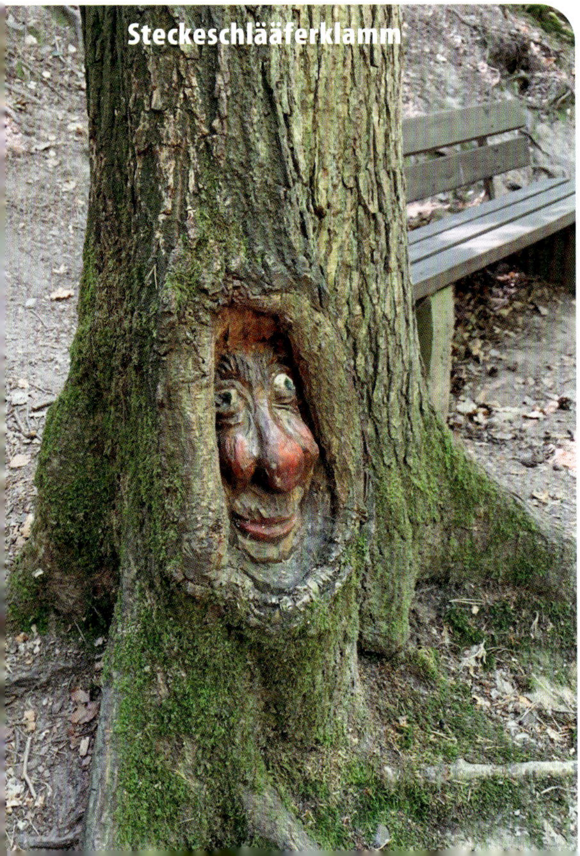
Steckeschlääferklamm

schnitzt sind. Während der Haselbach gemächlich vor sich hin plätschert, genießen wir die Kühle und Ruhe der Klamm.

Wenig später erreichen wir das **Morgenbachtal.** Hier kreuzt erneut der Rheinburgenweg. Wir gehen nach rechts in Richtung **Trechtingshausen** und entlang des **Morgenbaches.** Klar, sauber und erstaunlich breit schlängelt er sich gemächlich ins Tal. Wir setzen uns auf einen Baumstamm, der, quer über den Bach gestürzt, sich dennoch harmonisch in dieses Idyll einfügt. An einer Weggabelung geht der Rheinburgenweg über in den **Soonwaldsteig.** Wir folgen dem Symbol: ein roter Diamant auf grau-gelb-weißem Grund. Nach einem weiteren Kilometer verengt sich der Weg und wird zu einem schmalen Pfad. Dieser führt uns entlang einer mittelhohen Sandsteinmauer. Dahinter fällt das Gelände steil bergab. Wir folgen dem schmalen Pfad, vorbei an Stufen, die hinab zur Burg Reichenstein führen. Nach wenigen Metern gelangen wir an eine Kreuzung. Wir steigen rechts die Sandstufen hinauf, die weiter oben in einen steilen Pfad übergehen. Er führt uns entlang der Felsen. Stahlseile an den Felswänden dienen uns als Handlauf.

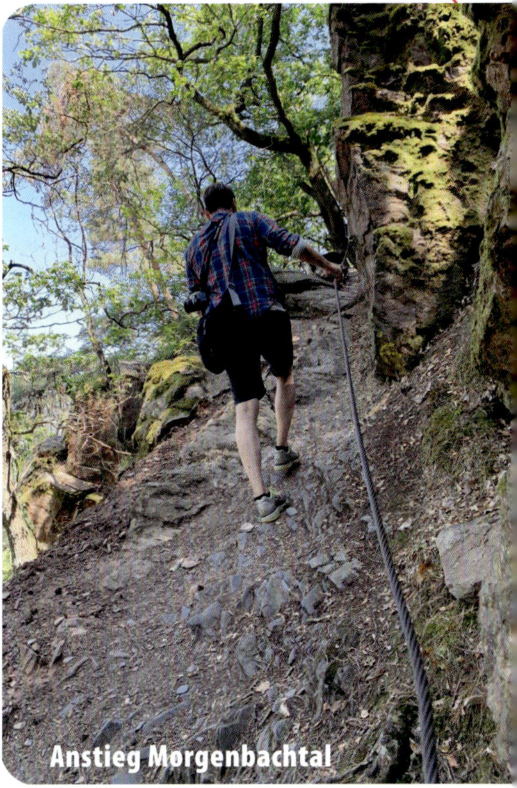

Anstieg Morgenbachtal

Nach etwa 300 Metern erreichen wir ein kleines Felsplateau. Wir befinden uns nun oberhalb der **Burg Reichenstein 6.** Hier haben wir einen traumhaften Ausblick auf die Burg, den Rhein und die Weinberge der gegenüberliegenden Rheinseite.

Nach kurzer Rast geht es auf dem Pfad noch einige Meter bergauf. Oben angekommen, folgen wir dem

*Burg Rheinstein, erbaut im 14. Jahrhundert, unterlag einem ständigen Wandel von Verwüstung und Erneuerung. Heute ist sie im Besitz des Opernsängers Herrmann Hecher und eine historische Sehenswürdigkeit mit altem „Burgundergarten". Durch die authentische Rekonstruktion fühlen sich die Besucher in ein früheres Zeitalter zurückversetzt.*

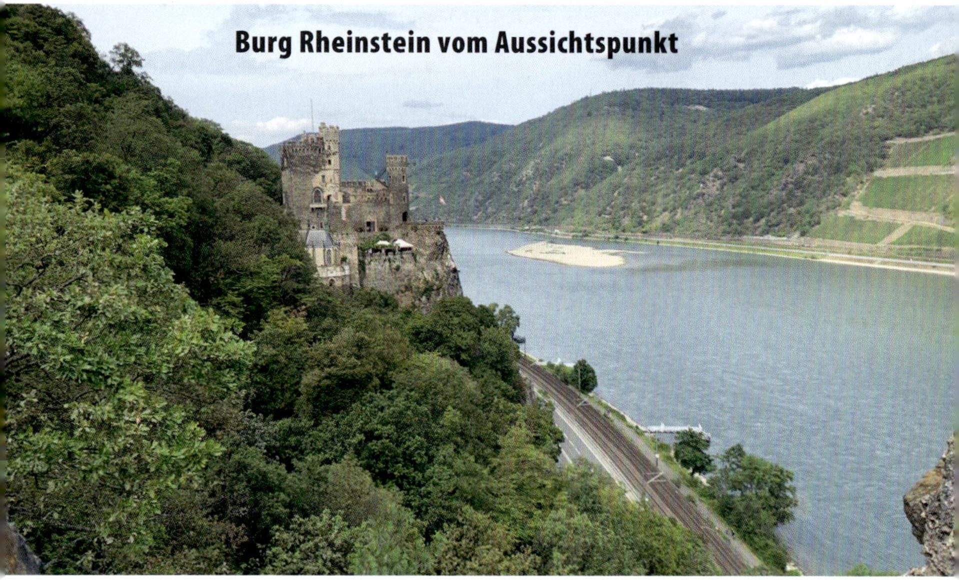

Burg Rheinstein vom Aussichtspunkt

Weg bis zu einer Holzbank. Links davon schlängelt sich ein schmaler, verwunschener Pfad stetig bergab. Diesem folgen wir. Plötzlich weitet sich der Blick und direkt vor uns erhebt sich die **Burg Rheinstein** 7. Wir gehen auf einem schmalen Pfad, entlang der Burgmauer, weiter nach rechts, denn nur wenige Meter weiter haben wir einen fantastischen Panoramablick auf die gesamte Burg.

Wir bleiben auf dem Pfad und erreichen nach 200 Metern die Ruine eines **alten Wehrturms** 8. Nur ein paar Stufen hinauf und wir erleben drei unvergessliche Perspektiven: auf die Burg, auf das gegenüberliegende Assmannshausen und die wunderschöne Weite des Oberen Mittelrheintals.

Wir bleiben weiter auf dem Pfad und erreichen nach 500 Metern Anstieg das **Schweizerhaus** 9. Es liegt etwa 200 Meter über dem Rhein. Uns erwartet der nächste atemberaubende Ausblick. Der Gasthof trägt seinen Namen, wie wir finden, zu Recht, denn vieles erinnert uns an eine Schweizer Bergalm. Essen gibt es hier nicht, nur Getränke. Dafür dürfen die Gäste von

Stullen bis Grillgut alles mitbringen. Für einen Euro bekommt man Besteck, Teller und Gas für den Grill. Und man sollte unbedingt nach dem frischen Quellwasser fragen. Wir trinken Apfelsaftschorle und füllen unsere Trinkflaschen mit dem Quellwasser auf.

Hinter dem Schweizerhaus folgen wir dem **Soonwaldsteig** etwa 100 Meter leicht bergauf. Nach einer Linkskurve und weiteren 150 Metern verlassen wir den Weg und gehen links über einen schmalen Naturpfad etwa 30 Höhenmeter bergab. Immer wieder müssen wir uns etwas bücken. Zweige ragen über den Weg. Am Ende des Naturpfades kommen wir an eine Kreuzung. Dort biegen wir nach rechts und folgen weiter dem Soonwaldsteig, Richtung Forsthaus Heiligkreuz.

Ab jetzt geht es wieder bergauf. Zwischen den Zweigen und Blättern erhaschen wir immer wieder wunderschöne Ausblicke auf das romantische Rheintal, die Weinberge und die Stadt Bingen. Oben am Gipfel angekommen lohnt ein Abstecher zur **Aussichtsplattform Damianskopf ⑩.** Sie liegt 100 Meter entfernt vom Hauptweg. Wir legen einen weiteren Stopp ein

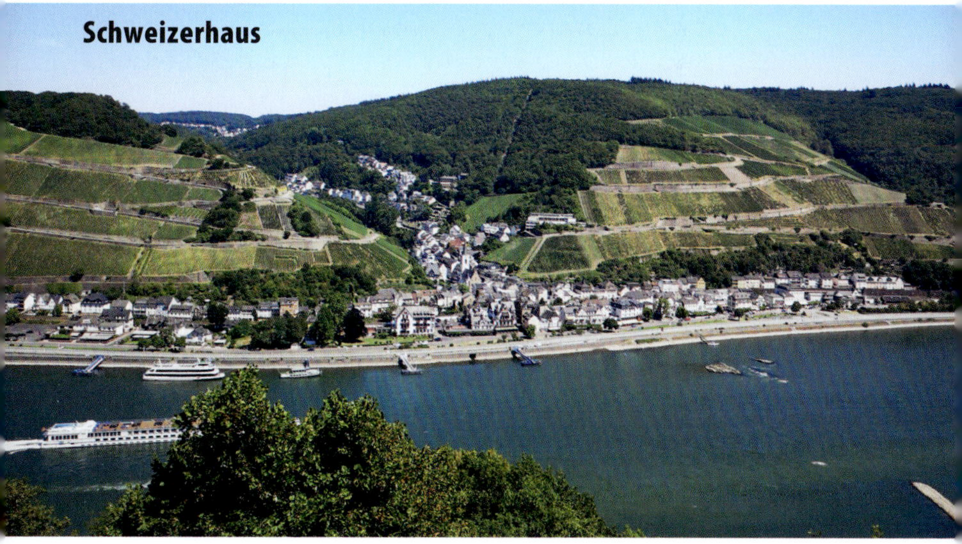

und genießen den wundervollen Blick, den man von diesem Felsplateau über den Rhein hat.

Wieder zurück auf dem Hauptweg führt uns ein breiter, dicht bewaldeter, schattiger Pfad bergab. Wenige Hundert Meter vor dem Forsthaus entdecken wir etwas abschüssig auf einer Lichtung ein **Waldsofa 11.** Wie gerufen steht es da und bietet einen fantastischen Ausblick über den Rhein bis zur Fulder Aue bei Ingelheim am Rhein. Wir erfahren noch einmal die unbeschreibliche Weite des Rheins. Kurz danach endet unser Weg, dort, wo er begonnen hat, am **Forsthaus Heiligkreuz 12,** auf dessen schattig gelegener Terrasse wir es uns gemütlich machen. Die Speisekarte bietet eine gute Auswahl italienischer und deutscher Gerichte. Unser Tag endet mit einem kühlen Glas Riesling.

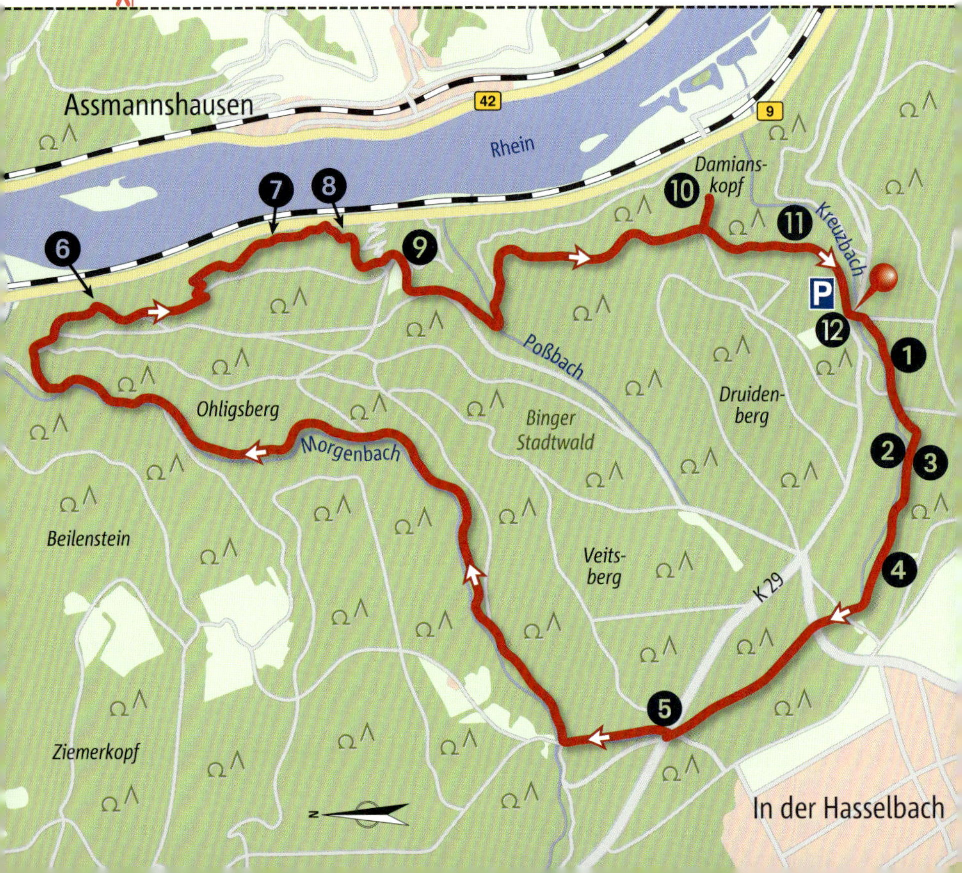

# Alles auf einen Blick

**WIE & WANN:**
**Waldwege, Naturwege, Pfad. Beste Wanderzeit: von April bis Oktober.**

**HIN & WEG:**
**Auto:** Parkplatz vor dem Forsthaus Heiligkreuz, Heilig-Kreuz-Weg 8, 55411 Bingen am Rhein (GPS: 49.970354, 7.853127)

Entspannung ✱✱✱✱(✱)
Genuss ✱✱✱✱✱
Romantik ✱✱✱✱✱

**ÖPNV:** Von Mainz oder Koblenz mit dem Regionalzug bis Bingen am Rhein Hbf., ab hier den Hinweisschildern „Erlebnispfad Binger Wald" über die Jugendherberge zum etwa 3 Kilometer entfernten und rund 200 Höhenmeter bergauf gelegenen Startpunkt am Forsthaus Heiligkreuz folgen

**ESSEN & ENTSPANNEN:**
**Waldgaststätte Schweizerhaus** ❾ Schweizerhaus 1–3, 55413 Trechtingshausen, Tel. (01 72) 5 75 13 40, www.schweizerhaus-am-rhein.de (nur Getränkeausschank)
**Forsthaus Heiligkreuz** ⓬ Heilig-Kreuz-Weg 8, 55411 Bingen am Rhein, www.forsthaus-heiligkreuz.de

**ENTDECKEN & ERLEBEN:**
**Hängebrücke** ❶
**Baum steht Kopf** ❷
**Waldsteg** ❸
**Villa Rustica** ❹
**Steckeschääferklamm** ❺
**Burg Reichenstein** ❻ Burg Reichenstein, Burgweg 24, 55413 Trechtingshausen, Tel. (0 67 21) 61 17, www.burg-reichenstein.de
**Burg Rheinstein** ❼ Romantik-Schloß Burg Rheinstein, 55413 Trechtingshausen, Tel. (0 67 21) 63 48, www.burg-rheinstein.de
**Alter Wehrturm** ❽
**Aussichtsplattform Damianskopf** ❿
**Waldsofa** ⓫

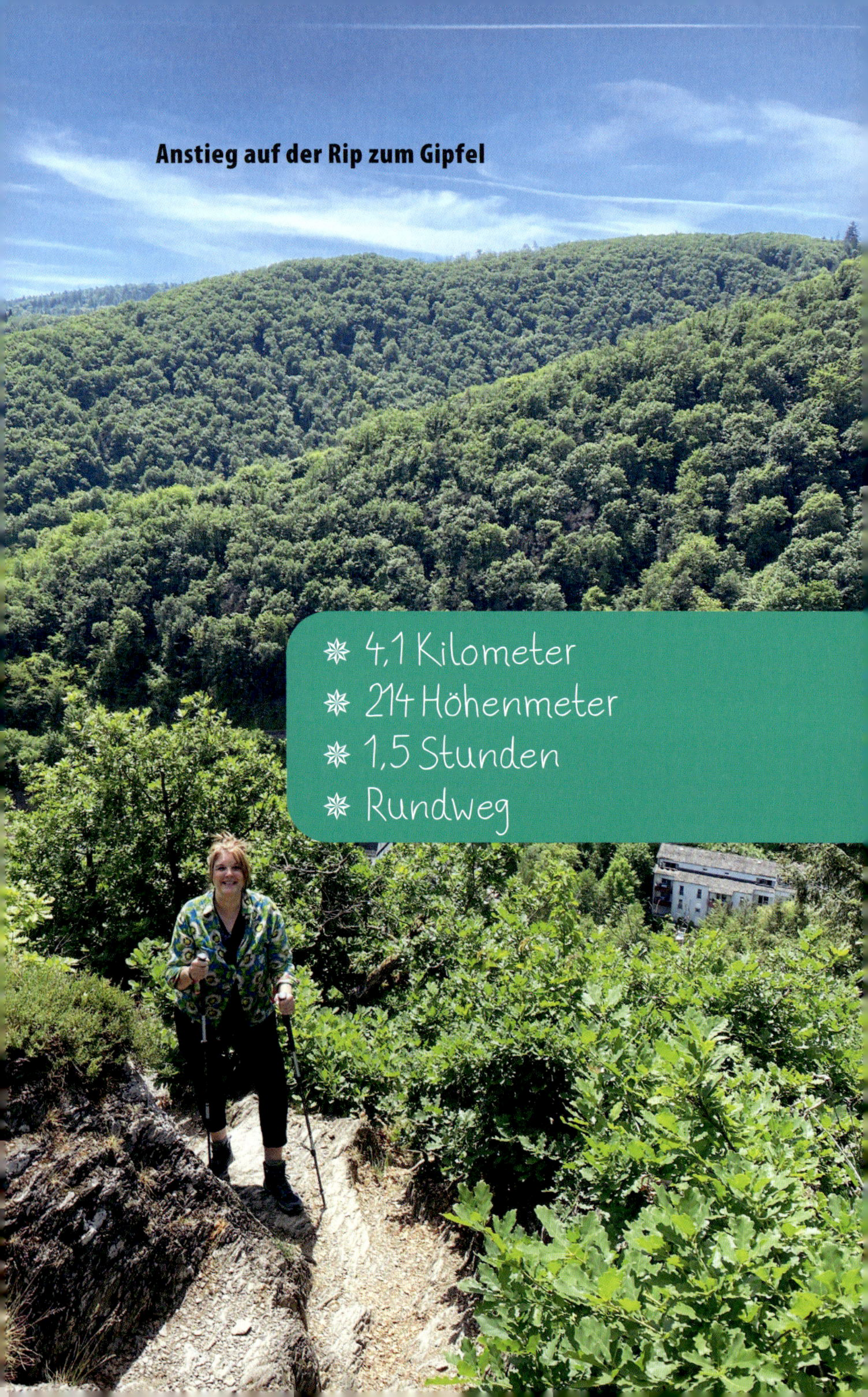

Anstieg auf der Rip zum Gipfel

- 4,1 Kilometer
- 214 Höhenmeter
- 1,5 Stunden
- Rundweg

Wir beginnen unsere Tour in **Boppard** am Sankt Remigius-Platz vor dem **Wirtshaus Anders ①.** Dort befindet sich auch eine Holztafel mit Wanderkarte zur Orientierung. Von hier aus geht es zwischen dem Wirtshaus Anders und der **Fondels Mühle ②** erst einmal bergauf. Nach etwa 50 Metern laufen wir dicht an einem grünen Maschendrahtzaun nach rechts auf einem engen Schotterweg leicht bergauf. Der Weg ist von Hecken ein wenig eingewachsen und daher sehr schmal. Bereits nach wenigen Metern wechseln wir auf einen gut begehbaren felsigen Pfad. Fast wie auf einer Treppe führt uns der Weg nach oben. Ein Geländer erleichtert den Anstieg. Wenige Höhenmeter weiter werden wir mit einem ersten prächtigen Blick auf Boppard und den Rhein belohnt.

# Rheinschleife

## Bopparder Rundweg

Ab hier steigen wir fortan parallel und unterhalb des alten **Sessellifts** hinauf bis zum Gipfel. Zuweilen führt uns der schmale Pfad mitten durch Felsen den Berg hinauf. Begleitet von ständig wechselnden Perspektiven hinunter auf den Rhein und Boppard. Je weiter es nach oben geht, desto bewegender werden die Eindrücke und prägender die Bilder. Wir betrachten überwältigt die fantastische Rheinschleife unter uns, den Bopparder Hamm. Der Fluss macht einen weiten, halbkreisförmigen Bogen. Es ist die größte aller Schleifen des Rheins – oder wie man hier auch scherzhaft sagt: die größte Rheinschleife der Welt. Sie verläuft um die Filser Ley und ändert ihre Richtung gleich zweimal um fast 180 Grad. Möglich macht das

*Die Sesselbahn Boppard kann stündlich bis zu 600 Personen in Zweiersesseln befördern. Dabei überwindet sie bei einer Länge von 915 Metern mit einer Fahrtzeit von 20 Minuten einen Höhenunterschied von 232 Metern. Erbaut wurde sie 1954.*

der mächtige Felsstock des Bopparder Hamms. An dessen Sonnenhängen liegt eines der größten zusammenhängenden Weinanbaugebiete des Mitterheins.

Wir folgen weiter dem Pfad und erreichen ein Plateau mit einem grandiosen Panoramablick. Verschiedene Routen führen ab hier nach oben. Wir folgen der rot-weißen **Markierung Rhein-Burgen-Weg** und dem **Saar-Hunsrück-Steig** mit weißem Schriftzug auf blau-grünem Grund. Eine gute Wahl, wie wir schnell herausfinden. Es geht auf einem spektakulär schönen felsigen Pfad, auch **„Rip"** genannt, immer weiter bergan. Über uns der Sessellift. Er wird uns bis hinauf zum Gipfel ein treuer Begleiter sein. Direkt vor uns thront auf einem Felsen eine **Holzbank ③**. Im Schutze einer imposanten Tanne, die in den strahlend blauen Himmel ragt. Spontan entscheiden wir uns dazu, Platz zu nehmen und das sagenhafte Panorama zu genießen.

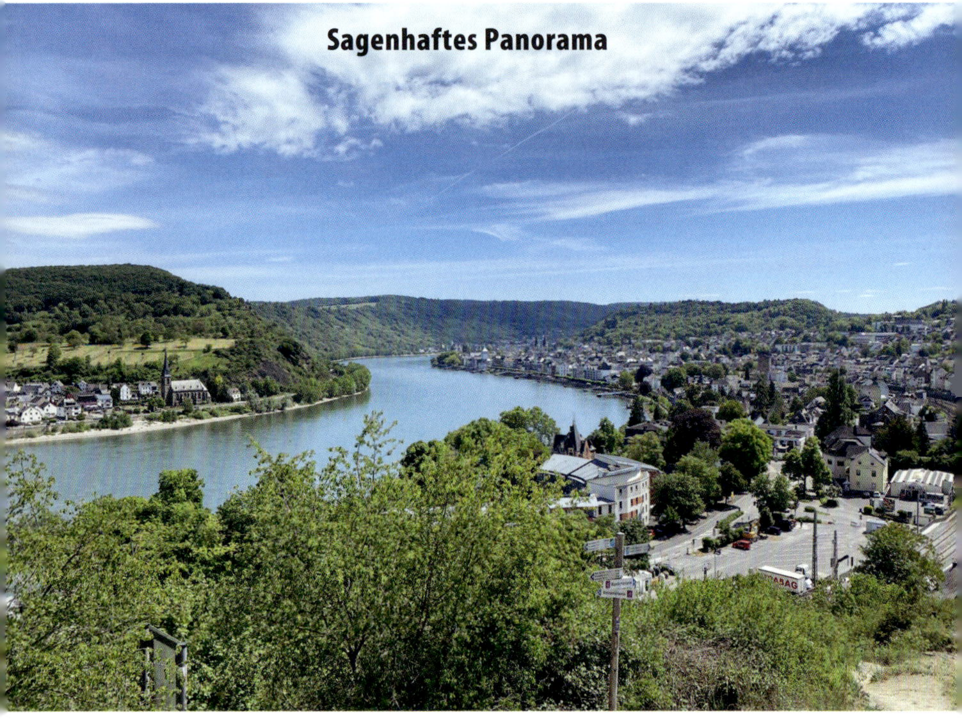
**Sagenhaftes Panorama**

Ab hier führt uns der schmale Felsenweg immer weiter nach oben. Die Strecke ist durchwegs gut zu bewältigen. Immer wieder geht es über steinige, in den Felsen eingelassene Treppenstufen. Und die Aussichten auf den Rhein werden, je höher wir kommen, immer spektakulärer. Rheinschleife, Weinberge, Ortschaften auf der gegenüberliegenden Seite wie das kleine Filsen. Wir halten ein ums andere Mal inne, blicken zurück, saugen die verschiedenen Perspektiven förmlich auf. Am liebsten würden wir diese Momente für immer festhalten und knipsen ein Foto nach dem anderen.

Nach einigen Metern erreichen wir einen herrlichen Eichenbaum, der uns an diesem warmen Tag im Mai kühlenden Schatten spendet. Wir lassen uns nie-

## Für die Seele

Wir werden ganz leise und lauschen. Dem Rauschen der Blätter, dem Singen der Vögel, der Stille der Zweisamkeit. Es braucht nicht viel, um glückliche Momente zu erleben.

der und gönnen uns und unseren beiden Hunden ein paar erfrischende Schlucke Wasser. Weiter geht es, nach oben, vorbei an Felsformationen, Sträuchern und stattlichen Eichen, die links am Steilhang etwas unterhalb von uns den Himmel grüßen. Über uns, ganz nah, surrt leise der Sessellift. Urlaubsstimmung pur. Wir folgen noch immer der **grün-blauen Markierung.** Der Eichenwald wird nun etwas dichter. Wir wandern weiter auf dem schmalen, zerklüfteten Felsenweg durch ein grünes Blättermeer. Trotz des teilweise steilen Anstiegs fühlen wir uns beflügelt von der Weite und der Schönheit der Ausblicke, die uns diese Tour bietet. Wir erreichen eine weitere **Ruhebank.** Noch wenige Höhenmeter, dann haben wir es geschafft. Der

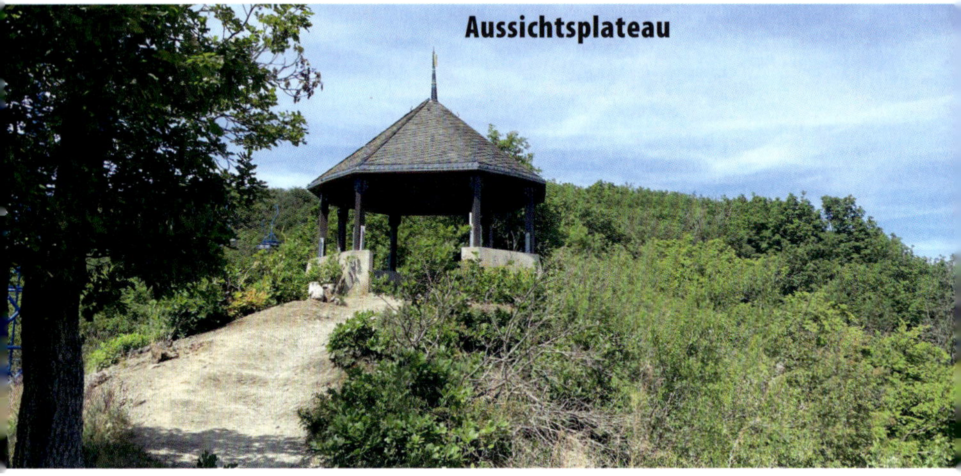


Weg wird etwas flacher und wir gehen einen schmalen Grat entlang. Linker Hand eröffnet sich uns ein sagenhafter Blick ins Ewigbachtal. Noch wenige Höhenmeter und wir erreichen das **Aussichtsplateau RIP ④.** Von hier haben wir einen weiteren exklusiven Ausblick auf den Rhein und die terrassenförmig angelegten steilen Weinberge. Es geht weiter durch dichten Wald. Leicht bergauf. Wir atmen entspannt durch. Es war gut, am frühen Morgen zu starten. So konnten wir uns viel Zeit für den Aufstieg und die Weitblicke lassen und den Weg nach oben voller Leichtigkeit und mit Freude genießen.

Wir gehen weiter entlang des schönen breiten Weges durch den Wald. Schon bald erreichen wir das **Gasthaus Gedeonseck ⑤.** Von hier oben aus genießen wir eine wahrhaft fantastische Aussicht auf das Mittelrheintal, die Rheinschleife und die gegenüberliegende Seite des Stromes. Wir sitzen exakt am Scheitelpunkt des Rheinbogens. Ein wahrhaft magischer Moment. Mit ein bisschen Glück kann man von hier aus sogar Gleitschirmflieger beobachten, die unterhalb des Gedeonsecks zu ihren geräuschlosen Flugshows starten. Das Gasthaus Gedeonseck ist das größere der beiden Wirtshäuser, die sich direkt an unserem Weg be-

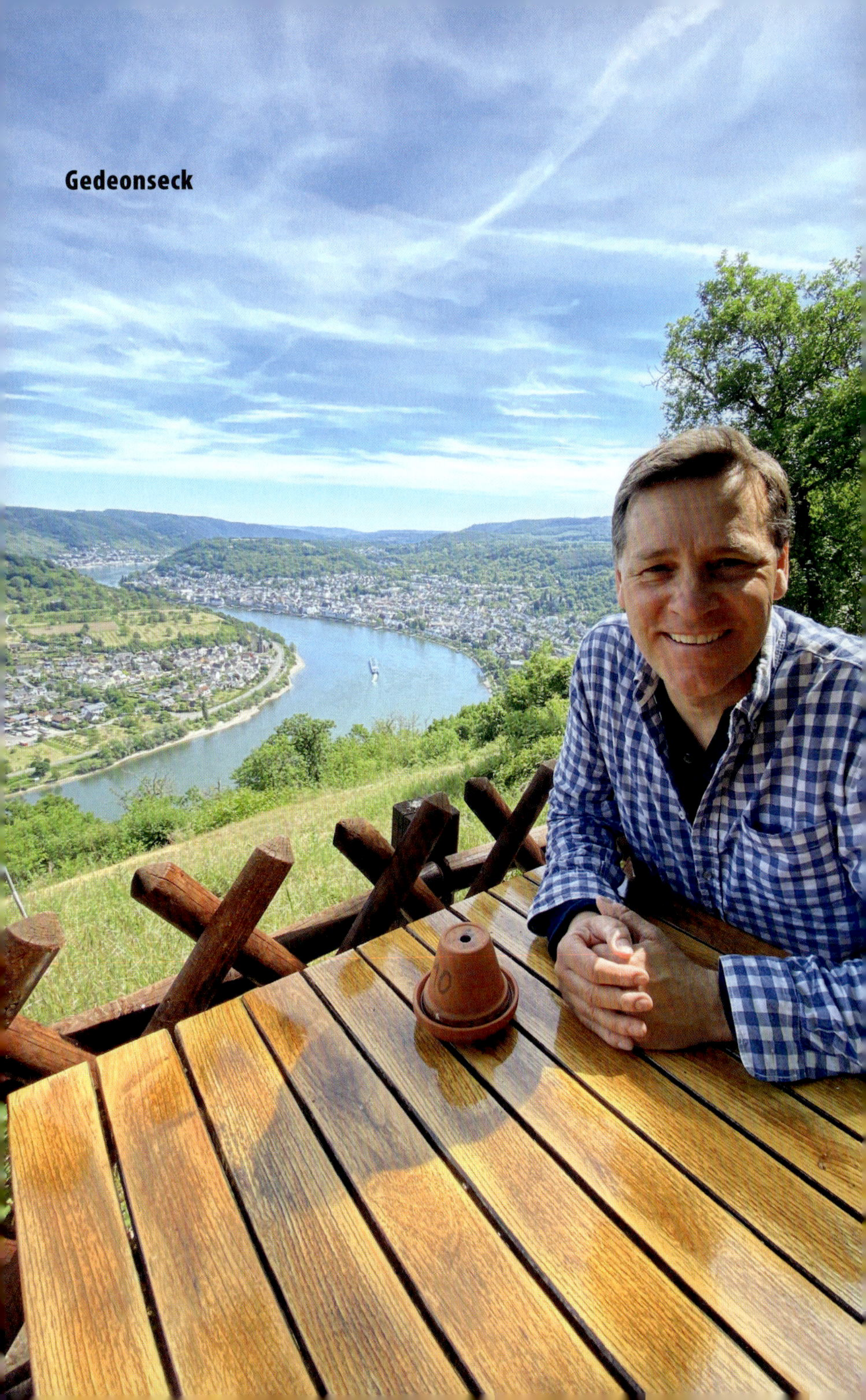
Gedeonseck

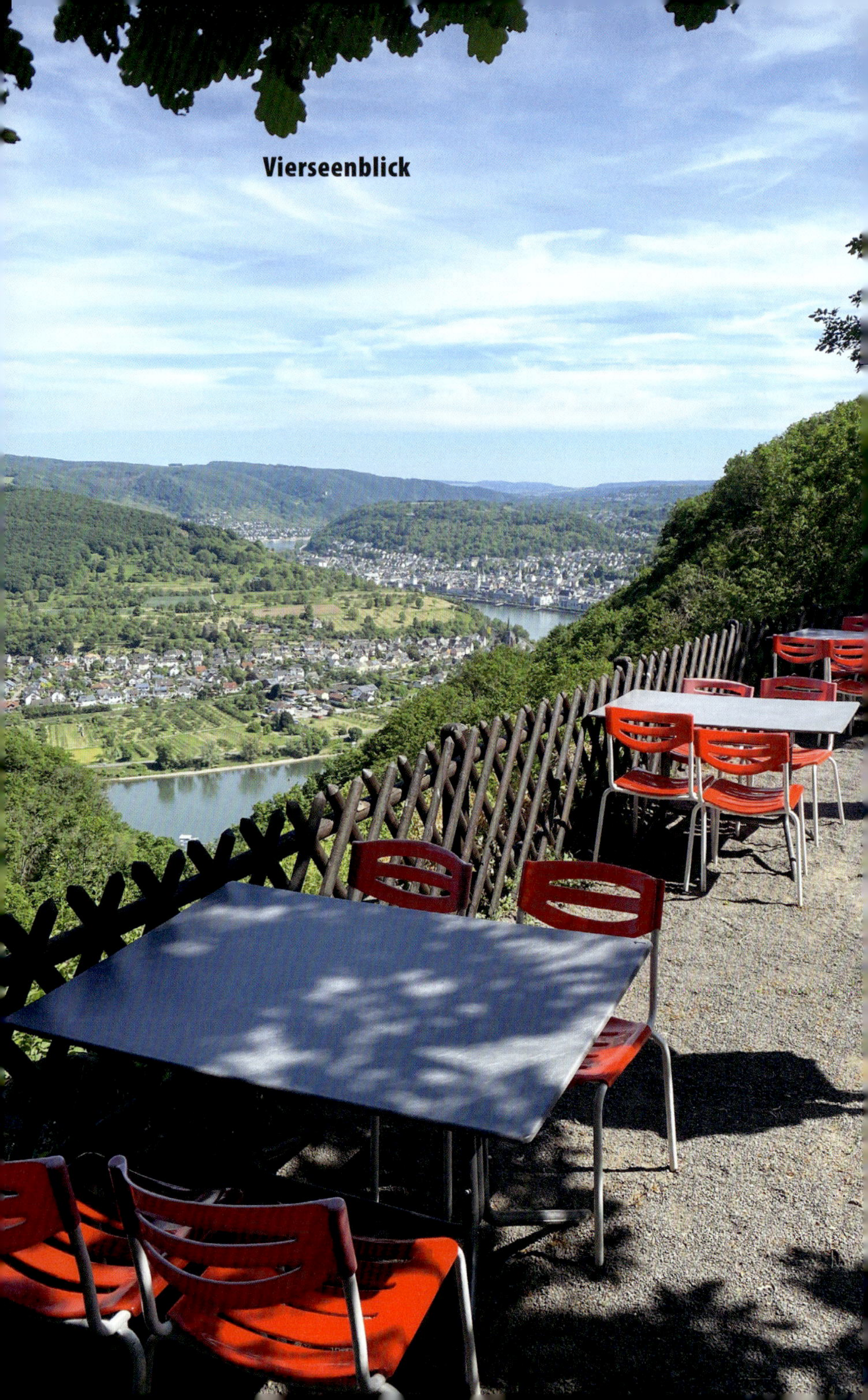

Vierseenblick

finden. Wir nutzen die Gelegenheit und legen eine kleine Rast bei Apfelschorle, Kaffee und hausgemachtem Kuchen ein.

Weiter geht's. Von der Terrasse des Gedeonsecks wenden wir uns nach rechts. Ein kurzer Waldpfad führt zum nächsten Aussichtsplateau mit Rastmöglichkeit. Wir schauen durch einen Holzrahmen, der sich direkt vor der Bank befindet. Er rahmt die Landschaft unter uns ein. Nur 3 Minuten später erreichen wir über den Naturpfad den **Ausblickspunkt Vierseenblick ⑥.** Direkt daneben befindet sich ein gleichnamiges Ausflugslokal. Der Vierseenblick hat seinen Namen der Tatsache zu verdanken, dass der Rhein von hier oben aus tatsächlich aussieht, als sei er in vier unabhängige einzelne kleine Seen geteilt. Zwei Hügel begrenzen den Blick so, dass diese optische Täuschung entsteht. Unter uns erkennen wir die Ortschaften Osterspai, Kamp-Bornhofen, Filsen und Boppard.

Wir verlassen den Aussichtspunkt und gehen weiter, ein kurzes Stück wieder zurück in Richtung Gedeonseck. An der ersten Gabelung bleiben wir auf der asphaltierten Straße in Richtung Boppard. Nach etwa 100 Metern biegen wir rechts in den Wald ab. Ein **Holzschild** weist uns den Weg. In Richtung Kyffhäuser-Pfad, Boppard und Mühltal. Es geht bergab. Bald gabelt sich der Waldweg. Wir bleiben auf der rechten Seite, gehen weiter den Berg hinunter und folgen dem roten Pfeil an einer Buche. Ein schmaler, gut begehbarer Waldpfad.

An einer roten Bank gabelt sich der Weg erneut. Wir gehen weiter den Berg hinunter und biegen an einem **Holzschild** rechts ab, in Richtung Boppard. Weiter geht es auf verschlungenen Pfaden. Schon bald taucht der kleine **Mühlbach** auf, der hier allerdings nur wenig Wasser mit sich führt. Immer wieder laden Bänke zum Verweilen ein. Wir gehen an ihnen vorüber, denn der Weg nach unten ist so entspannend, dass wir keine Pausen mehr benötigen. Nach gemütlichen 20 Minuten erreichen wir die ersten Häuser und sind am

Ende des Wald- und Feldweges angekommen. Wir gehen auf einer schmalen asphaltierten Straße, dem **Kyffhäuserweg,** weiter. Passieren drei Häuser, kreuzen die Straße und laufen in Richtung **Kronprinzenpfad.** Es geht vorbei an dichten Hecken. Der schmale Pfad führt uns hinein in den schattigen Wald. Wir folgen dem Weg, bis wir auf eine Treppe stoßen. Wir gehen die Stufen hinunter. Am Fuße der Treppe steht das **Hotel Bergschlösschen.** Hier wenden wir uns nach rechts und spazieren auf einem Bürgersteig entlang der **Straße Mühltal.** Sie führt uns entlang des **Mühlbachs** zurück zum Startpunkt der Wanderung. Nach nur 500 Metern haben wir die Talstation des Sesselliftes und unser Ziel erreicht.

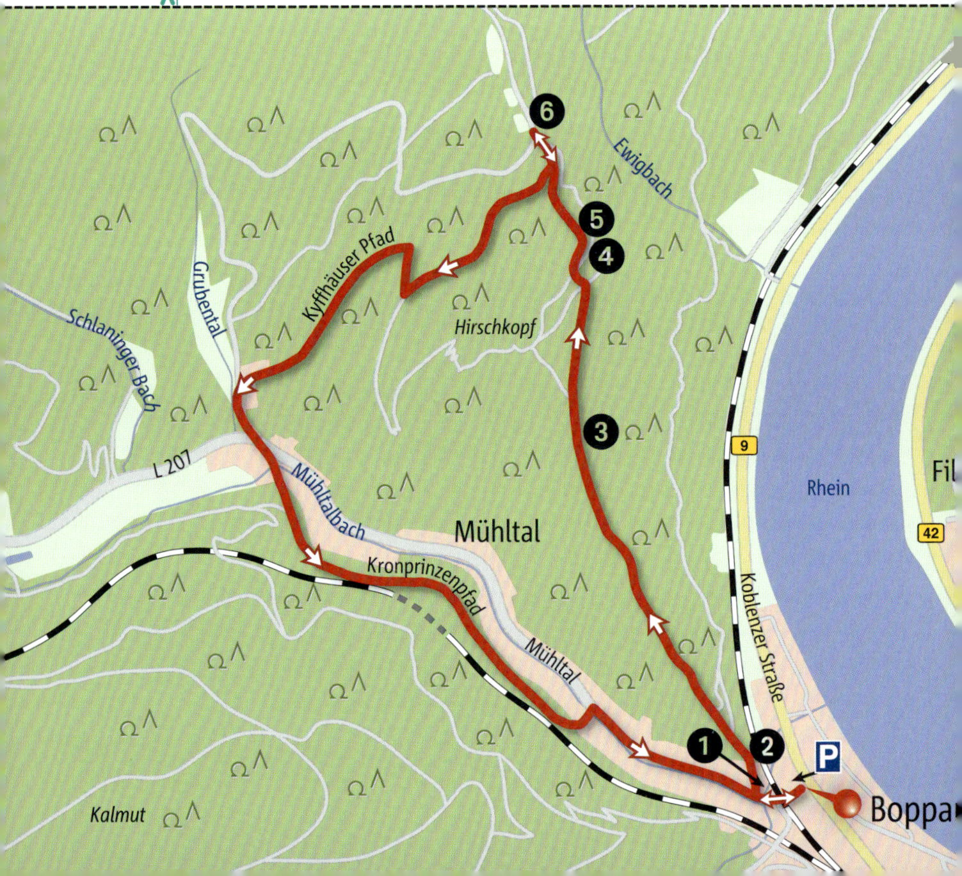

# Alles auf einen Blick

**WIE & WANN:**
**Felsenweg, Naturweg, Pfad, asphaltierter Weg.**
**Beste Wanderzeit: von April bis Oktober.**
**Bei Nässe auf geeignetes Schuhwerk achten.**

**HIN & WEG:**
**Auto:** Parkplatz Mühltal/St. Remigiusplatz an der L207/B9, 56154 Boppard
**ÖPNV:** Von Mainz oder Koblenz mit dem Regionalzug RB26 oder RE2 bis Boppard Hbf., weiter mit Bus 670 bis Haltestelle „Sesselbahn Boppard"; alternativ etwa 1 Kilometer Fußweg zum Startpunkt ab Boppard Hbf. in Richtung Rhein und Talstation Sesselbahn

**ESSEN & ENTSPANNEN:**
**Wirtshaus Anders** ❶ Mühltal 6, 56154 Boppard, Tel. (0 67 42) 89 67 54, www.wirtshaus-anders.de

Entspannung ✱✱✱✱✱
Genuss ✱✱✱✱✱
Romantik ✱✱✱✱✱

**Fondels Mühle** ❷ Mühltal 8, 56145 Boppard, Tel. (0 67 42 ) 57 75, www.fondelsmuehle.de
**Restaurant Gedeonseck** ❺ Gedeonseck 1, 56154 Boppard, Tel. (0 67 42) 26 75, www.gedeonsblick-boppard.de

**ENTDECKEN & ERLEBEN:**
**Holzbank** ❸
**Aussichtsplateau RIP** ❹
**Vierseenblick** ❻

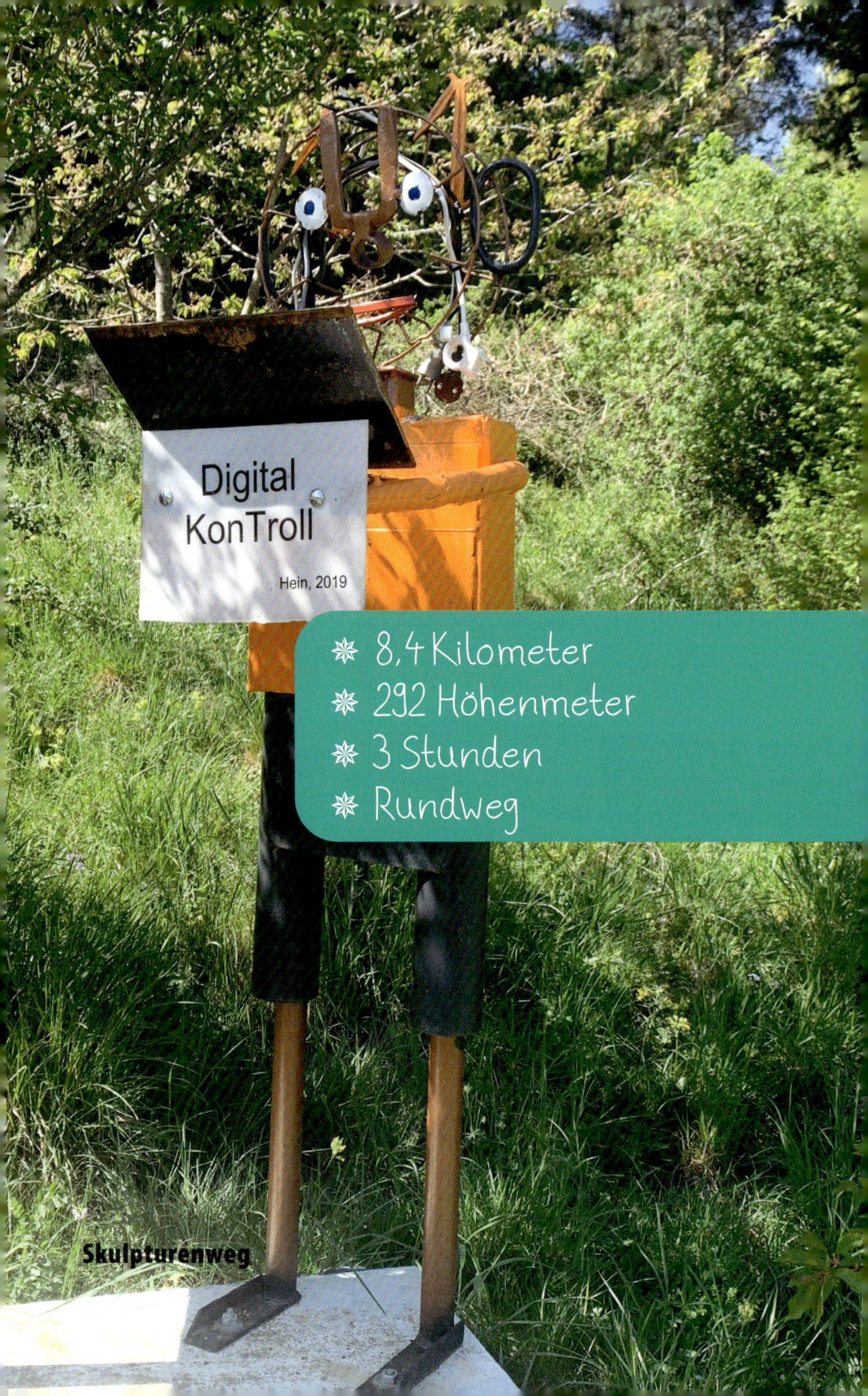


* 8,4 Kilometer
* 292 Höhenmeter
* 3 Stunden
* Rundweg

Skulpturenweg

Wir starten den Rundweg am **Parkplatz Loreleyblick.** Von hier aus geht es nach oben in Richtung Ortseingang von Urbar. An einem bildschönen **Fachwerkhaus** gehen wir nach links in die **Straße Taunusblick.** Wir folgen dem Schild nach Oberwesel. Am Ende des Dorfes geht es links hinunter in Richtung Feld. Wir wandern auf einem schmalen Feldweg, umgeben von bunter, abwechslungsreicher Natur. Nach 200 Metern, in einer Linkskurve, verlassen wir den Weg an einer Gabelung. Wir wenden uns nach rechts, gehen ein weitläufiges freies Feld hinauf, passieren eine kleine **Pferdekoppel** und stoßen wenig später auf drei Wege. Wir nehmen den steilsten von ihnen. Es geht weiter hinauf, vorbei an Feldern und Wiesen. Am Ende eines

# R(h)eine Lust

## Auf dem Skulpturenweg bei Urbar

Weizenfeldes erreichen wir einen schmalen Feldweg. Wir halten uns links und bleiben auf der Höhe. Von hier oben aus können wir einen ersten freien Blick auf den Rhein erhaschen und stoßen auf eine Bank, die zum Verweilen einlädt. Die Aussicht ist traumhaft schön.

Ab hier nehmen wir den Wiesenweg bergab und halten uns rechts in Richtung Oberwesel. Unten in der Tiefe fließt Vater Rhein. Schon bald wird der Weg noch breiter. Wir wechseln auf einen Schotterweg. An einer Bank neben einer gepflegten Marienfigur gehen wir nach rechts. Dort wartet der nächste Blickfang auf uns: verschiedene ungewöhnliche Kunstobjekte, die mitten auf einem Feld stehen. Skulpturen aus Draht.

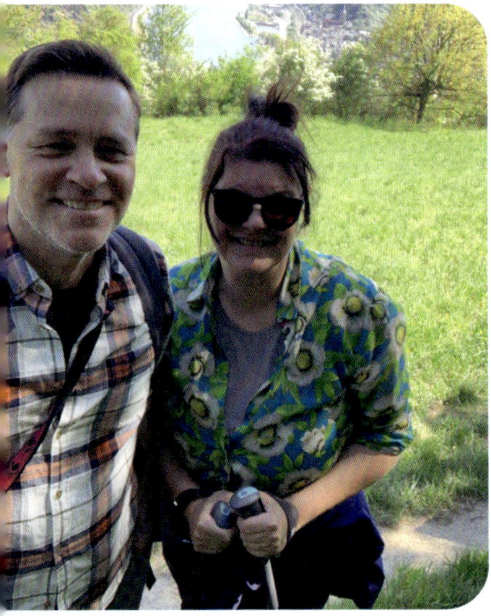

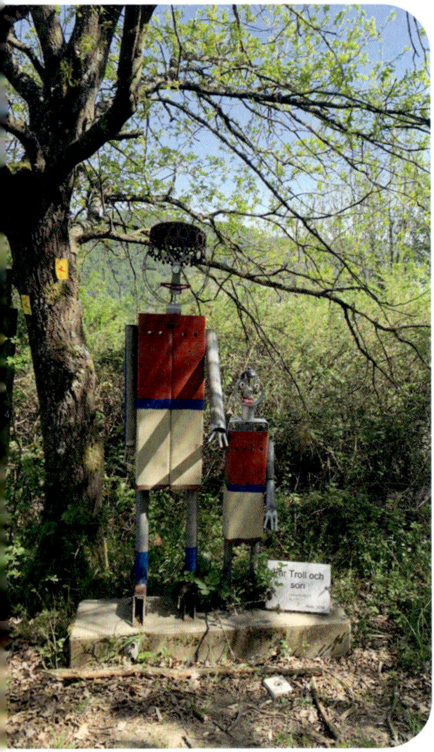


Noch faszinierender aber sind die beeindruckenden Ausblicke auf den Rhein, die uns jetzt ständig begleiten. So laufen wir noch eine Weile dem Rhein entgegen und genießen jeden Meter.

Wir verlassen den Schotterweg und gehen nach rechts – Richtung **Oelsbergsteig.** Ein Zuweg des Rheinburgenweges. Die Markierung zeigt das rote Symbol auf gelbem Grund. Auch hier stoßen wir wieder auf eine Bank. Ein weiteres Mal können wir in aller Ruhe den grandiosen Ausblick genießen. Wir nehmen Platz. Sitzen einfach so da, schweigen, schauen – auf Feld, Fluss und die gegenüberliegenden Berge. Ein wahrer Augenschmaus.

Wir gehen weiter auf einem bildschönen Panoramaweg zwischen Blüten und Wiesen hindurch. Das Günderodehaus, Oberwesel und die oberhalb gelegene Schönburg haben wir fest im Blick. Auf unserem Weg sind wir umgeben von Hecken, Büschen, Bäumen und Weißdorn. Ein regelrechter Märchenwald – und immer wieder blinzelt die Sonnen durch die Verästelungen auf den schmalen Pfad. Der Frühling, so scheint es, ist die perfekte Jahreszeit für diesen Weg. An der nächsten Abzweigung gehen wir geradeaus weiter. Bergan. Wir gelangen wieder auf einen Schotterweg und folgen weiter dem **Schild „Oelsbergsteig“.** Gleich darauf kreuzen wir eine asphaltierte Straße. Auf der anderen Seite geht es leicht nach rechts und direkt wieder nach links. Bergauf in Richtung „Günderodehaus“.

Links am Wegesrand entdecken wir den **„Troll beim Frühlingserwachen“.** Er ist die erste von einer Reihe weiterer origineller

Figuren, die diesen **Skulpturenweg** 1 ab jetzt bereichern. Zunächst aber müssen wir noch die **K95** kreuzen, dann erreichen wir einen schattigen Waldweg. Nach 200 Metern stoßen wir dort auf den nächsten Troll, er trägt den Namen **„Schauinsland".** Wie auf einem Hochsitz ist er in den Baum installiert und blickt in die Landschaft. An der nächsten Abzweigung nehmen wir den linken der beiden möglichen Wege. Weiter in Richtung „Oelsbergsteig". Es folgen noch viele weitere fantasievolle Trolle auf diesem Skulpturenweg. Trolle wie der **„Rheines-Lust",** von dem aus wir noch einmal einen besonders schönen Blick in die Tiefe haben. Auf einem schmalen Pfad, an einer schönen Blumenwiese vorbei, stoßen wir schließlich auf den liebestollen **Troll Amore.** Ein engelsgleicher Liebesgott.

*Das Günderodehaus wurde eigens für die dritte TV-Folge der Filmsaga „Heimat" von Edgar Reitz aufgebaut. Heute beherbergt das schöne Fachwerkgebäude ein Café. www.guenderodefilmhaus.de*

## Für die Seele

Wir erreichen die nächste Aussichtsbank. Die Äste der Bäume umrahmen den Blick auf Oberwesel und den Rhein. Das Leben ist schön und leicht an diesem wundervollen Ort.

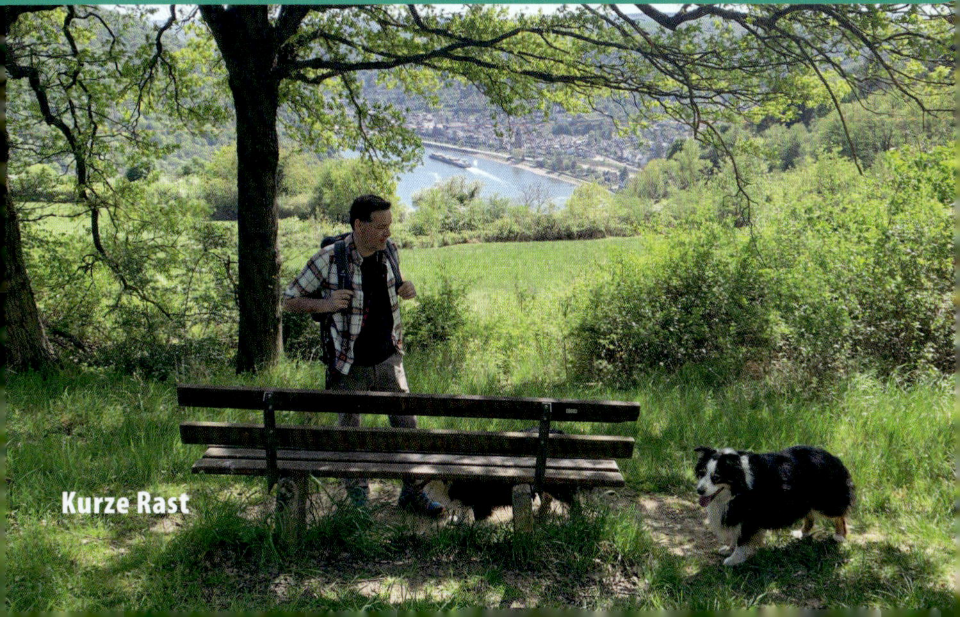

**Kurze Rast**

Wenig später überqueren wir noch einmal die **K95** und stehen vor dem wunderschönen **Günderodehaus 2.** Geprägt wird der Ort von der riesigen Kastanie im Hof. Wir nehmen Platz und haben einen der schönsten Ausblicke am gesamten Mittelrhein direkt vor uns – in die scheinbar unendliche Weite des breiten Stromes unter uns, über einen Weinberg hinweg und das nun schon nahe Oberwesel. Sogar Pfalzgrafenstein – die bekannte Burg mitten im Rhein – können wir von hier aus erblicken.

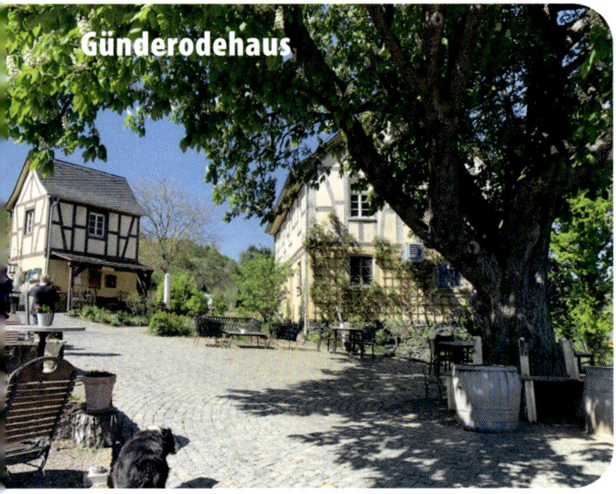
Günderodehaus

Es geht ein paar Meter zurück. Den Anstieg hinter dem Günderodehaus hinauf. Und dann folgen wir bald rechts der **Beschilderung zum „RheinBurgenWeg“.** Wir kommen auf einen schmalen Waldpfad. Ein Schild verweist auf den „alpinen Charakter“ des nun folgenden Abschnittes. Festes Schuhwerk ist also absolute Voraussetzung.

Wir sind nun auf dem Oelsbergsteig. Zunächst geht es bergab, streckenweise über in den Boden eingearbeitete Treppenstufen. Der Pfad wird schmaler, auf Serpentinen laufen wir durch dichten, kühlenden, schattigen Wald. Unten angekommen erreichen wir eine asphaltierte Straße. Dort wenden wir uns nach rechts und gehen in der ersten Kurve nach links – vor ein eisernes Tor. Wir gehen hindurch. Dann eine Weile bergab. Unten im Tal, auf Höhe des Rheins angekommen, geht es links auf einen Feldweg. Nun wieder stetig bergauf, vorbei an Weinhängen, an denen der Mittelrhein-Riesling an steilen Hängen wächst. Wir bleiben auf dem Weg, der mal mehr, mal weniger steil nach oben führt. Ab und zu gibt es in den Felsen eingelassene Plätze zum Ausruhen. Nach einigen Metern beginnt nun der offizielle **Oelsbergsteig 3.** An einem **Waldsofa** legen wir noch eine weitere entspannen-

*Von der Hünenkapelle, einer frühmittelalterlichen Saalkirche, sind nur noch die Grundmauern vorhanden. Ein neuzeitliches Kreuz steht im Inneren. Umgeben ist sie vom sogenannten Sachsenlager, einer Ringwallanlage – eine von fünf vorchristlichen Befestigungsanlagen in Lippe.*

de Pause ein. An der nächsten Abzweigung geht es nach rechts. Bergab auf einen schmalen Feldweg und mitten durch verwunschenen, dichten Wald. Runter und wieder rauf. Wir kreuzen einen kleinen **Bach,** bleiben auf dem schmalen Pfad und sind bald umgeben von Weinbergen. Aus immer wieder anderen Perspektiven blicken wir auf den Rhein.

Wenig später wird es abenteuerlicher. Schmale Pfade und in Stein gehauene Stufen müssen wir überwinden. Wir gehen durch zwei eiserne Drehtüren. Sie sind der Eingang zum spektakulärsten Part des 1,3 Kilometer langen Oelsbergsteigs. In einer Linkskurve wird der Weg nun wirklich sehr schmal. Links von uns die Felswand, rechts die Hangkante. Unter uns der Rhein. Und dazwischen wir. Dicht hintereinander. Ein in den Felsen gespannten Drahtseil gibt uns Sicherheit. Wir halten uns fest. Was für ein Drahtseil-

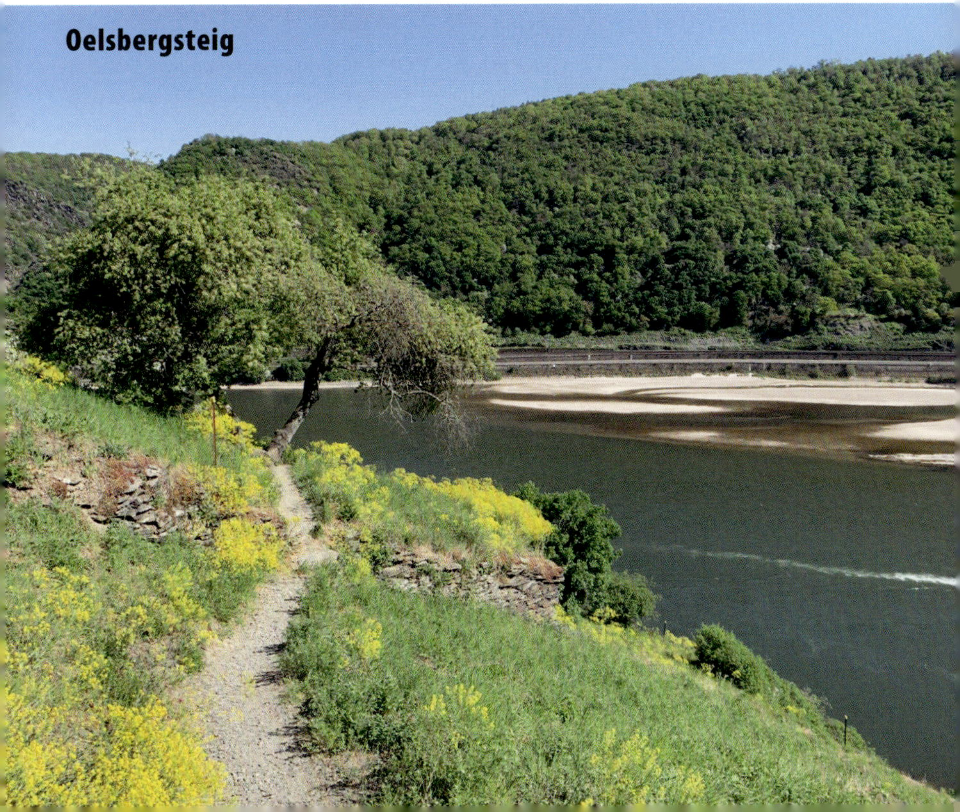
**Oelsbergsteig**

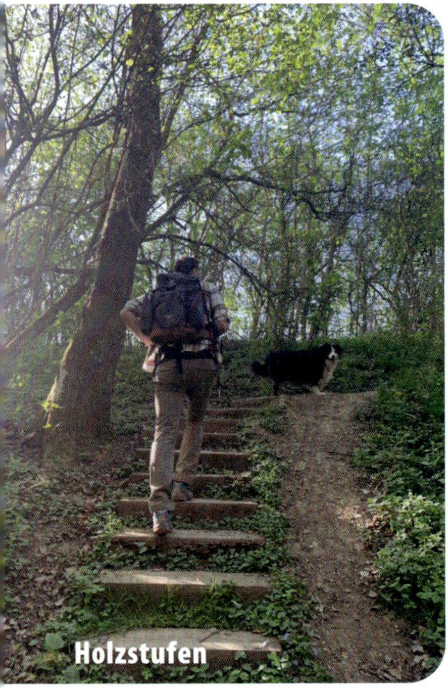
Holzstufen

akt! Wir erreichen zwei **Kletterpassagen,** wo eiserne schmale Trittbügel in den Felsen verankert sind. Wie eine Leiter in den Himmel. Das leichte Kraxeln ist ein herrlicher Spaß. Oben angekommen folgen wir dem Weg nach links. Nach einem weiteren kurzen, steilen Anstieg auf einem schmalen Pfad durch Wiesen erreichen wir ein **Gittertor.** Es ist offen. Wir gehen geradeaus hindurch und gelangen durch ein weiteres Tor an einen Zaun. Hier gewahren wir die überlebensgroße Figur von Heinrich Demel. Wir laufen die Wiese nach oben – an der Figur vorbei – und stoßen wieder auf den Zuweg zum Rheinburgenweg. Wir gehen weiter bergan. An der kleinen Madonnenfigur am Wegesrand verlassen wir wieder den bekannten Pfad. Wir gehen geradeaus und folgen dem Schild „Loreleyblick – Maria Ruh“. Auf dem Schotterweg geht es den Berg hinunter, zwischen Felsen und Bäumen hindurch, auf einen breiteren Weg. Wir entscheiden uns, in der Höhe zu bleiben, verlassen den etwas weitläufigeren Rheinburgenweg und gehen weiter bergauf in Richtung Urbar. Bei der nächsten Möglichkeit wenden wir uns rechts, vorbei an einer Bank, in Richtung Urbar und Maria Ruh. Von hier oben aus erleben wir einen ersten schönen Blick auf den Loreleyfelsen, die Burg Gutenfels und auf St. Goarshausen im Tal.

An der nächsten Abzweigung gehen wir nach rechts. Auf einen Feldweg. Bergab. Dann gleich wieder nach links auf einen schönen Wiesenweg. Immer weiter hinunter. Durch ein Wäldchen. An der nächsten Kreuzung links, wieder zurück auf den Rheinburgenweg. Wir folgen der Markierung „Maria Ruh“. Wieder stoßen wir auf ein kleines wildromantisches Wäldchen. In den Boden eingelassene Treppenstufen aus Holz führen uns erst hinunter und dann wieder hinauf. Nach wenigen Hundert Metern, an einer Bank, eröffnet sich uns mit einem Mal ein prächtiger Blick auf das Loreley-Plateau, den schroffen Felsen und die engste und tiefste Stelle des gesamten Rheins, die darunterliegt. Die Route führt über in einen asphaltierten Weg. Die Blätter der Bäume rauschen im Wind und zwischendurch erhaschen wir immer wieder einen Blick auf die Loreley und den Rhein. Wir kommen der Hangkante zum Rhein unter uns nun immer näher. Hier warten gepflegte **Holzbänke** auf Besucher und ermöglichen immer wieder grandiose Blicke auf den Loreleyfelsen. Wir erreichen schließlich den **Aussichtspunkt Maria Ruh** ❹. Ein weiterer fantastischer Ausblick auf die Loreley und weiter flussabwärts

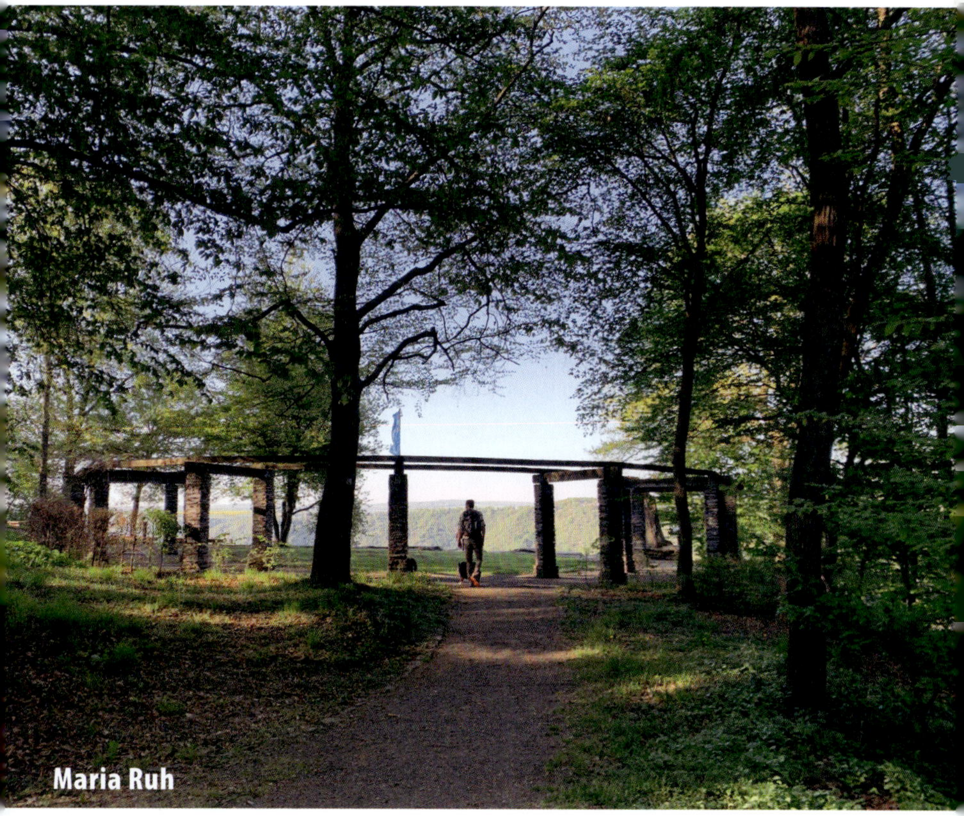

Maria Ruh

# Verwöhntour 13

*Auf der Gedenktafel Maria Ruh sind Dichter und Komponisten verewigt, die sich der „Lore-Ley" angenommen haben – so etwa Clemens Brentano, Heinrich Heine und Friedrich Silcher. Außerdem die erste Strophe des „Loreley-Liedes": „Ich weiß nicht, was soll es bedeuten, dass ich so traurig bin …"*

auf Burg Katz und Burg Maus. Hier verweilen wir noch einmal. Es gibt Bänke, Tische, einen überdachten Pavillon und den nächsten traumhaften Blick auf die Loreley – unmittelbar unterhalb der **Gaststätte Loreleyblick – Maria Ruh** ❺. Was für ein großartiges Finale. Das UNESCO-Welterbe von seiner schönsten Seite.

Im **Biergarten** der Gaststätte lassen wir die wunderbare Wanderung noch einmal vor unserem geistigen Auge vorüberziehen: die Schönheit der Landschaft, die unglaublichen Ausblicke, die abenteuerlichen Steige. Eine Rundtour, die uns auch im Rückblick den Atem raubt. Unvergessliche Eindrücke, das wissen wir schon jetzt. Wenige Hundert Meter laufen wir dann noch bergauf und wir erreichen den Ausgangspunkt unserer Wanderung.

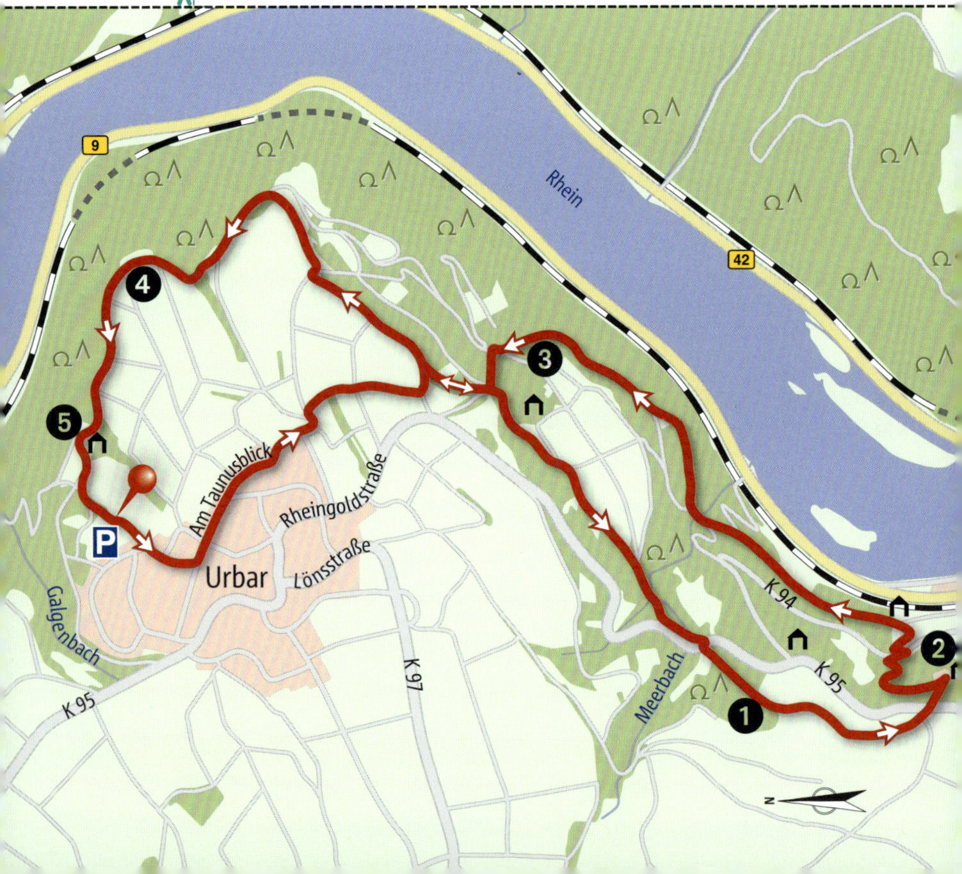

## Alles auf einen Blick

**WIE & WANN:**

**Asphaltwege, Waldwege, Naturpfade, Felsenpfad.**
**Ganzjährig begehbar. Beste Wanderzeit: Frühjahr und Herbst.**

**HIN & WEG:**

**Auto:** Parkplatz Loreleystraße, 55430 Urbar
(GPS: 50.134675, 7.722077)
**ÖPNV:** Von Mainz oder Koblenz mit der Regionalbahn RB26 nach Oberwesel Bf., von hier etwa 500 Meter Fußweg zur Haltestelle „Schulzentrum Oberwesel", weiter mit Bus 685 bis Haltestelle „Kirche, Urbar (St. Goar)"
Bus 358 ab Koblenz Hbf., Haltestelle „Urbar, Alter Kirchplatz"

**ESSEN & ENTSPANNEN:**

**Restaurant, Café und Biergarten Loreleyblick – Maria Ruh ❺** Loreleystraße 20, 55430 Urbar, Tel. (0 67 41) 9 81 15 99, www.maria-ruh.de

Entspannung ★★★★☆
Genuss ★★★★☆
Romantik ★★★★★

**ENTDECKEN & ERLEBEN:**

**Skulpturenweg ❶**
**Günderodehaus ❷** Günderodehaus Filmhaus „Heimat 3", Siebenjungfrauenblick, 55430 Oberwesel, Tel. (0 67 44) 71 40 11, www.guenderodefilmhaus.de
**Oelsbergsteig ❸**
**Aussichtspunkt Maria Ruh ❹**

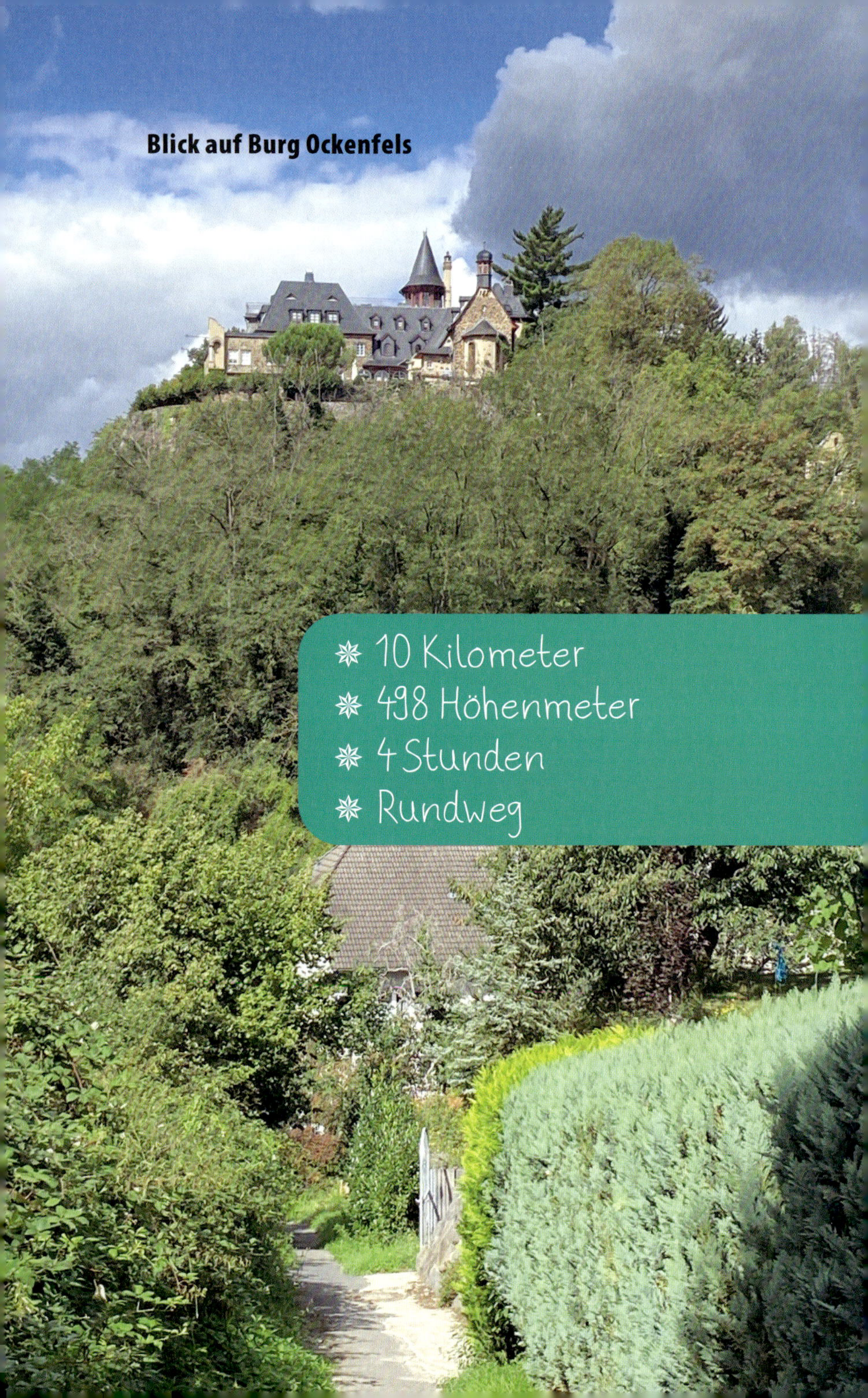

Blick auf Burg Ockenfels

- 10 Kilometer
- 498 Höhenmeter
- 4 Stunden
- Rundweg

Wir beginnen in Remagen-Kripp an der **Rheinallee** auf einem großen öffentlichen **Parkplatz** unmittelbar am **Fähranleger.** Ein Platz mit schöner Promenade, Brunnen, Waldsofa, Bänken, einer kleinen Allee und einer schönen Aussicht auf das gegenüberliegende Linz und die Burg Ockenfels.

Wir begeben uns auf die Fähre nach Linz. Dort angekommen gehen wir unter der **Bahnunterführung** hindurch. Nach wenigen Metern stehen wir vor dem beeindruckenden historischen **Stadttor** ❶. Wir durchschreiten das schöne alte Tor – und stehen mitten in der wunderhübschen Altstadt von Linz. Mitten auf dem **Burgplatz** ❷ mit seinen liebevoll gestalteten Altstadthäusern, den kleinen Cafés, Restaurants, der

# Fachwerk & Fernsicht

## Rund um Remagen

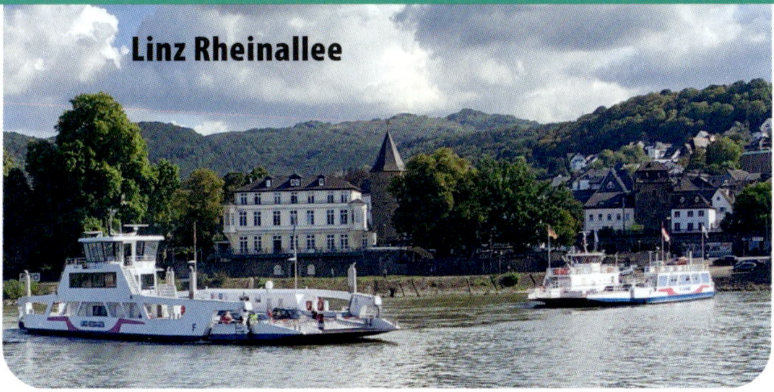


Burg und dem Strünzerbrunnen. Wegen seiner kunstvoll und farbenfroh gestalteten Fassaden trägt Linz auch den Namen „die bunte Stadt".

Direkt am Ende des Platzes gehen wir nach links aus der Stadt hinaus. Wir passieren ein altes Stadttor an der Rückseite der Burg und laufen kurz parallel zur Bahnlinie. Bald erreichen wir die Straße **„Am Sändchen“.** Wir gehen nach rechts, etwa 150 Meter bergauf. 20 Meter hinter der Straße **„Rheinhöller“** geht es scharf nach links und zwischen zwei Häusern hindurch auf einen unscheinbar wirkenden kleinen Pfad. Sofort sind wir fernab vom geschäftigen Treiben und der Verkehrslärm verstummt. Wir erfreuen uns an der unerwarteten Ruhe und dem schmalen, schattigen Pfad, der an einigen gepflegten Vorgärten entlangführt. Am Ende erreichen wir eine asphaltierte Straße und gehen geradeaus weiter. Wir befinden uns nun auf einem Teilstück des **Rheinsteigs.** Vor uns liegt ein erster knackiger Anstieg in Richtung Ockenfels. Der Pfad führt an einigen Häusern vorbei, aber schon nach wenigen Metern lassen wir sie hinter uns und spüren Waldboden unter den Füßen. Die Äste der Bäume verbinden sich über unseren Köpfen. Es geht vorbei an Schlehdorn- und Vogelbeerensträuchern. Sie überranken zuweilen die Äste der Bäume, was diesen Weg noch märchenhafter erscheinen lässt. Oben an-

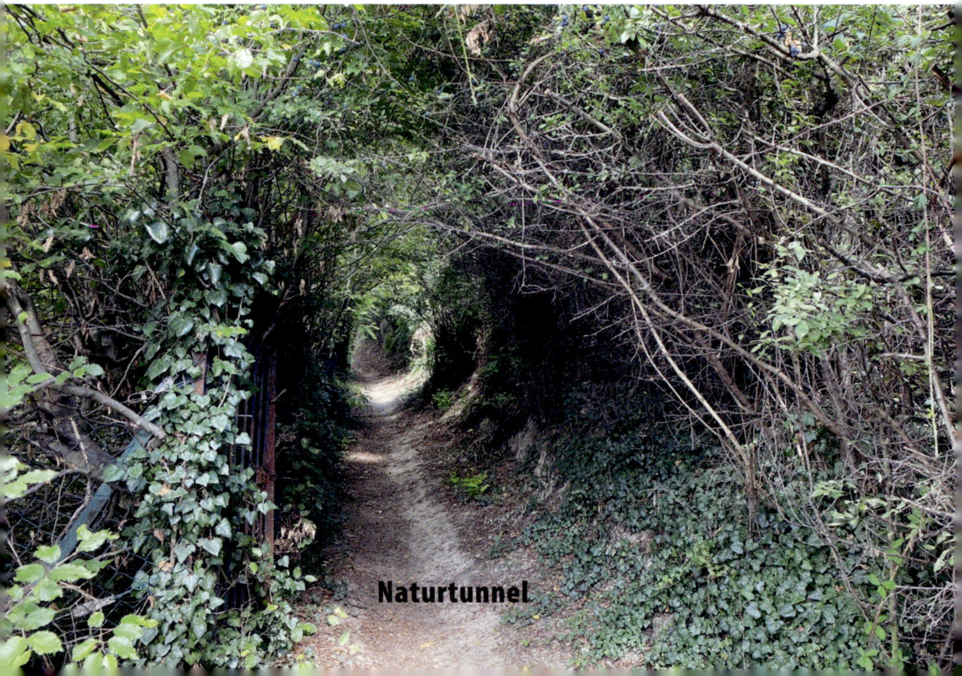

**Naturtunnel**

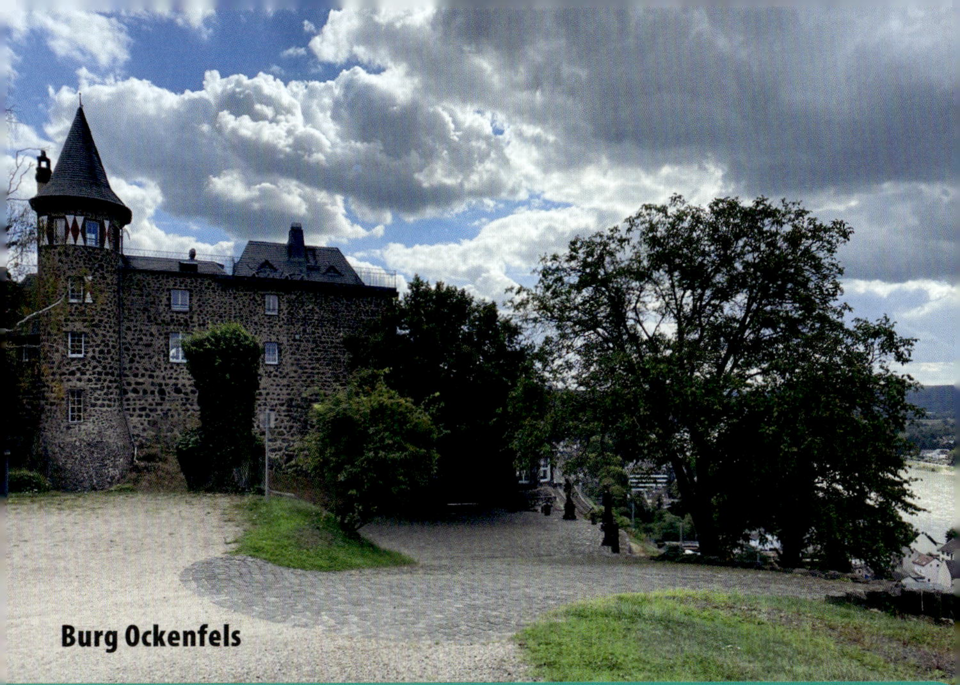


## Für die Seele

Wir stehen inmitten eines paradiesischen Obstgartens, atmen den Duft von reifen Pflaumen, Äpfeln und Birnen ein und schauen gebannt in die Tiefe des Rheintales.

gekommen erwarten uns zwei Bänke. Wir genießen den ersten schönen freien Blick auf das Rheintal.

An den Bänken gabelt sich der Weg. Wir gehen nach links. 50 Meter weiter, gut markiert mit dem **blau-weißen Symbol des Rheinsteigs,** führt unser Rundweg links hinunter. Wir bewegen uns auf einem schmalen, mal mehr, mal weniger steilen Waldpfad, der immer wieder Blicke auf den Rhein ermöglicht. Ein **Holzgeländer** gibt uns Halt und Sicherheit an einer etwas steileren Passage. Unten angekommen erreichen wir die Ausläufer der Gemeinde Ockenfels und bewundern – an einem großen Brombeerstrauch – einen fantastischen Blick auf die majestätische **Burg Ockenfels,** die erhaben über uns thront. Wir gehen leicht rechts und gleich wieder links. Wir sind jetzt auf der Talstraße und laufen durch den kleinen Ort Ockenfels. Stetig leicht bergauf. Am Ende der Straße folgen wir einer Linkskurve und kommen nun auf die **Burgstraße.** 200 Meter sind wir von der im Privatbesitz befindlichen Burg Ockenfels noch entfernt.

Exakt auf Höhe der Burg gehen wir rechts vom Burgtor einen schmalen Feldweg hinauf. Ein Schild mit schwarzer Schrift auf weißem Grund **„Wander-Weg"** führt uns auf diesem kurzen Anstieg. Wenige Meter später erreichen wir ein absolutes Highlight der Tour. Ein wunderbar weitläufiges **Plateau** mit einer in voller Pracht stehenden Streuobstwiese oberhalb der **Burg Ockenfels 3.** Ein fantastischer Fernblick von hier oben. Auf diesem schönen Wiesenweg weiter entlang der Felder setzen wir unseren Weg fort. Um uns herum sitzen Wanderer auf Bänken und Waldsofas, um diese spektakuläre Aussicht zu genießen.

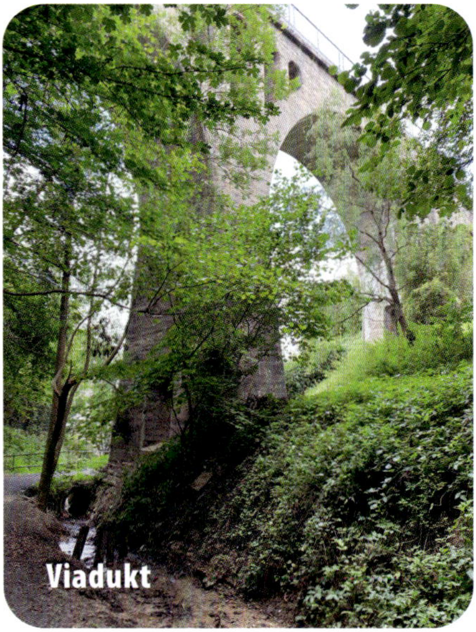
Viadukt

Wir folgen weiter der **Rheinsteig-Markierung.** Vom Plateau aus geht es bergab in einen Tannenwald. Etwa 100 Meter später wenden wir uns scharf nach links, den schmalen Pfad entlang und vorbei an Streuobstwiesen. Am Ende des schmalen Pfades erreichen wir eine kleine Ortschaft oberhalb von Kasbach. An der nun asphaltierten Straße gehen wir nach links und kommen nach etwa 200 Metern auf einen schönen, kleinen, flachen Naturpfad. Vorbei an Brombeerbüschen und Vogelbeersträuchern. Nach 200 Metern gabelt sich der Weg. Wir nehmen den linken der beiden Waldwege. Anfangs geht es nun leicht bergauf, bald aber bergab ins Kasbachtal. Auf dem Weg hinunter nutzen wir eine wunderschöne Stelle mit freiem Blick auf den Rhein und Kasbach für eine etwas ausgiebigere Rast. Zwei Bänke, etwas abseits vom Weg, bieten eine tolle Gelegenheit für eine Pause. Weiter geht es den schmalen Waldpfad hinunter bis ins Tal, wo wir, entlang eines kühlenden Baches, zunächst unter einem imposanten **Eisenbahn-Viadukt** hindurchgehen.

Hinter der Eisenbahnbrücke geht es links in den Ort **Kasbach.** 100 Meter etwa, dann nach rechts in den **Hödenbuschweg** und direkt noch einmal nach rechts. Ein kurzer Anstieg entlang der Hauptstraße von Kasbach. Nur wenige Meter, dann erreichen wir einen schön angelegten Rastplatz am Ortsausgang. Gegenüber vom **Bürgerhaus** plätschert ein Brunnen. Junge Bäume wurden angepflanzt, ein Ruhebänkchen und ein Ofen stehen hier für Gäste, Anwohner und Wanderer bereit. Ein guter Ort, um noch einmal kurz innezuhalten, denn jetzt geht es hinauf zur Erpeler Ley. Zunächst über etwas mehr als 70 **Treppenstufen.** Am Ende der Stufen wandern wir auf einem Waldpfad weiter nach oben.

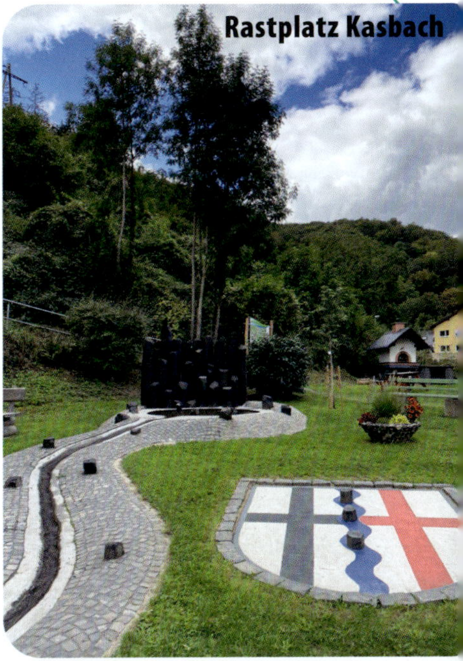

Rastplatz Kasbach

Vor uns öffnet sich ein **Plateau.** Wir treten aus der Enge des Waldes heraus und spüren nun eine beeindruckende Offenheit um uns herum. Hier schöpfen wir auf einer Bank neue Kraft. Wir ruhen uns aus und genießen den Blick in die Weite der offenen Landschaft. Die in voller Pracht stehenden Obstbäume begeistern uns. Sie hängen voller reifer Früchte an diesem schönen Septembertag. Hinter dem Plateau führt der Pfad noch eine kurze Strecke bergauf. Aber schon bald wird der Schotterweg flacher. Nach etwa 50

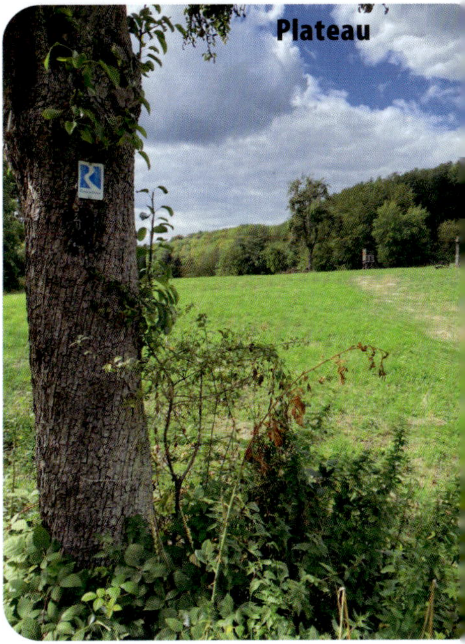

Plateau

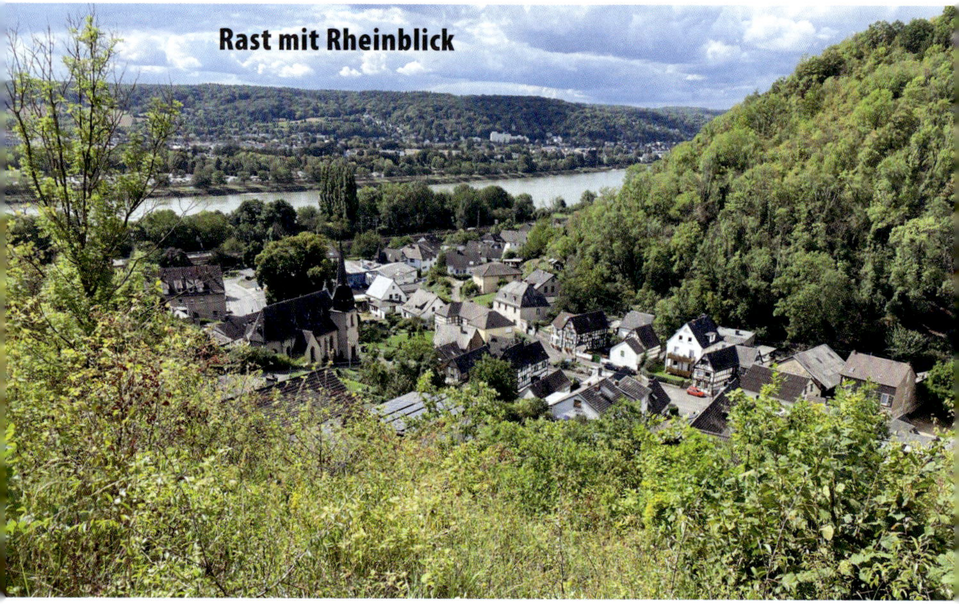

Metern geht es nach links – und damit ist der letzte Anstieg dieser Tour geschafft. Nun wandern wir direkt weiter in Richtung Erpeler Ley. Nach Loreley und Drachenfels das dritte große Felsmassiv am Mittelrhein. Der Waldweg gabelt sich nach wenigen Hundert Metern. Wir nehmen die linke Abzweigung und stehen bald mitten auf dem weitläufigen Plateau der **Erpeler Ley 4.** Wir wagen uns vor bis zum gut gesicherten Rand des Felsens und drehen dort oben eine Runde. Wir genießen die vielen verschiedenen spektakulären Weitblicke. **Bänke** und **Waldsofas** laden die Besucher zum Verweilen ein. Wir empfehlen aber, die Erpeler Ley an einem Wochentag zu erklimmen, um sich ganz entspannt ein schönes Plätzchen suchen zu können. Wir können uns kaum sattsehen an all diesen Fernsichten. Den Mittelpunkt der Erpeler Ley markiert ein großes **Holzkreuz.** Darunter sind jede Menge Liebesschlösser frisch verliebter, verlobter und verheirateter Paare angebracht. Ein wahrer Glücksort. Hier stehen wir auch direkt gegenüber der Brücke von

Remagen und blicken auf deren Mauerreste hinab. Heute existieren nur noch die mächtigen Brückentürme auf beiden Seiten des Rheins.

Am Ende unseres Rundganges über die Erpeler Ley wartet nun die **Gaststätte Bergesruh** ⑤ mit ihrer großen Terrasse auf uns. Wer anschließend bequem nach unten laufen möchte, sollte die asphaltierte Straße an der Gaststätte nehmen. Wir entscheiden uns für eine Abkürzung, um zu dem schönen Dorf Erpel am Fuß des Felsens zu gelangen. Etwa 100 Meter hinter dem mächtigen **Holzkreuz** in der Mitte der Ley führt uns ein schmaler und zuweilen recht steiler Waldpfad nach Erpel. Dafür verlassen wir nun den Rheinsteig. Festes Schuhwerk mit einem guten Profil ist empfehlenswert. Wir gehen quer durch den Wald. Nach etwa 10 Minuten erreichen wir das Dorf. Am Ende des Waldweges treffen beide Routenoptionen am **Kuthweg** wieder zusammen. Wir gehen nach links und erreichen nach wenigen Metern die **Erpeler-Ley-Straße.** Dort überqueren wir auf einer Brücke die Eisenbahnschienen unter uns. Unmittelbar hinter der Brücke, nach einer scharfen Linkskurve, wenden wir uns nach rechts und landen wenig später in der wunderschönen kleinen historischen **Altstadt von Erpel** ⑥. Der liebevoll gepflegte Marktplatz mit seinen Fachwerkhäusern und der kleinen **Gaststätte Om Maat** ⑦ begeistern uns. Wir bleiben einen kurzen Moment, schicken die Augen auf Wanderschaft, verlieben uns regelrecht in diesem Ort, aber verlassen ihn

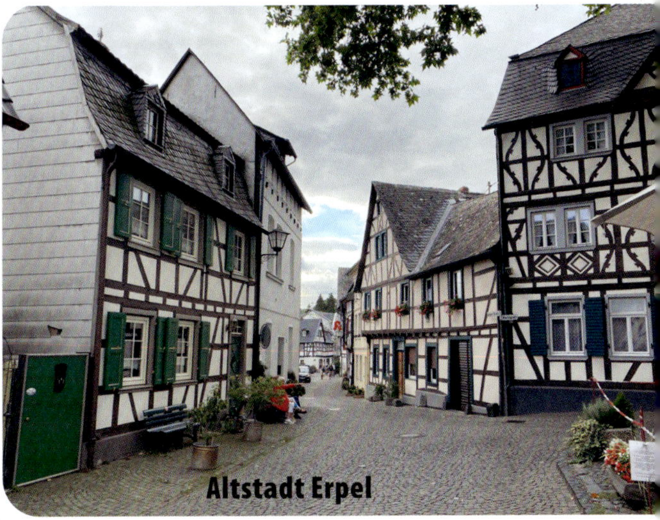
**Altstadt Erpel**

*Heute existieren nur noch die Türme der Brücke von Remagen. Sie erinnern daran, wie sich hier im Zweiten Weltkrieg amerikanische und deutsche Soldaten einen erbitterten Kampf lieferten. Im März 1945 stürzte sie ein.*

doch bald schon wieder. Nur 200 Meter entfernt erwartet uns die **Rheinfähre.** Das kleine Schiff zwischen Erpel und **Remagen** transportiert nur Fußgänger und Radfahrer. Nach 2 Minuten sind wir wieder zurück in Remagen. Dort führen uns die letzten 2,5 Kilometer die gepflegte Rheinpromenade entlang.

Entspannt, flach und erholsam geht es nun auch vorbei am Turm der Brücke von Remagen mit seinem **Friedensmuseum** **8**. Von hier aus blicken wir noch einmal zurück. Über den Rhein hinweg, auf die mächtige Erpeler Ley, die schöne Burg Ockenfels und das großartige Stadtpanorama von Linz am Rhein. Nach 4 gemütlichen Stunden erreichen wir unseren Ausgangspunkt in Remagen-Kripp.

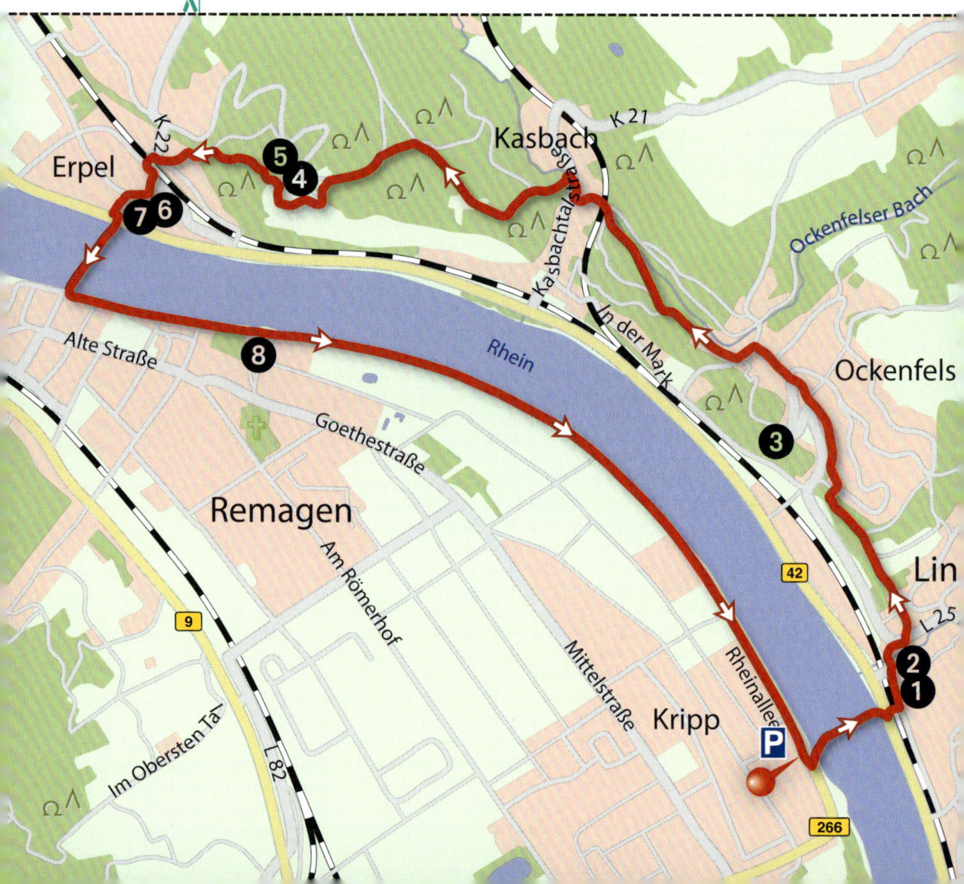

# Alles auf einen Blick

**WIE & WANN:**
**Asphaltwege, Waldwege, Naturpfade.**
**Ganzjährig begehbar. Beste Wanderzeit: Frühjahr und Herbst.**

**HIN & WEG:**
**Auto:** Parken an der Rheinfähre Remagen–Linz, Rheinallee, 53424 Remagen (GPS: 50.563922, 7.7273645)
**ÖPNV:** Von Mainz oder Koblenz mit der Regionalbahn bis Remagen Bf., Zuweg zum Startpunkt über Goethestraße und Sandweg zur Rheinfähre Remagen–Linz (etwa 3,8 Kilometer Fußweg)

**ESSEN & ENTSPANNEN:**
**Gaststätte Bergesruh** ❺ Erpeler-Ley-Plateau, 53579 Erpel, Tel. (0 26 44) 33 24, www.erpelerley-bergesruh.de
**Gaststätte Om Maat** ❼ Marktplatz 6, 53579 Erpel, Tel. (0 26 44) 24 95, www.om-maat.de

Entspannung ★★★★☆
Genuss ★★★★☆
Romantik ★★★★☆

**ENTDECKEN & ERLEBEN:**
**Stadttor** ❶ Burgplatz 2, 53545 Linz am Rhein
**Burgplatz** ❷ 53545 Linz am Rhein
**Burg Ockenfels** ❸ Burgstraße 13, 53545 Linz am Rhein
**Erpeler Ley** ❹ Erpeler-Ley-Plateau, 53579 Erpel
**Altstadt von Erpel** ❻ Marktplatz, 53579 Erpel
**Friedensmuseum** ❽ Friedensmuseum Brücke von Remagen, An der Alten Rheinbrücke 11, Eingang Rheinpromenade, Tel. (0 26 42) 9 05 99 24, www.bruecke-remagen.de

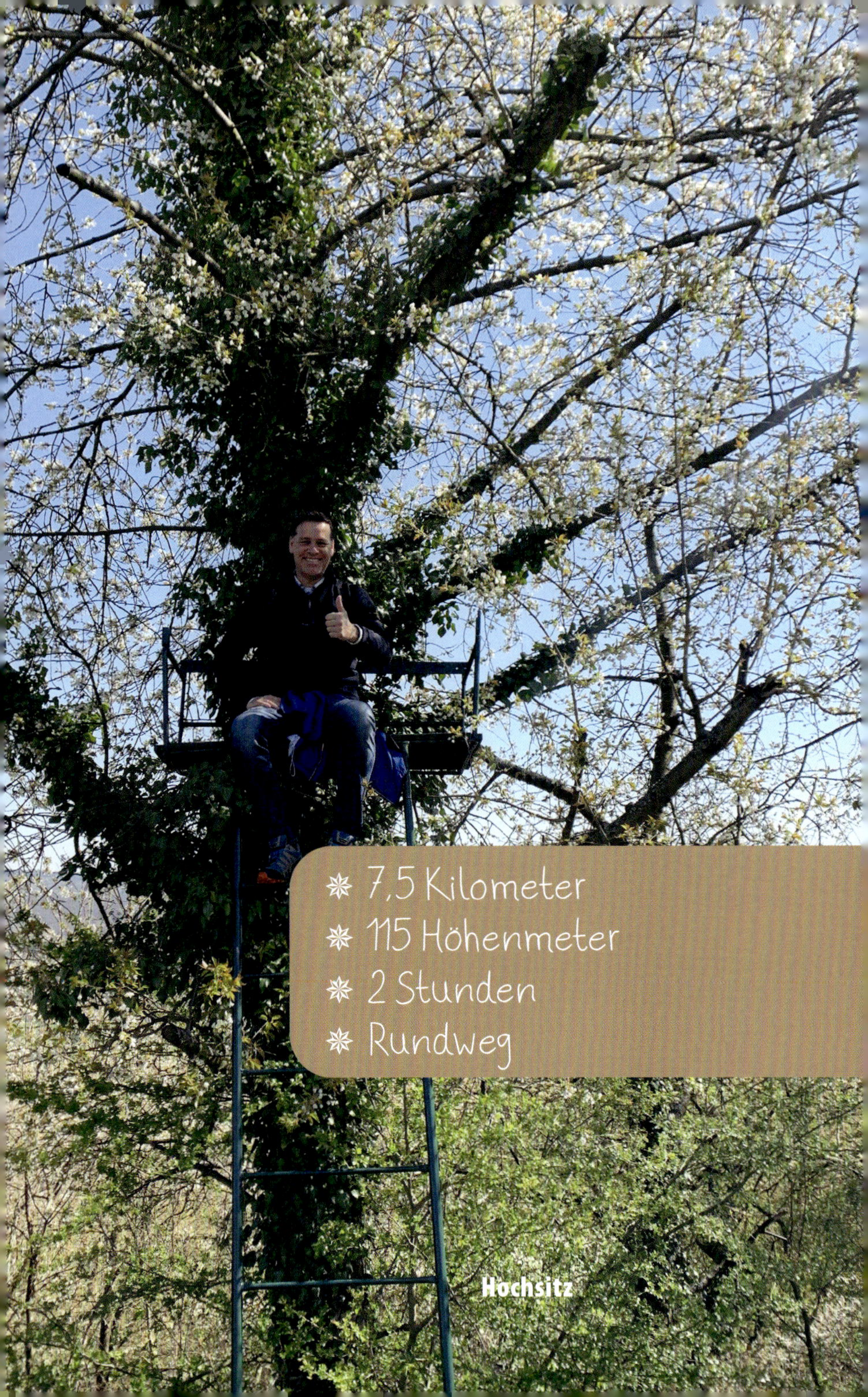

- 7,5 Kilometer
- 115 Höhenmeter
- 2 Stunden
- Rundweg

Hochsitz

Wir beginnen unsere Wanderung am **Gemeindehaus Langscheid** bei Oberwesel, am dortigen **Wanderparkplatz.** Unsere Tour führt uns entlang der Rheinhöhe, was grandiose Aussichten verspricht. Vom Parkplatz aus führt uns ein Feldweg vorbei an blühenden Wiesen mit wunderschönem Weitblick, hinunter zum Start- und Zielpunkt unseres Rundweges.

An der ersten Kreuzung biegen wir nach links ab. Wir folgen dem schönen, breiten Naturweg mit Blick zurück auf Langenscheid und hinüber auf die Höhen der gegenüberliegenden Rheinseite, dem Naturpark Rhein-Taunus. An der nächsten Kreuzung biegen wir nach rechts ab und gehen auf einen asphaltierten **Landwirtschaftsweg** weiter. Schon jetzt erleben wir ein tolles weites Panorama über die Höhen hinweg. Wir wandern, gegen den Uhrzeigersinn, weiter bergab, in Richtung Sauzahn und Grube Rhein. Wir befinden uns nun auf einem breiten Waldweg, gesäumt von dichten Baumreihen und Sträuchern, die erste Blüten treiben. Wir spüren den Frühling. Leise summen die Insekten im dichten Bewuchs und um uns herum zwitschern

# Hoch hinaus

## Langscheider Pfalzblicke

Vögel. Wir erreichen eine **Holzbank.** Zwischen den Ästen erhaschen wir einen Blick auf Burg Gutenfels auf der anderen Rheinseite. Weiter geht es bergab, vorbei an blühenden Sträuchern. Vor uns weitet sich der Blick bis hinüber auf die Höhen des Taunus.

Am Wegesrand entdecken wir einen grün gestrichenen **Hochsitz.** Man sieht ihn kaum, so dicht umrankt

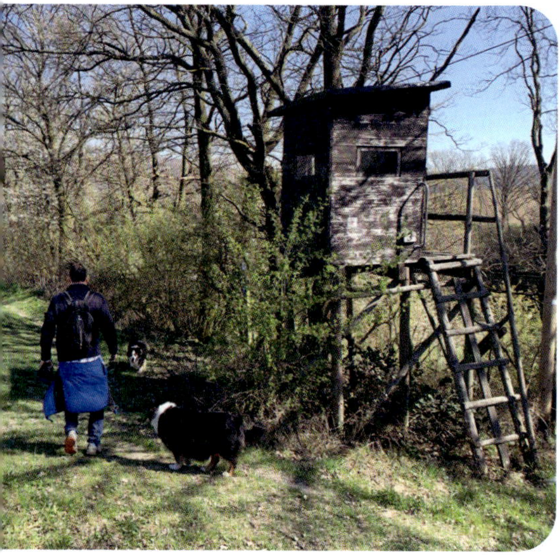

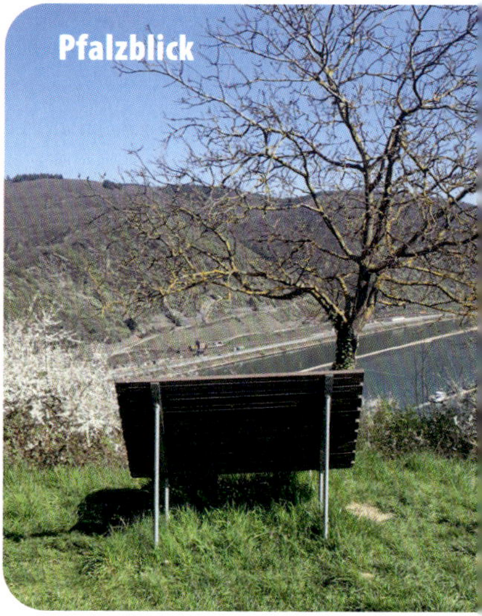

Pfalzblick

ist er von Efeu und herrlichem Blattgrün. Wer hinaufsteigt und sich auf seinem breiten Sitz niederlässt, verschmilzt auf wundersame Weise mit der Natur.

Etwas weiter den Weg entlang erreichen wir eine kleine Ranch mit Ponys, Schafen und Ziegen. Sehr schön gelegen. Mitten auf dem Weg begegnet uns ein Hirte mit seiner Ziegenherde, die wir passieren lassen. Die Beweidung mit Ziegen ist im Mittelrheintal üblich und eine sanfte Art der Landschaftspflege.

Wir gelangen zu einem grünen Schild mit der Aufschrift **„Im Heckelberg"**. Hier biegen wir scharf nach links ab und gehen weiter in Richtung Heckelberg. Nach etwa 700 Metern informiert uns ein Schild darüber, dass das **Hofcafé Oldach** über einen Zuweg erreichbar ist. Wir bleiben aber auf unserem Pfad und erreichen erneut einen asphaltierten Wirtschaftsweg. Rechts und links von uns erstrecken sich weite Wiesen.

Bei strahlend blauem Himmel genießen wir den Blick bis hinüber in den Taunus und über die Rheinebene. Wir wandern leicht bergauf. Nach 300 Metern erreichen wir einen Holzpfosten. Er steht inmitten einer Wiese am Wegesrand. Wir biegen rechts ab und gehen quer über die Wiese hinunter in Richtung eines gut erkennbaren Hochsitzes. Nach etwa 200 Metern stoßen wir auf einen Wiesenweg und biegen nach links ab. Dieser Abschnitt ist auch Teil des **Rheinburgenweges.** Wir wandern über ein Feld aus weitflächigen Viehweiden. Rechts von uns ist der Weg gesäumt von dicht wachsenden blühenden Sträuchern und Bäumen.

Ab und zu erhaschen wir durch den dichten Bewuchs ein paar Blicke auf den Rhein. Nach wenigen 100 Metern erreichen wir den **Aussichtspunkt Grube Rhein 1.** Von hier aus gewährt sich uns ein herrlich romantischer Blick auf den imposanten Strom. Direkt daneben lädt ein Waldsofa zum Verweilen ein. Wir setzen uns und genießen den Ausblick auf das gegenüberliegende Örtchen Kaub und Burg Gutenfels. Eine Infotafel verrät uns Details über das Schieferbergwerk der **Grube Rhein.**

*Das Schieferbergwerk Grube Rhein wurde 1889 gegründet. Das Naturgestein wurde hier bis 1965 abgebaut und insbesondere zum Decken von Häusern verwendet. Die Grube „Josef und Anna“ wurde vor 1890 aufgefahren und gelangte später in den Besitz der Grube Rhein.*

Von hier aus laufen wir eine Weile immer oberhalb und parallel des Rheines entlang. Durch die Blüten hindurch erhaschen wir ab und zu einen schönen Blick hinab auf Kaub und die Burg Pfalzgrafenstein,

## Für die Seele

Es gibt wohl kaum einen schöneren Ort, um abzuschalten und neue Kraft zu tanken. Wer durch den Wald geht und sich in Achtsamkeit übt, wird ein intensives Naturerlebnis mit allen Sinnen erfahren.

auf einer Felsinsel mitten im Rhein gelegen. Immer wieder ergeben sich großartige Perspektiven. Wir fühlen uns an das „Auenland“ aus dem „Herrn der Ringe“ erinnert. So schön saftig hügelig romantisch und grün ist es hier.

Wir wandern nun einen dicht bewachsenen, fast schon verwunschen anmutenden Weg entlang. Vorbei an Bäumen, Sträuchern und Blumen geht es leicht bergab. Über uns vereinen sich die Äste der Bäume, als wollten sie sich umarmen.

Nach etwa 20 Metern bergauf erreichen wir ein **Plateau** und gehen weiter auf dem ausgeschilderten Weg. Gleich danach erreichen wir eine kleine überdachte Hütte und den **Aussichtspunkt Sauzahn ②.** Ein schöner Rastplatz mit **Feuerstelle** und einem aus Sandsteinen gemauerten Holzofen. Dazu der sagenhaft weite Blick auf den Rhein, die Burg Pfalzgrafenstein und Kaub. Ein Binnenschiff fährt langsam flussabwärts. Eine Autofähre quert den Rhein von Kaub nach Oberwesel.

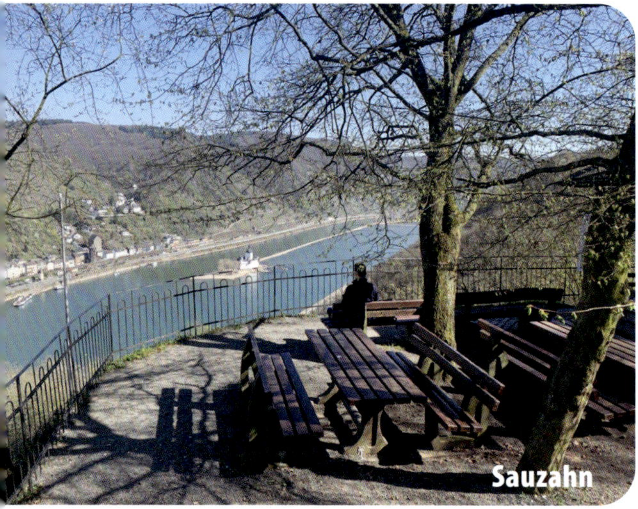

Sauzahn

Wir verlassen diesen schönen Platz und gehen zunächst eine **Holztreppe** mit schmiedeeisernem Geländer hinauf. Oben angekommen geht es nach rechts, weiter auf dem Waldweg. Hinter einer **Schranke** geht es nun sehr kurz auf einem asphaltierten Weg bergauf. Nach dem kurzen Anstieg geht es nach rechts, auf einen Wiesenweg und weiter entlang des Rheins. Wir befinden uns hier oberhalb der **Schiefergrube Josef und Anna,** wie wir auf eine Infotafel lesen. Der Weg führt uns weiter, vorbei an Weißdorn, Akazien und Brombeeren. Links von uns erheben sich mit Moos überzogene und teilweise terrassenförmig wirkende Schieferwände. Dichte Vegetation umgibt uns, es geht tiefer in den Wald hinein. An einer Kreuzung bleiben wir kurz stehen und entscheiden uns für einen kurzen Abstecher nach rechts. 700 Meter sind es bis zum nächsten **Aussichtspunkt Pfalzblick ③.** Von hier aus genießen wir noch einmal einen wunderbaren Blick

*Die Burg Pfalzgrafenstein wird auch „Pfalz bei Kaub“ genannt. Sie steht als Inselburg auf der Felsinsel Falkenau im Rhein und gehört zu den wenigen unzerstörten Burgen im Oberen Mittelrheintal.*

in die Tiefe, hinunter zum Rhein. Mehrere Bänke laden vor einer überdachten gemütlichen Hütte zum Verweilen ein. Wieder zurück an der Weggabelung gehen wir jetzt in Richtung **Aussichtspunkt „Uffm hinner Beil".** Es geht nun stetig bergauf. Entlang einer wunderbar grünen und weiten Wiese. Am Wegesrand entdecken wir ein **Waldsofa.** Wir setzen uns und schauen hinüber, auf den Hardungsberg und nach rechts hinauf zur Kauber Platte. Etwas unterhalb davon liegt ruhig die Burg Gutenfels. Jetzt am Nachmittag liegt die Bank schön im Schatten und es weht eine leichte Brise. Wir schließen die Augen und genießen den Moment.

Etwa 100 Meter nach dem Waldsofa geht es rechts einen schmalen Wiesenpfad hinauf. Wir folgen der Markierung. Auf einem breiten Wiesenweg vorbei an Brombeeren und Kirschbäumen erreichen wir den **Aussichtspunkt „Uffm hinner Beil" 4.** Hier kann man sich wunderbar ausruhen oder einfach nur das fabelhafte

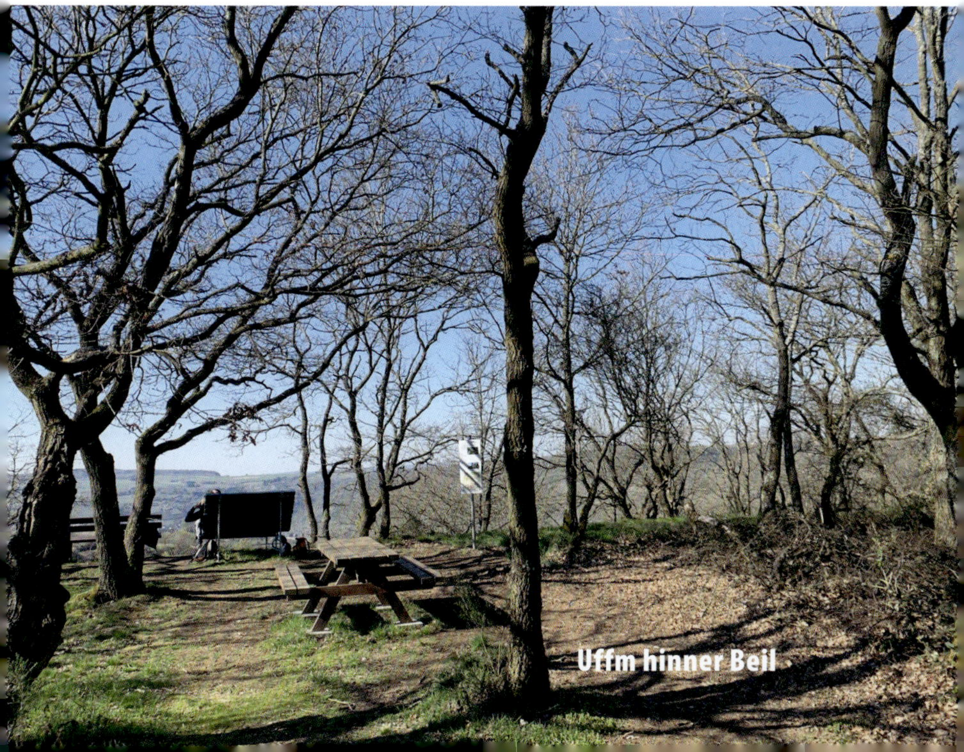

Uffm hinner Beil

Panorama genießen. Der Blick reicht bis hinüber zur Burg Schönburg und etwas dahinter entdeckt man Oberwesel.

Kurz danach erreichen wir wieder das Hochplateau. Auf einem Feldweg geht es vorbei durch die Weite der Landschaft. Immer wieder erhaschen wir schöne Blicke auf die Burg Gutenfels, die Weinberge und den gegenüberliegenden **Naturpark Rhein-Taunus.**

Vorbei an einer letzten Bank erreichen wir nach etwa 200 Metern wieder den Einstiegspunkt unserer Rundtour. Am Wegweiser gehen wir nach rechts den asphaltierten Weg hinauf und nach etwa 50 Metern biegen wir wieder nach links auf den Feldweg und in Richtung Parkplatz ab, dem Ausgangspunkt unserer Wanderung.

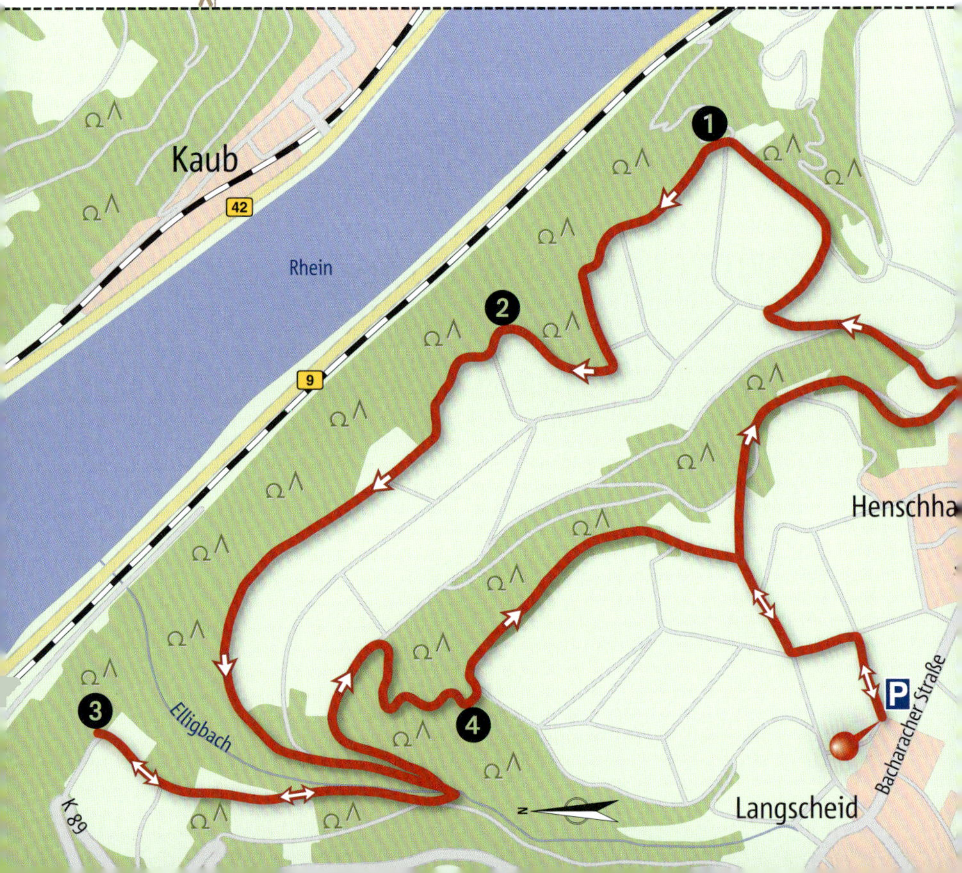

# Alles auf einen Blick

**WIE & WANN:**
**Waldweg, Wiesenweg, asphaltierter Weg. Ganzjährig begehbar.**
**Beste Wanderzeit: April bis Oktober.**

**HIN & WEG:**
**Auto:** Von der A 61 Ausfahrt Wiebelsheim über Perscheid nach Langscheid
Von Oberwesel über die K 89 nach Langscheid, Parken am Gemeindehaus Langscheid, Bacharacher Straße, 55430 Oberwesel
(GPS: 50.079400, 7.745243)
**ÖPNV:** Von Mainz oder Koblenz mit dem Regionalzug RE2 oder RB26 nach Oberwesel Bf., weiter mit Bus 684 oder 686 nach Langscheid, Haltestelle „Pfalzgrafenstraße", ab hier etwa 150 Meter über die Bacharacher Straße zum Gemeindehaus Langscheid

**ESSEN & ENTSPANNEN:**
Bitte an Rucksackverpflegung denken!

**ENTDECKEN & ERLEBEN:**
**Aussichtspunkt Grube Rhein** ❶
**Aussichtspunkt Sauzahn** ❷
**Aussichtspunkt Pfalzblick** ❸
**Aussichtspunkt Uffm hinner Beil** ❹

Entspannung ★★★★☆
Genuss ★★★★☆
Romantik ★★★☆☆

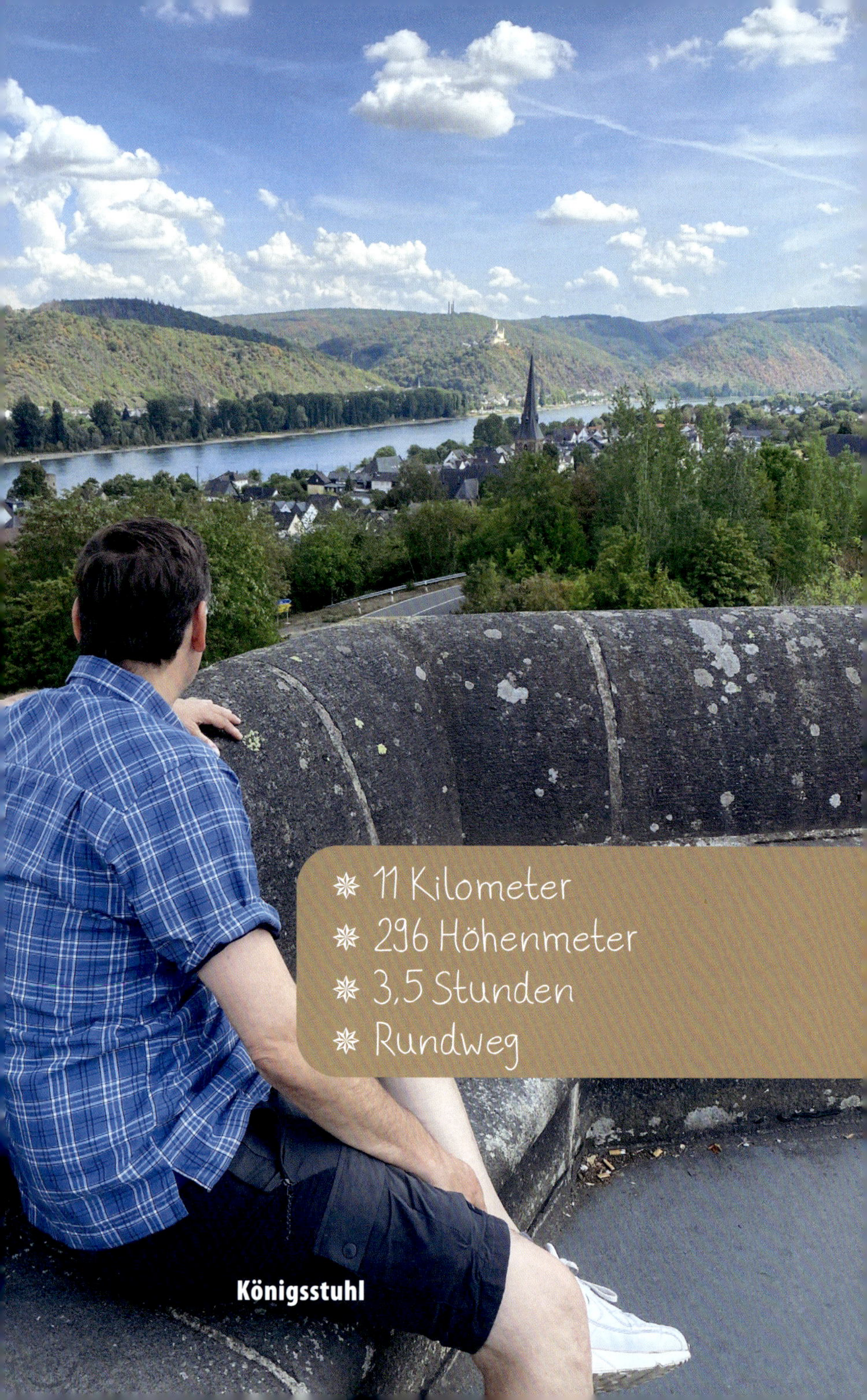

- 11 Kilometer
- 296 Höhenmeter
- 3,5 Stunden
- Rundweg

Königsstuhl

Los geht's im malerischen **Rhens,** am **Parkplatz** in der Bramleystraße. Von hier aus spazieren wir einige Meter unterhalb der Brücke zum **Startpunkt Auf der Ley.** Rechts neben der großen Wandertafel führt uns die asphaltierte schmale Straße steil bergauf. Nach etwa 200 Metern wechseln wir auf einen **Naturweg.** Es geht vorbei an Hecken, Sträuchern und knorrigen Bäumen, bis wir an einem Querweg nach rechts abbiegen, denn wir entscheiden uns für einen Abstecher zum nahe gelegenen **Königstuhl von Rhens ①,** den wir nach 100 Metern erreichen. Wir steigen die steinernen Stufen hinauf auf eine Art **Rundterrasse,** die von einer steinernen **Rundbank** eingerahmt wird. Der Platz bietet einen atemberaubenden und wunderschönen Blick auf den Rhein, die Stadt Rhens, das Rheintal, bis hinüber zur mittelalterlichen Marksburg.

*Der Königstuhl von Rhens ist eine vergrößerte Darstellung eines Thrones. Er erinnert an die Glanzzeiten des Mittelalters. Hier wurden Verhandlungen der Kurfürsten zur Wahl der römisch-deutschen Könige sowie einige Königswahlen durchgeführt.*

Nach diesem Abstecher gehen wir zurück, überqueren die **L 208** und folgen weiter dem **Rheinburgenweg,** der nach 100 Metern nach rechts abbiegt. Nach weiteren 200 Metern folgen wir dem Feldweg nach links. Es geht weiter bergauf. Wir erreichen den

# Am Königsstuhl

## Waldromantik bei Rhens

Waldrand und der Weg wird nun zu einem schmalen Pfad. Wir wandern in Serpentinen den steilen Hang hinauf. Nach 200 Metern erreichen wir einen wunderschönen Platz mit einer Ruhebank: den **Aussichtspunkt Lützelforst ②.** Wir setzen uns zum Verschnaufen und genießen diesen atemberaubend schönen Blick hinunter ins Rheintal. Wir folgen dem urigen Wald-

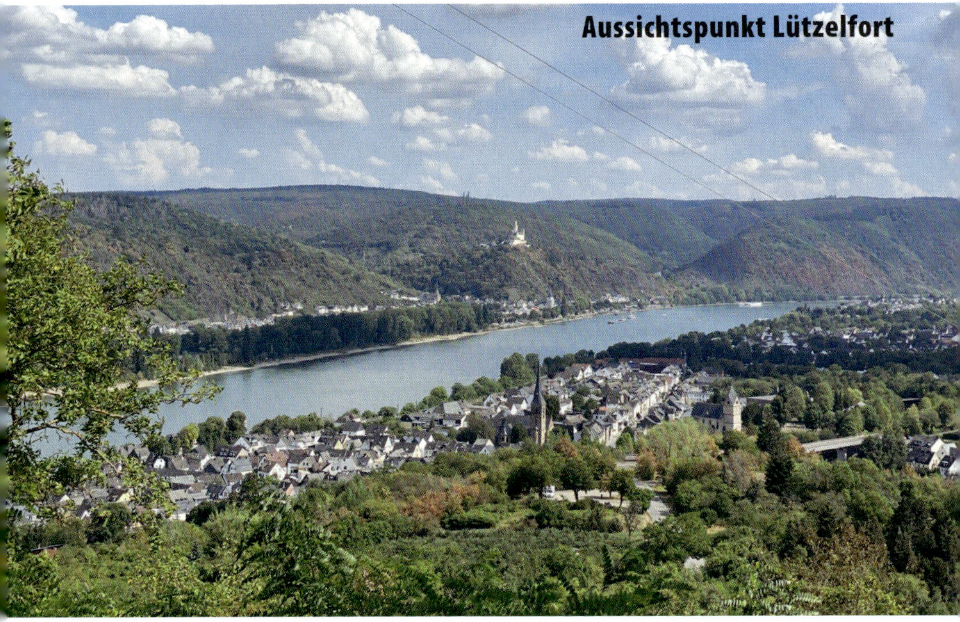

Aussichtspunkt Lützelfort

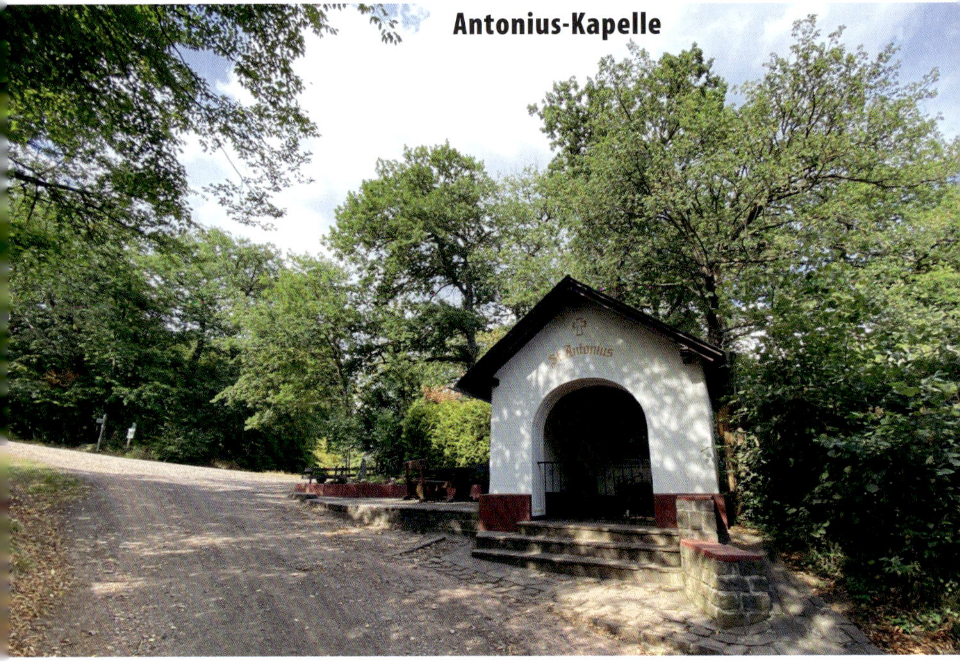


Antonius-Kapelle

weg noch wenige Meter nach oben, um danach direkt rechts weiter der rot-weißen-Markierung des **Rheinburgenwegs** zu folgen. Der Waldweg führt uns weiter durch den dichten Wald, bis wir nach 100 Metern ein Hinweisschild **„Historisches Rhens"** an einem **Holzpfahl** entdecken. Dahinter, etwas erhöht und im Wald verborgen, befindet sich ein **Jüdischer Friedhof.** Er ist umgeben von einem Holzzaun mit einer kleinen Holztür. Wir gehen die kleine Anhöhe hinauf und werfen einen Blick auf die Grabanlage.

Wir gehen zurück auf den Weg und weiter durch den Wald. Nach 100 Metern öffnet sich unser Blick und wir befinden uns auf einem breiten Feldweg. Wir laufen vorbei an Brombeersträuchern, vereinzelten Apfelbäumen, einer Streuobstwiese und weiten Feldern. Wir überqueren die **L 208** und gehen auf einem breiten geschotterten Weg vorbei an eingezäunten **Wildschutzzonen** und Wiesen. Nach einem leichten Bogen nach rechts geht es bergab und wir erreichen die kleine **Antonius-Kapelle ③.** Wir folgen der rot-weißen Markierung des Rheinburgenweges an der Kreuzung auf einen Waldweg. Zunächst geht es geradeaus, wir

## Für die Seele

Wir gehen weiter auf der Höhe entlang und unser Blick schweift über die offenen Felder und Passagen. Vor uns liegt ein traumhaft schöner Weitblick.

durchqueren eine kleine Talmulde mit einem Bach. Ab hier führt uns der Weg nun wieder bergan, vorbei an saftig grünen Wiesen, hinauf zu einer wunderschön gelegenen Holzhütte: dem **Rheintalblick ④.**

Ab hier geht es einige Meter steiler den Berg hinauf und wieder in den Wald hinein. Am nächsten Querweg biegen wir nach links ab und folgen dem

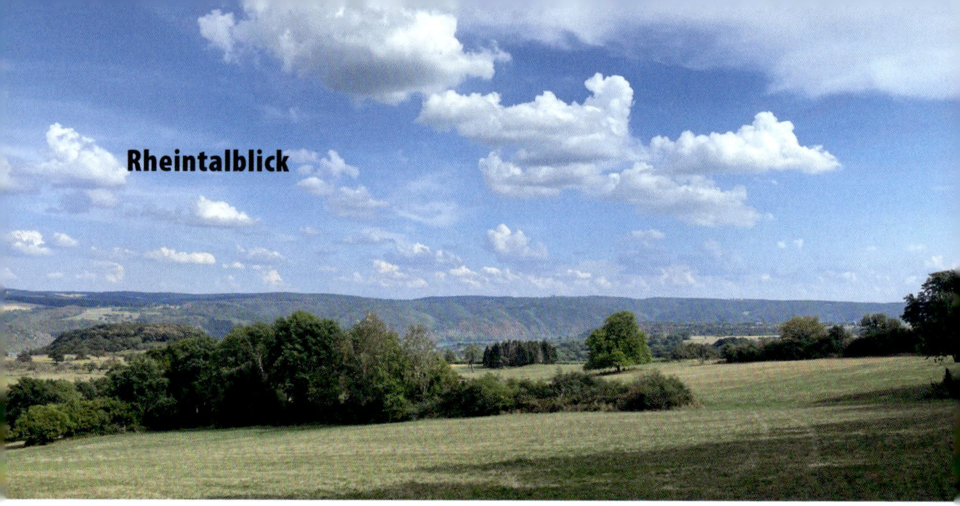

Rheintalblick

Waldweg 300 Meter geradeaus. Kurz vor der L 208 geht es auf einen schmalen Pfad nach rechts, in **Richtung Krisenkopf.** Wir folgen dem Pfad einige Meter bergauf und an der nächsten Wegquerung nach links, den Hang hinunter und direkt wieder nach rechts. Wir folgen nun der orange-weißen Markierung **„Traumpfade"** und überqueren erneut die L 208. Auf der anderen Seite gehen wir auf dem Waldweg weiter, der uns zunächst parallel zur Straße führt. Nach 600 Metern gehen wir an der Kreuzung nach links weiter, durch den Wald, stetig bergab. Es duftet betörend nach Kiefernholz, wir atmen tief durch. Nach einer Kurve führt uns der Weg hinab in das vor uns liegende Tal. Auf dem märchenhaft eingewachsenen Pfad erreichen wir das idyllische Bachbett im Tal, wenden uns nach rechts, überqueren den Mühlbach und wandern talaufwärts weiter. Es geht vorbei an weiten, saftig grünen Wiesen, dem Lendersbach und dem Ahrbach. Nach 500 Metern folgen wir dem Weg nach links und lassen das Tal nun hinter uns. Es geht sehr steil aufwärts, durch den Wald. Nach 100 Metern wenden wir uns nach rechts. 200 Meter weiter macht der Weg dann einen Schwenk nach links, hinaus aus dem Wald, und wir erreichen kurz darauf einen kleinen Rastplatz: den **Aussichtspunkt Am Krisenkopf ❺.** Tisch und Bänke laden zum Picknick ein. Nach 900 Metern führt uns der Weg an einer kleinen **Kapelle ❻** vorbei.

Wir folgen dem geteerten Weg **Richtung Kronenhof.** Einige Meter weiter öffnet sich der Blick nach rechts und wir haben einen herrlichen Blick auf die **Marksburg** und die Höhen des Taunus. Welch wunderbares Panorama sich hier auftut. Wir folgen dem Weg leicht bergab, um an der nächsten Abzweigung wieder links auf einen schmalen Pfad in den Wald abzubiegen. Wir wandern auf verträumten Wegen durch den Wald, hinunter ins Tal. Es geht vorbei am **Haus Wolfsdelle,** aus dem Wald hinaus, auf einen Wiesenpfad, und wenig später erreichen wir am anderen Ende der Wiese wieder ein Waldstück mit einem herrlich urwüchsigen **Hohlweg** 7. Wir sind umgeben von dichtem Grün. Einem Tunnel gleich führt uns der Weg weiter bergab. An der nächsten Kreuzung gehen wir weiter in Richtung Rhens. Begleitet von Wiesen, Sträuchern und knorrigen Bäumen erreichen wir die

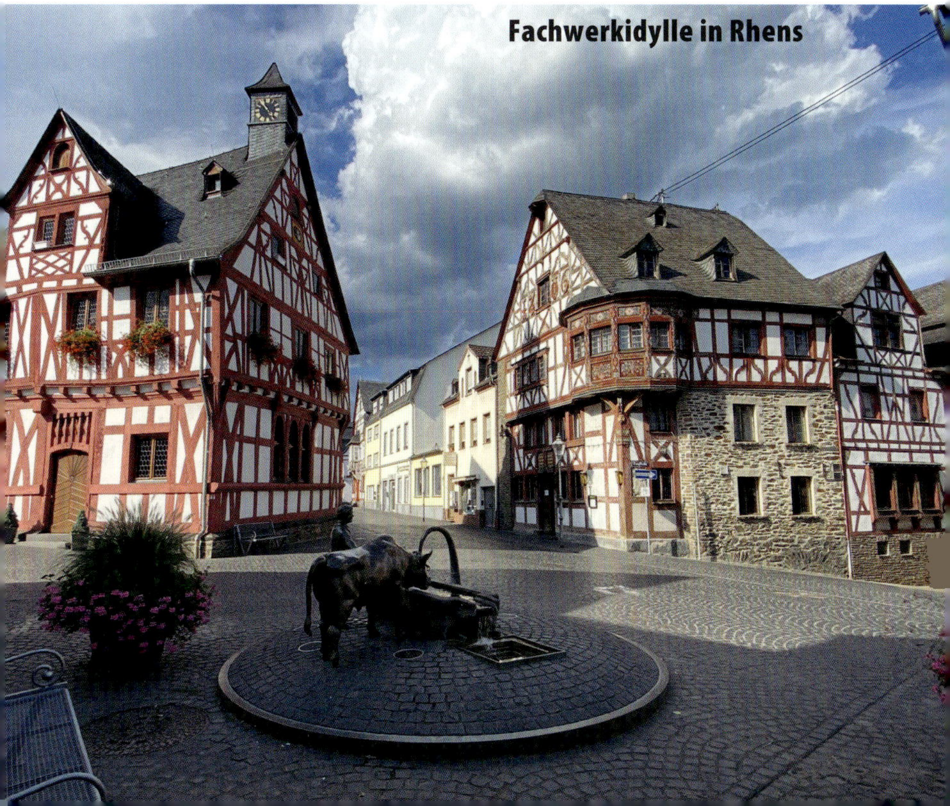

**Fachwerkidylle in Rhens**

**Nikolauskapelle** 8. Ab hier folgen wir einem Pfad, vorbei an einer **Holzbrücke** und entlang der Gärten am Mühlenbach, bis wir die **Mühlentalstraße** erreichen. Wir folgen ihr und biegen an der nächsten Möglichkeit nach links ab, wo wir wenige Meter weiter unseren Ausgangspunkt der Wanderung erreichen. Ab hier führt uns noch ein kleiner, sehr lohnenswerter Schlenker durch den wunderschönen **Ortskern** von Rhens. Wir gehen unter der Hochbrücke hindurch und geradeaus bis zur **Hochstraße** mit ihren schmucken **Fachwerkhäusern** 9. Am Ochsenbrunnen kühlen wir uns etwas die Hände und setzen uns einige Meter weiter an einen der Straßentische vor der **Gaststätte Zum alten Fritz** 10. Bei einem Glas Wein lassen wir diese wunderschöne Wanderung ausklingen.

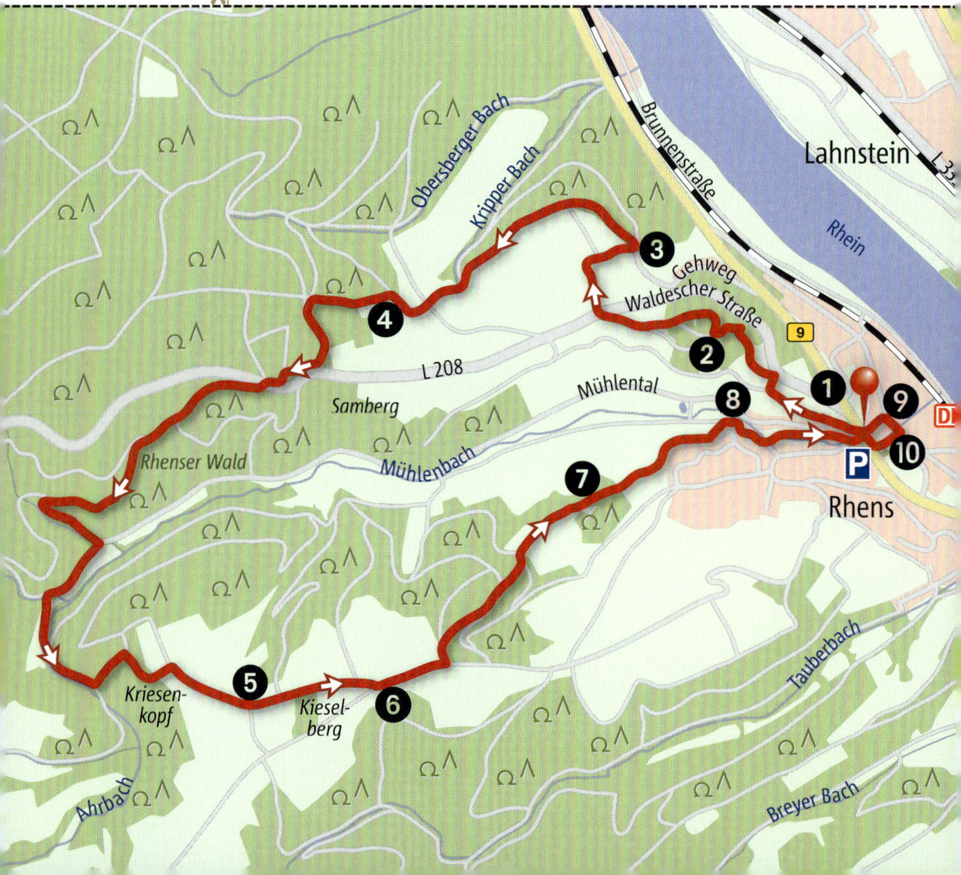

# Alles auf einen Blick

**WIE & WANN:**
**Asphaltwege, Schotterwege, Naturpfade, Wiesenwege.**
**Ganzjährig begehbar. Beste Wanderzeit: Frühjahr und Herbst.**

**HIN & WEG:**
**Auto:** Parkplatz Bramleystraße, 56321 Rhens
(GPS: 50.280256, 7.615855)
**ÖPNV:** Von Mainz oder Koblenz mit der Regionalbahn RB26 nach Rhens Bf., von hier geht es über die Straße am Bahnhof und durch die Bramleystraße zum Start der Tour Auf der Ley

**ESSEN & ENTSPANNEN:**
**Gaststätte Zum alten Fritz** ❿ Hochstraße 9, 56321 Rhens, Tel. (0 26 28) 23 32

**ENTDECKEN & ERLEBEN:**
**Königsstuhl von Rhens** ❶
**Aussichtspunkt Lützelforst** ❷
**Antonius-Kapelle** ❸
**Rheintalblick** ❹
**Aussichtspunkt Am Krisenkopf** ❺
**Kapelle** ❻
**Nikolauskapelle** ❼
**Hohlweg** ❽
**Fachwerkhäuser** ❾ Hochstraße 9, 56321 Rhens

Entspannung ✸✸✸✸✸
Genuss ✸✸✸✸✸
Romantik ✸✸✸✸✸

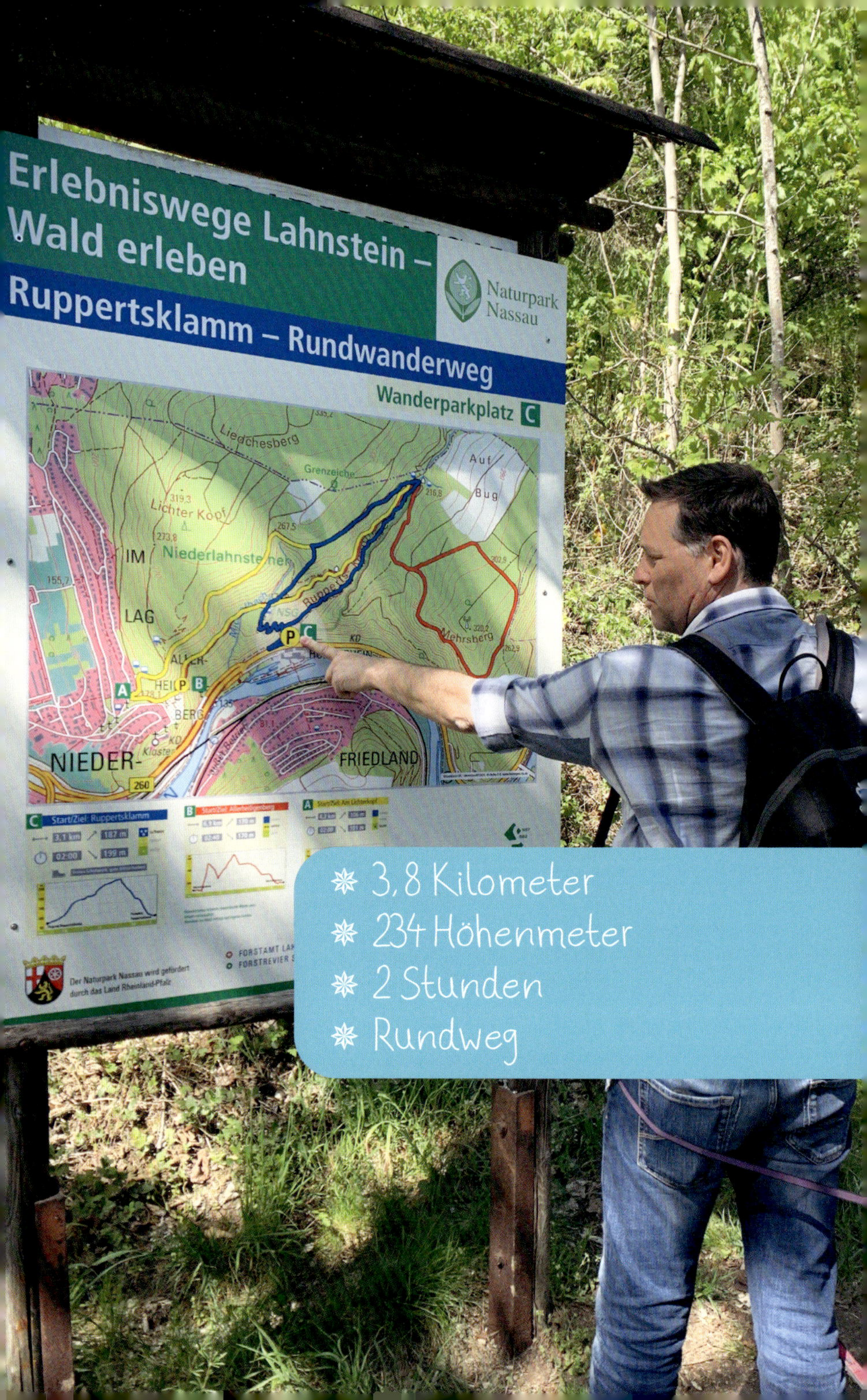


- 3,8 Kilometer
- 234 Höhenmeter
- 2 Stunden
- Rundweg

Wir parken unser Auto an der **B 260.** Von hier aus sind es etwa 100 Meter bis zum Startpunkt der Rundtour. Ein großes **Holztor** mit der Aufschrift „Eingang zur wildromantischen Ruppertsklamm“ markiert den Beginn der Strecke. Vom ersten Meter an: ein pures Idyll. Wir gehen über einen schmalen Naturpfad und eine mit Holzbrettern belegte **Brücke** und sind mittendrin im Naturschutzgebiet. Umgeben von dichtem Wald wandern wir auf einem schmalen Weg leicht bergan. Direkt neben uns plätschert der **Michelsbach,** der uns durch die gesamte Felsenschlucht begleiten wird.

Über Felsen führt der schöne Weg immer leicht bergauf. Mitten durch diese wilde, natürliche und ursprüngliche **Klamm.** Vorbei an Esche, Sommerlinde, Schwarzerle und Buchenwald. Ein größtenteils unbefestigter Pfad. Wir kraxeln über Stock und Stein und überqueren auf insgesamt neun **Brücken** und **Stegen** immer wieder das schmale Flüsschen.

Wir fühlen uns schnell in die Kindheit zurückversetzt. So ähnlich war das, als wir vor vielen Jahren jeden Sommertag draußen verbracht, Waldhütten ge-

# Schluchtenzauber

## Durch die Ruppertsklamm

baut und uns abends ums Lagerfeuer versammelt haben. Eine traumhafte Kulisse, die nicht nur schöne Erinnerungen weckt, sondern uns im Jetzt und Hier ankommen lässt.

Nach etwa 400 Metern wird der Weg schmaler, der Anstieg etwas steiler. Dort, wo es besonders eng wird, sind **Stahlseile** an den Felsen befestigt, die uns Sicher-

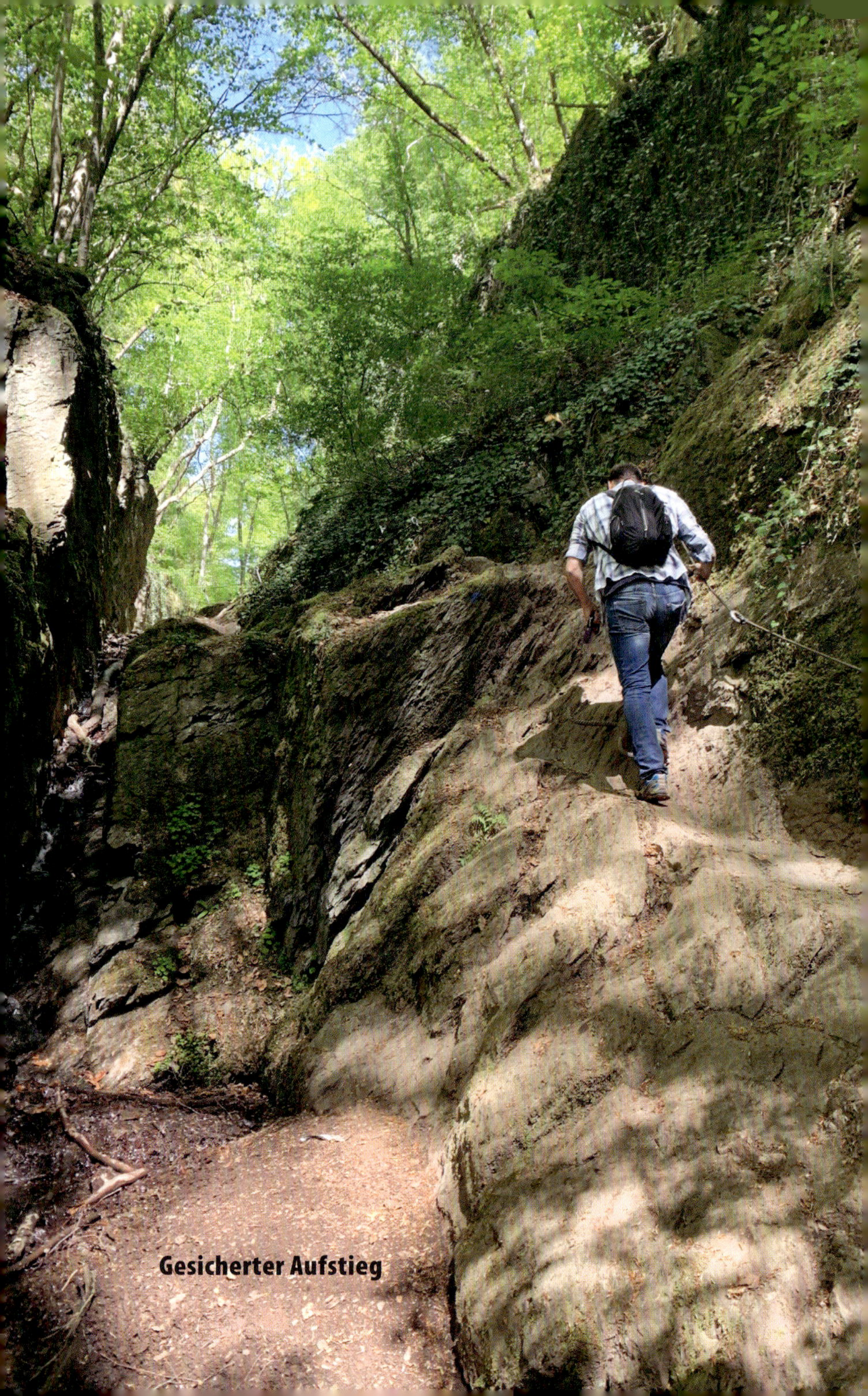

Gesicherter Aufstieg

heit geben und den Aufstieg erleichtern. Wir wandern den schmalen Pfad hinauf. Links von uns strömt der Bach leise plätschernd den Hang hinunter. Wir tauchen ein in die Natur des Waldes mit seinen zahlreichen Bäumen, dem dichten Blätterwerk, seinen Sträuchern, Farnen, Geräuschen und Gerüchen. Wir steigen langsam und achtsam weiter bergauf. Immer wieder bleiben wir kurz stehen, überwältigt von den Farben und dem Lichterspiel der Sonne. Wir gehen vorbei an mit Moos bewachsenen Felsen, über die sich die starken Wurzeln einer Buche wölben. Sie wirken so kraftvoll. Wir schauen nach oben durch die filigran wirkenden Zweige und die zarten hellgrün leuchtenden Blätter, die über uns ein dichtes Blätterdach bilden.

Der Felsenweg endet ein paar Meter weiter und geht nun über in eine breitere **Schlucht.** Vor uns, etwas weiter oben, überspannt eine **Brücke** die Klamm. Dort hinauf müssen wir. Der Weg führt uns durch das etwas breitere Bachbett. Auf Schiefersteinen balancieren wir langsam nach oben. Dazwischen fließt, plätschert und tanzt in schmalen Rinnsalen der

## Für die Seele

Wir erleben Augenblicke voller Achtsamkeit, die sich so leicht und unbeschwert anfühlen, dass wir einfach nur stehen bleiben und genießen möchten.

Michelsbach. Rechts und links ziehen sich steile Felswände in die Höhe. Bewachsen mit Moos, Efeu und Farnen. Darüber erhebt sich ein dichter Blätterwald. Wir sind umgeben von intensiven Waldfarben, von Grün und Braun in allen Schattierungen. Wir tauchen immer tiefer ein in diese bezaubernde Atmosphäre und gehen ohne Eile weiter. Oben angekommen blei-

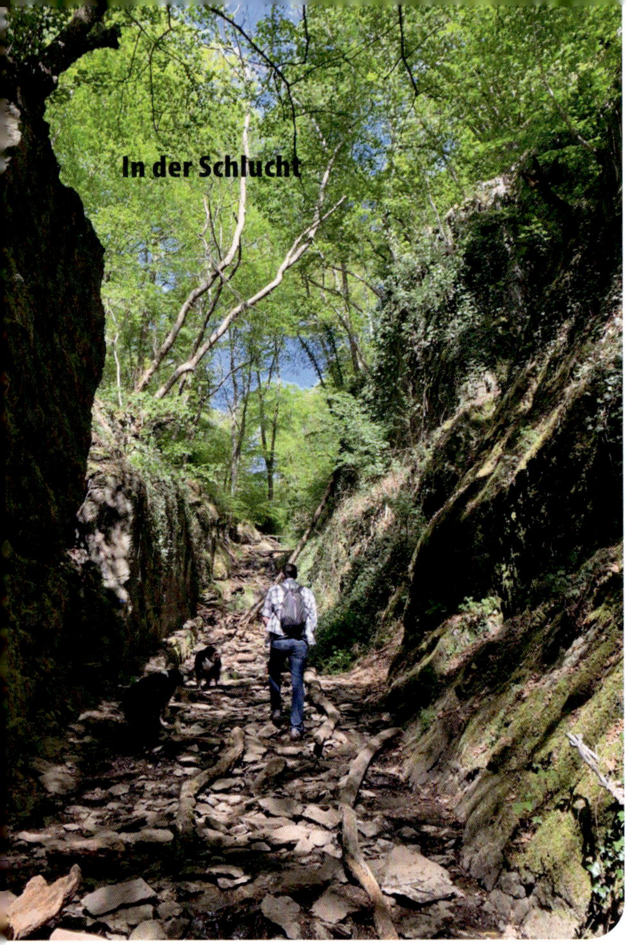


ben wir kurz auf der **Brücke** stehen und schauen noch einmal hinab in die **Schlucht.** Der Anblick ist einfach atemberaubend. Diese Klamm „wildromantisch" zu nennen, ist wahrlich keine Übertreibung.

Wir folgen dem Weg weiter. Immer wieder überqueren wir auf kleinen **Holzbrücken** und **Stegen** den Michelsbach. Gute Gelegenheiten für kurze Ruhepausen. Inmitten dieses Blätterrausches und der schattigen Oasen fühlen wir uns wie in der Schatztruhe von Mutter Natur. Der Weg führt uns stetig weiter bergauf. Die Sonne bahnt sich immer wieder ihren Weg durch den dichten Wald. Das Wasser im Bach neben uns schimmert wie Abertausende wunderschön geschliffene Kristalle. Wir erleben in der **Ruppertsklamm** ❶ eine lange nicht mehr gespürte innere Ruhe.

Am Ende der Klamm wartet nach dem letzten Anstieg eine gepflegte **Holzbank** auf uns. Wir biegen rechts ab, lassen die Klamm hinter uns und wandern tiefenentspannt weiter durch den Wald. Schon bald wird der Pfad etwas breiter. Wir wandern nun nebeneinander.

An der nächsten Gabelung gelangen wir rechts auf einen breiten, gut begehbaren Waldweg. Nach etwa 150 Metern stoßen wir auf die große Grillhütte **Ruppertsklamm** ❷. Wir nutzen die Gelegenheit und lassen uns auf einer Bank nieder. Wir öffnen unseren Rucksack, trinken einen Schluck aus unserer Wanderfla-

*Die Ruppertsklamm wurde zwischen 1910 und 1912 durch Theodor Zais, einen Eisenbahntelegraphisten und Naturfreund, für Wanderer erschlossen. Auf halbem Wege erinnert eine Gedenktafel daran. Seit 1936 ist die Klamm als Naturschutzgebiet ausgewiesen.*

sche, essen etwas Obst und genießen die Rast nach dem etwa 1,2 Kilometer langen Aufstieg.

Von der Hütte aus geht es wieder rund 100 Meter zurück in Richtung Klamm. An der Gabelung nehmen wir den rechten Pfad in Richtung **„Parkplatz an der Lahn“.** Hier beginnt der **Panoramaweg.** Ein Höhenweg ohne starke Anstiege oder steile Abstiege. Flach und breit. Einfach und schön zu gehen.

Nach etwa 500 Metern weitet sich der Weg. Der Wald endet und wie aus dem Nichts erscheint linker Hand eine **Bank** mit unglaublich schöner Aussicht auf die unter uns fließende Lahn. Was für ein Genuss – wir wissen spätestens jetzt, dass dieser Panoramaweg völlig zu Recht seinen Namen trägt. Wenig später erblicken wir die **Holzhütte Uhuley** ③. Über Treppenstufen führt uns der Weg hinauf – zum nächsten schönen Blick über das Lahntal. Wir wandern weiter auf dem sogenannten **Eselspfad.** Nun bergab, in Richtung einer kleinen **Schutzhütte.**

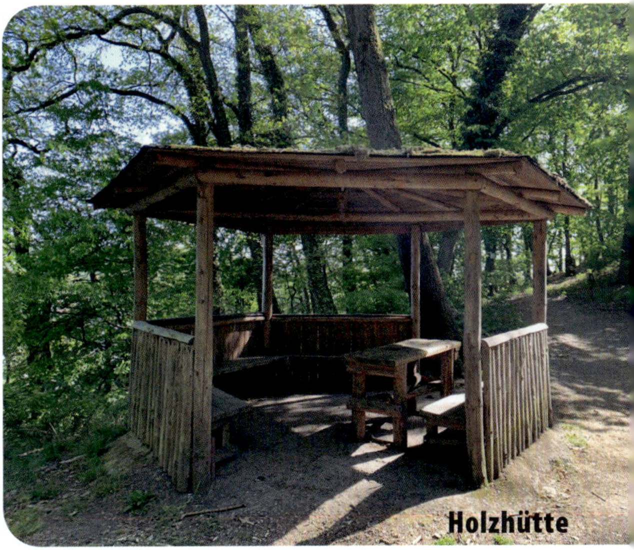

Holzhütte

Bislang führte uns die Tour komplett über den bekannten Premium-Wanderweg „Rheinsteig“. Nun verlassen wir diesen, um auf einem **Rheinsteig-Zuweg** weiterzuwandern – ausgeschildert durch das Rheinsteig-Symbol in gelber Farbe. Es geht bergab, durch Schatten spendenden Wald. Linker Hand stoßen wir auf einen kleinen Rastplatz und eine **Holzhütte** ④. Von dieser aus wagen wir uns noch ein Stück weiter nach vorne bis an den Rand der Schlucht. Und wir genießen noch einmal einen außergewöhnlich schönen Blick auf die Lahn, die hier eine imposante Schleife macht.

Unmittelbar hinter der Hütte wird der Pfad schmaler und etwas steiler. Und nun erleben wir noch einmal eine grandiose Überraschung. Völlig unerwartet entdecken wir mitten im Wald eine Art **Holz-Terrasse** inklusive Bank und wunderbarem Waldsofa – die **Lahnblickliege** 5. Wir machen es uns auf der Liege gemütlich und lassen unsere Blicke schweifen.

Schließlich wandern wir den schmalen Pfad weiter hinunter und wenden unseren Blick immer wieder mal nach rechts auf die in der Tiefe dahinströmende Lahn. Nach wenigen weiteren Minuten auf dem Eselspfad erreichen wir unseren Ausgangspunkt: das Holztor am Eingang zur Ruppertsklamm.

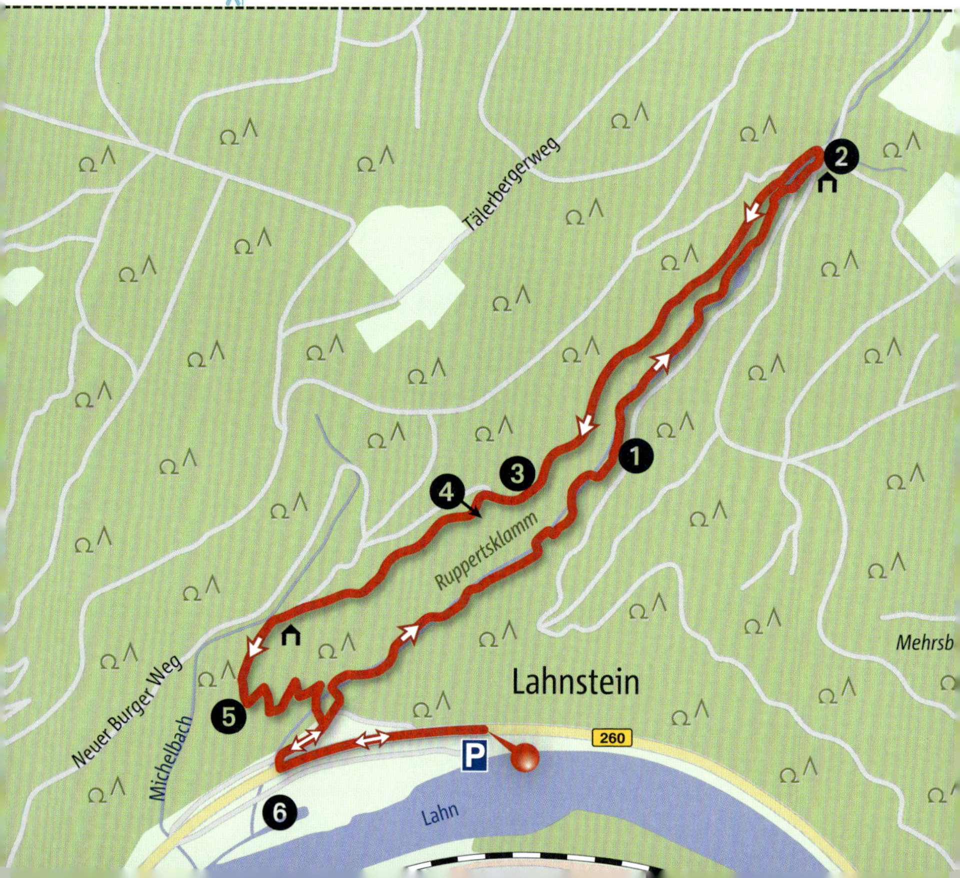

# Alles auf einen Blick

**WIE & WANN:**
**Waldweg und Naturpfad.**
**Beste Wanderzeit: von April bis Oktober.**
**Auf geeignetes Schuhwerk achten.**

**HIN & WEG:**
**Auto:** Parkplatz direkt an der B260, 56112 Lahnstein, Zugang zur Ruppertsklamm
(GPS: 50.316723, 7.629640)
**ÖPNV:** Von Wiesbaden oder Koblenz mit der Regionalbahn RB10 nach Niederlahnstein Bf., ab hier der Beschilderung „Ruppertsklamm“ folgen

**ESSEN & ENTSPANNEN:**
Bitte an Rucksackverpflegung denken!

**ENTDECKEN & ERLEBEN:**
**Ruppertsklamm** ❶
**Grillhütte Ruppertsklamm** ❷
**Uhuley** ❸
**Holzhütte** ❹
**Lahnblickliege** ❺

Entspannung ✱✱✱✱✱
Genuss ✱✱✱✱✱
Romantik ✱✱✱✱✱

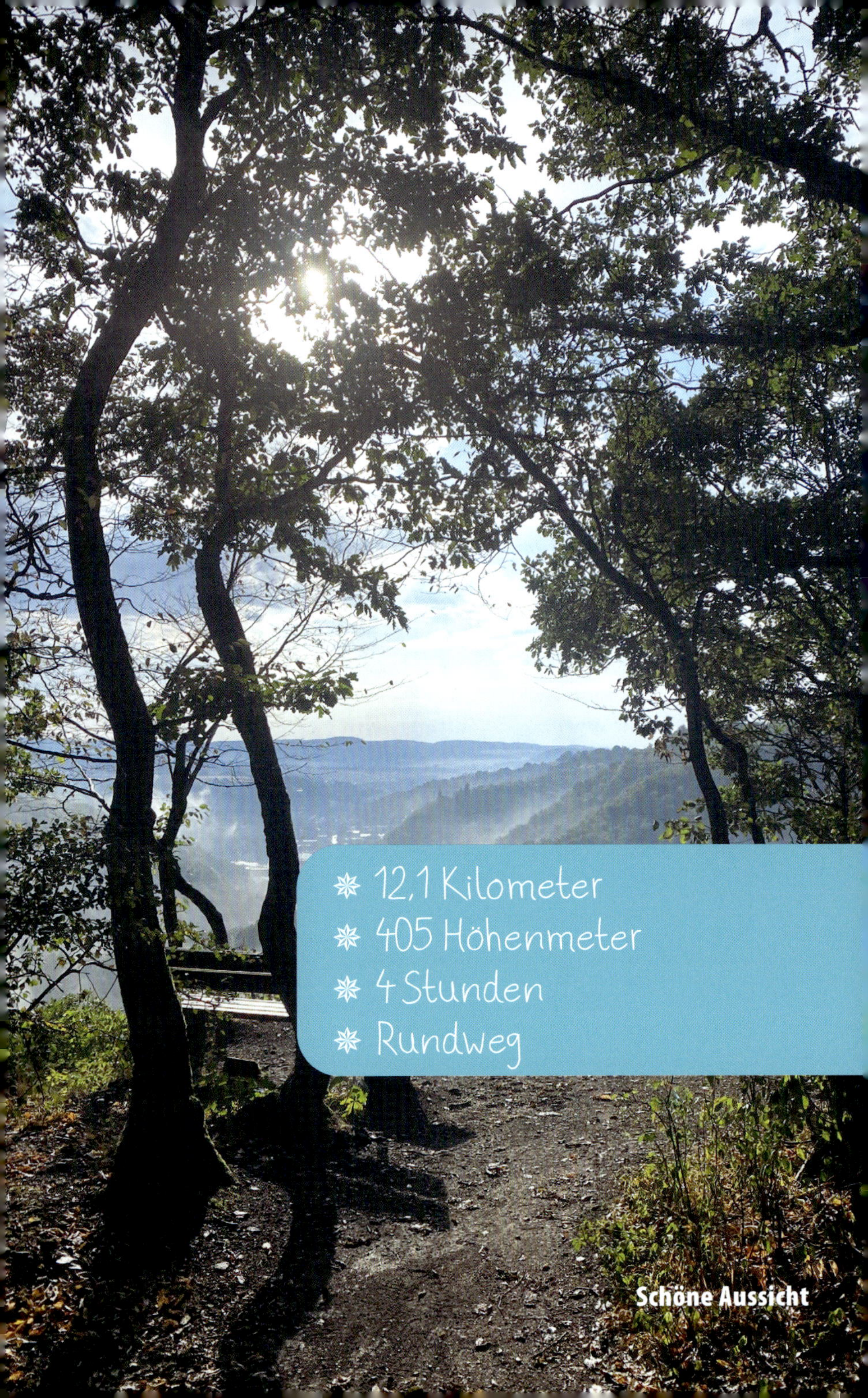

- 12,1 Kilometer
- 405 Höhenmeter
- 4 Stunden
- Rundweg

Schöne Aussicht

Wir starten am höchsten Punkt der Tour: dem **Wanderparkplatz Bergwege.** An einer großen Infotafel vorbei führt uns der Weg, gegen den Uhrzeigersinn, an der **Kreisstraße** entlang in Richtung **Berghof.** Nach etwa 200 Metern geht es nach links. Wir überqueren die **K 57** und folgen der weiß-orangefarbenen Markierung **„Traumpfad".** Vor uns ein herrlicher Panoramablick in Richtung Pöntertal. Es ist ein heißer Sommertag und am Horizont bilden sich die ersten Gewitterwolken. Es donnert in der Ferne. Auf einem Feldweg gehen wir nun stetig leicht bergab, vorbei an Feldern und grünen Wiesen. Nach etwa 700 Metern folgen wir dem Weg nach links. Nach weiteren 400 Metern gehen wir an einer Spitzkehre scharf nach rechts, weiter den Weg hinab. Wir genießen den wunderschönen Weitblick und die offenen Flurpassagen. 300 Meter weiter biegen wir nach links auf einen Naturweg ab und wandern am Wald und an Feldern entlang. Im Tal angekommen halten wir uns links. Schilfgräser bewegen sich sanft im Wind.

Entspannt passieren wir das Gelände der **Krayer-**

# Durch Höhlen & Täler

## Rund um Kell

**mühle** und erreichen wenig später die **K 58.** Hier biegen wir auf dem vorgegebenen Weg nach rechts ab, wandern nun etwas unterhalb der **Kreisstraße** einen Wiesenweg entlang und queren den **Pönterbach.** Nach 100 Metern führt uns der Weg nach links über die Kreisstraße in Richtung Tönisstein. Ein breiter Schotterweg führt uns vorbei am **Dammhof.** Nach etwa 500 Me-

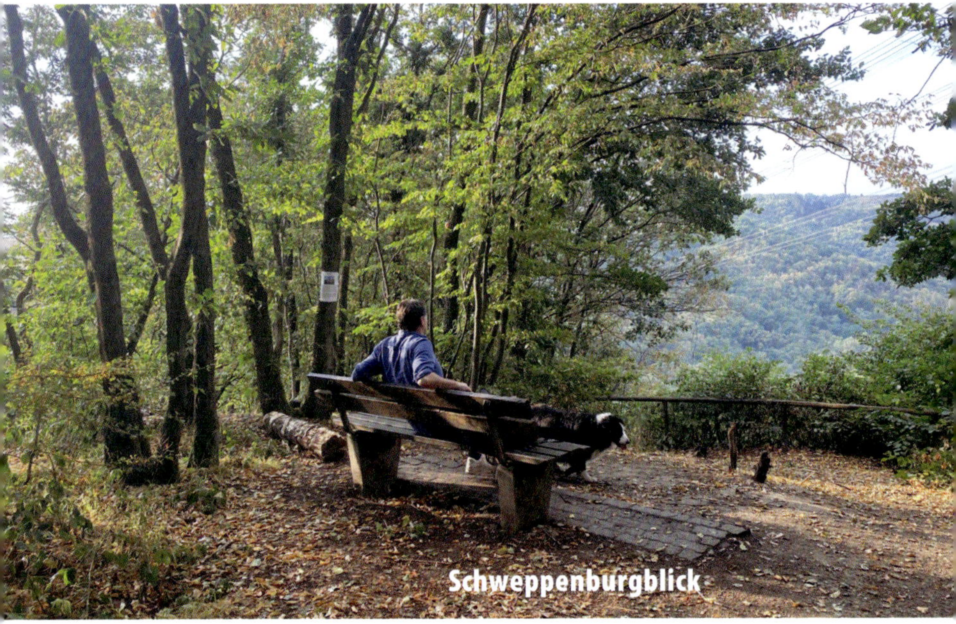


tern erreichen wir die **Póntermühle** 1. Mittlerweile hat sanfter Regen eingesetzt. Wunderbar, wie wir finden. Eine leichte Abkühlung tut uns gut. Links neben uns fließt der **Pönterbach** und wir tauchen ein ins romantische **Pöntertal.** Auf einem Naturweg geht es vorbei an saftigen Wiesen, wogendem Schilf und knorrigen Bäumen. Etwas oberhalb des Weges erreichen wir die **Pöntertal-Hütte.**

Nach 100 Metern führt der Weg nach links und gleich anschließend queren wir über eine **Holzbrücke** noch einmal über den Pönterbach. Wir folgen dem Pfad, der steil bergan führt und weiter oben nach links abbiegt. Nach 200 Metern wenden wir uns nach rechts. Der Weg führt nun stetig bergauf durch den Wald in Richtung **Schützenhaus.** Der Regen wird stärker. Im Wald schützen uns die Kronendächer der Buchen ein wenig. Immer mal wieder erhaschen wir zwischen Bäumen und dichtem Blattwerk einen kurzen Blick auf die gegenüberliegenden Hügel und hinunter ins Tal. Nach 1,3 Kilometern erreichen wir, nach rechts gewandt, den **Aussichtspunkt Schweppenburgblick** **2**. Wir setzen uns auf die Bank und schauen hinunter ins Brohlbachtal und zur Schweppenburg. Wir gehen zurück zum Weg, vorbei an einem Strommast, und folgen weiter dem Weg durch Niederwald und vorbei an Hecken. Kurz darauf erreichen wir eine Bank mit einem weiteren schönen Blick ins Tal. Wir wandern weiter durch den Wald, vorbei an einer kleinen **Schutzhütte.** Wenige Meter weiter führt uns die Beschilderung an einer Holzbank nach rechts auf einen schmalen Pfad, hinunter zum nächsten Aussichtspunkt.

Wir gehen 100 Meter den verschlungenen Pfad entlang, bis sich vor uns das **Aussichtsplateau Schöne Aussicht** **3** öffnet. Hier genießen wir einen fantastischen Blick hinunter nach Burgbrohl, auf die Schienen der Schmalspurbahn Vulkan-Express und auf die gegenüberliegenden Höhen, wie den Engeler Kopf, den Perler Kopf und den Bausenberg. Nach dem Sommerregen scheint nun wieder die Sonne und ihre Wärme lässt Dunstwolken langsam und behäbig vom Tal hinauf zum Himmel schweben. Wir machen es uns auf dem **Waldsofa** gemütlich und genießen diesen wunder-

*Schloss Schweppenburg wurde erstmals 1365 erwähnt und liegt in der Ortsgemeinde Brohl-Lützing. Das ehemalige Lehen des Andernacher Schöffen Arnold von Schweppenburg befindet sich seit 1716 im Besitz der Kölner Patrizierfamilie von Geyr.*

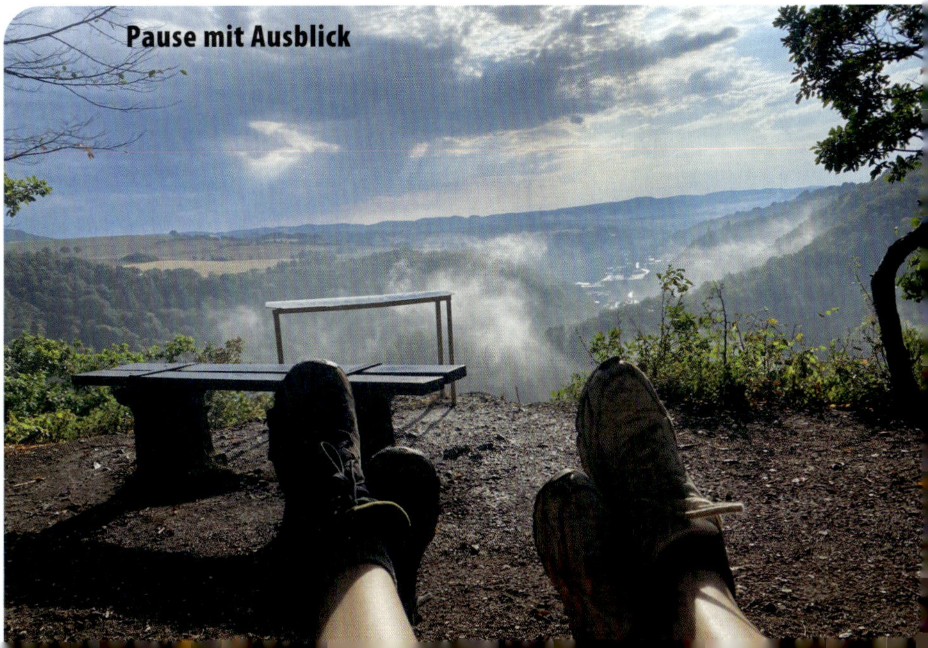

**Pause mit Ausblick**

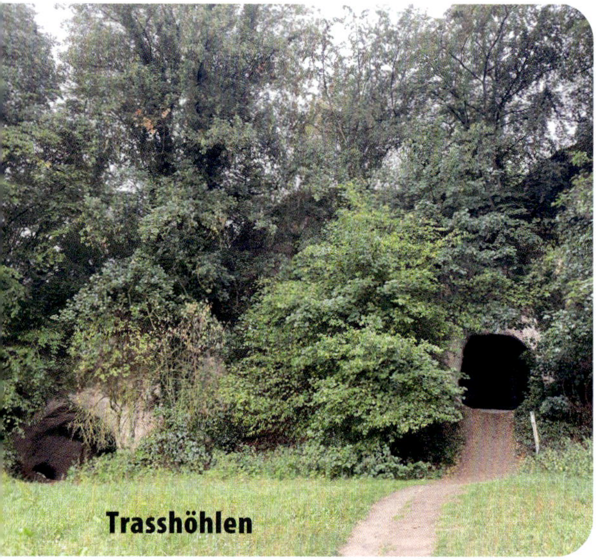

Trasshöhlen

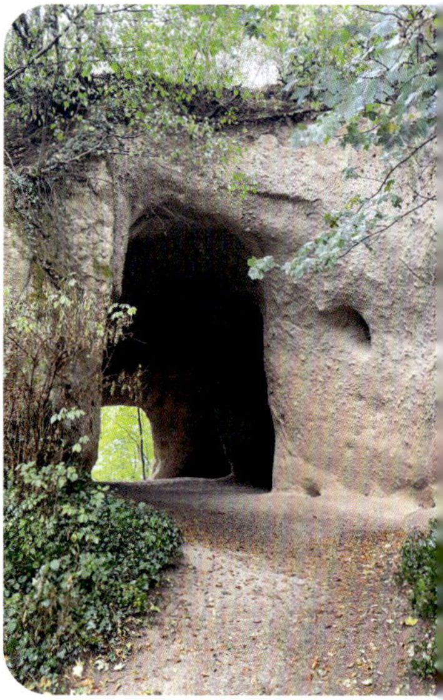

vollen Anblick. Es hat etwas Mystisches und zugleich Beruhigendes. Wir spüren die wärmende Sonne und unsere Gedanken steigen mit dem leichten Nebel hinauf zu den Wolken.

Beseelt setzen wir unsere Wanderung fort und gehen auf einem Serpentinenpfad, dem sogenannten **Krippenweg,** immer weiter talwärts. Wir erreichen den **Quellenweg,** einen breiten Waldweg, und gehen nach einigen Metern rechts stetig bergab, bis wir auf die Brohltaltraße stoßen. Gegenüber befindet sich das **Gasthaus Jägerheim.** Wir überqueren die Straße und gehen einige Meter nach links, um direkt wieder nach rechts abzubiegen und dem sandigen Weg unter dem **Viadukt** hindurch, zu folgen. Gleich darauf erreichen wir den Eingang der **Trasshöhlen** **4**. Wir gehen hinein und bestaunen die bizarre Höhlenformation. Nach einigen Metern biegen wir links ab und spazieren durch die nächste Höhlenöffnung wieder hinaus. Wir stehen nun vor einer steilen Trasswand mit einem weiteren Eingang zur Höhle. Wir folgen dem Weg, an einem Baum vorbei, und gehen weiter in Richtung

**Bahntrasse** und unter dem **Viadukt** hindurch. Unser Weg führt uns an einer Wiese entlang und vorbei an einer massiven Trasswand zum Eingang der nächsten Höhle, die wir ebenfalls durchqueren.

Am gegenüberliegenden Ausgang führt der Weg über eine Wiese hinab zur B412, an der wir zunächst einige Meter parallel nach links gehen und dann, der Markierung folgend, hinüber in den Wald. Es geht über den **Brohlbach** und kurz danach nach links. Nach einigen Metern erreichen wir die **L113.** Wir wenden uns nach rechts, gehen einige Meter parallel der Landstraße und biegen direkt vor dem **Café-Bistro Bierkeller** **5** rechts ab. Vorbei am Parkplatz geht es den Hang hinauf, rechts und wieder in den Wald hinein. Dicht bewachsen führt uns der Pfad stetig bergauf. Links des Weges befinden sich Holzgeländer, dahinter geht es hinunter in die Schlucht. Dort fließt der **Tönissteiner Bach.** Wir erreichen die **Ruine Kloster Tönisstein.** Die Mauerreste sind umgeben von üppigen Sträuchern und dichtem Blätterwald. Wir gehen weiter nach oben und an der nächsten Kreuzung nach links. Direkt vor der L113 biegt der Weg nach rechts auf einen Pfad ab, der

*Der hiesige Trass entstand beim letzten Ausbruch des Laacher-See-Vulkans vor etwa 13.000 Jahren, als Asche und Auswurfgestein bei starkem Regen zu Boden fielen und sich als Schlammlawine in Richtung Rhein wälzten. Schon die Römer bauten im Brohltal Trass ab.*

## Für die Seele

Umgeben von wild wuchernden Pflanzen, sprudelnden Quellen und dem betörenden Duft der Wildnis gleicht die Schlucht immer mehr einem Urwald. Immer tiefer zieht es uns hinein.

uns hinab in die **Wolfsschlucht** **6** führt. Rechts von uns fließt der Tönissteiner Bach, daneben ragen Trasswände steil zum Himmel empor. Wir gehen tiefer hinein in die Schlucht. Sind umgeben von dichtem Wald und Gestein. Der Pfad führt uns weiter geradeaus. Umgestürzte Bäume liegen wie Brücken über der Schlucht. Alles wirkt so ursprünglich, naturgewaltig

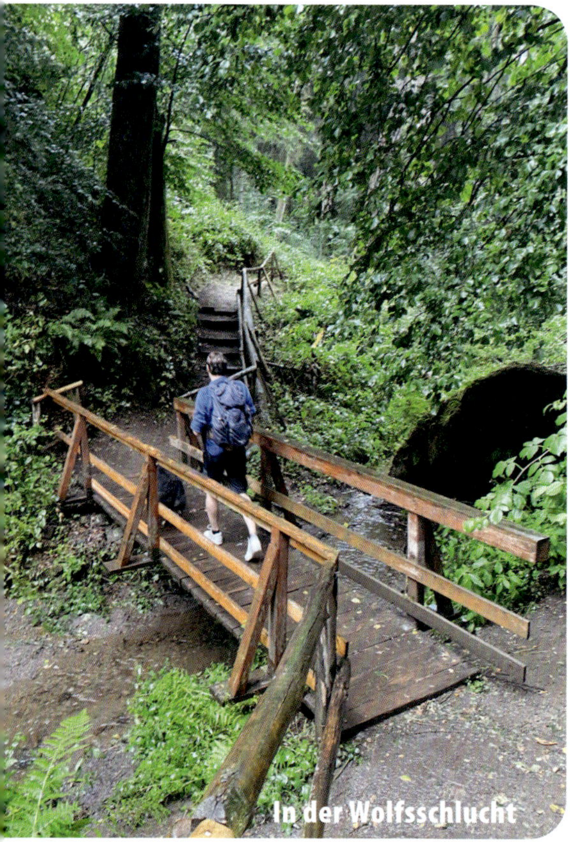
In der Wolfsschlucht

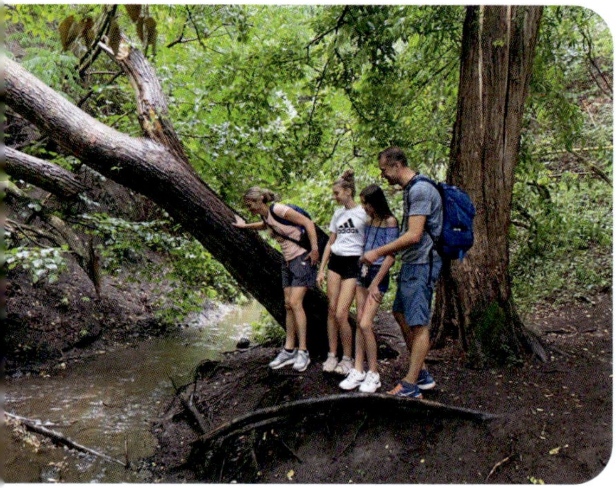

und rau. Es beginnt erneut zu regnen, was den Gang durch die wildromantische **Wolfsschlucht** noch ursprünglicher macht. Einige Meter weiter erreichen wir ein Plateau. Die Schlucht öffnet sich leicht und wir blicken hinunter auf den Bach, der sich, mal munter über kleine Wasserfälle, mal gemächlich durchs Bachbett, seinen Weg bahnt. Wir kommen vorbei an einer **Buche.** Sie steht am Hang und ihr Wurzelwerk ist zur Hälfte freigelegt. Ein gigantischer Anblick, der uns erahnen lässt, welch gewaltiges Netzwerk die Bäume unter der Erde gebildet haben.

Im Hintergrund ragen Trasswände steil empor. Der Pfad führt uns über Treppen und eine Holzbrücke weiter nach oben. Am Ende der Wolfsschlucht erreichen wir den **Wasserfall** 7. Ein Plateau mit einer Ruhebank lädt zum Verweilen ein. Von hier aus genießen wir einen atemberaubenden Blick auf dieses wunderschöne Naturschauspiel. Ein erfrischendes Kleinod, besonders an heißen Sommertagen. Wir setzen uns und atmen tief durch. Der würzige Duft der Erde und das gleichmäßige Plätschern des Wasserfalls betören unsere Sinne und lassen ein Lächeln in unserer Seele aufsteigen.

Wir folgen langsam und gestärkt, voll innerer Freude, weiter dem schmalen Pfad, der uns nun steil, teilweise über Steintreppen, bergauf führt. Wir überqueren die **L113**, folgen der **Georoute U** und wandern auf der gegenüberliegenden Seite in den Wald hinein. Es geht vorbei an der alten **Grube Berthold.** Es ist lange her, dass diese Grube in Betrieb war. Nach 500 Metern, vorbei an Wiesen und kleinen Wäldern, erreichen wir den **Römerbrunnen (8)** im **Wassenacher Bachtal.** Ein sprudelnder Mineralbrunnen im Boden, umgeben von Ruhebänken, die zum Verweilen einladen. Es riecht nach Schwefel. Daneben fließt der schmale **Wassenacher Bach.** Wir gehen weiter den Weg entlang, vorbei an einer weiteren Ruhebank. Der Regenbogen begleitet unseren Weg und spannt sich mit seinen intensiven Farben wie eine Brücke über die blühenden Wiesen und Wälder.

Wir erreichen erneut eine sprudelnde **Mineralquelle (9).** Das Wasser darin ist kristallklar. Ruhebänke rund um die Brunnenanlage laden auch hier zur Rast ein. Wir gehen weiter, biegen nach links ab und folgen der weiß-orangefarbenen Markierung **„Traumpfade“** bergauf. Nach

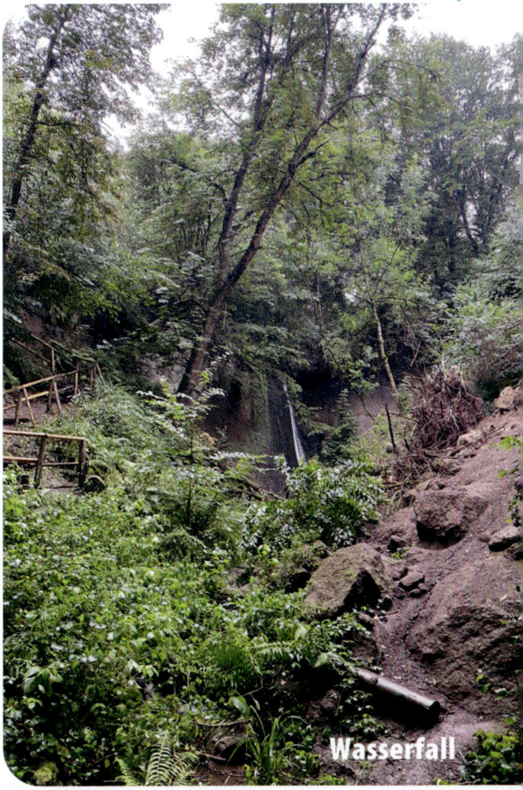

Wasserfall

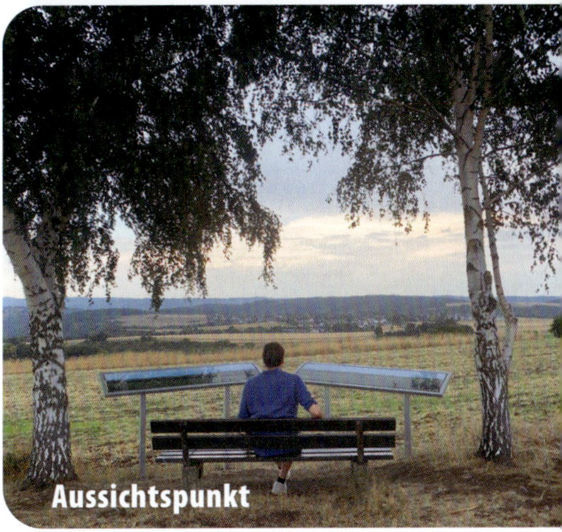

Aussichtspunkt

500 Metern führt uns der Weg hinaus aus dem Wald – und je höher wir kommen, umso weiter öffnet sich der Blick. Nach 400 Metern erreichen wir einen letzten fantastischen Aussichtspunkt, den **Siebengebirgsblick ⑩**, mit einer Ruhebank. Wir setzen uns für einen Moment und genießen das wunderbare Panorama. Unsere Blicke schweifen hinüber zur Burgruine Drachenfels und den Horizont entlang ins Siebengebirge. Nach 300 Metern leichten Anstiegs erreichen wir wieder den Wanderparkplatz Bergwege, Ziel und Ausgangspunkt dieser abwechslungsreichen und schönen Rundtour.

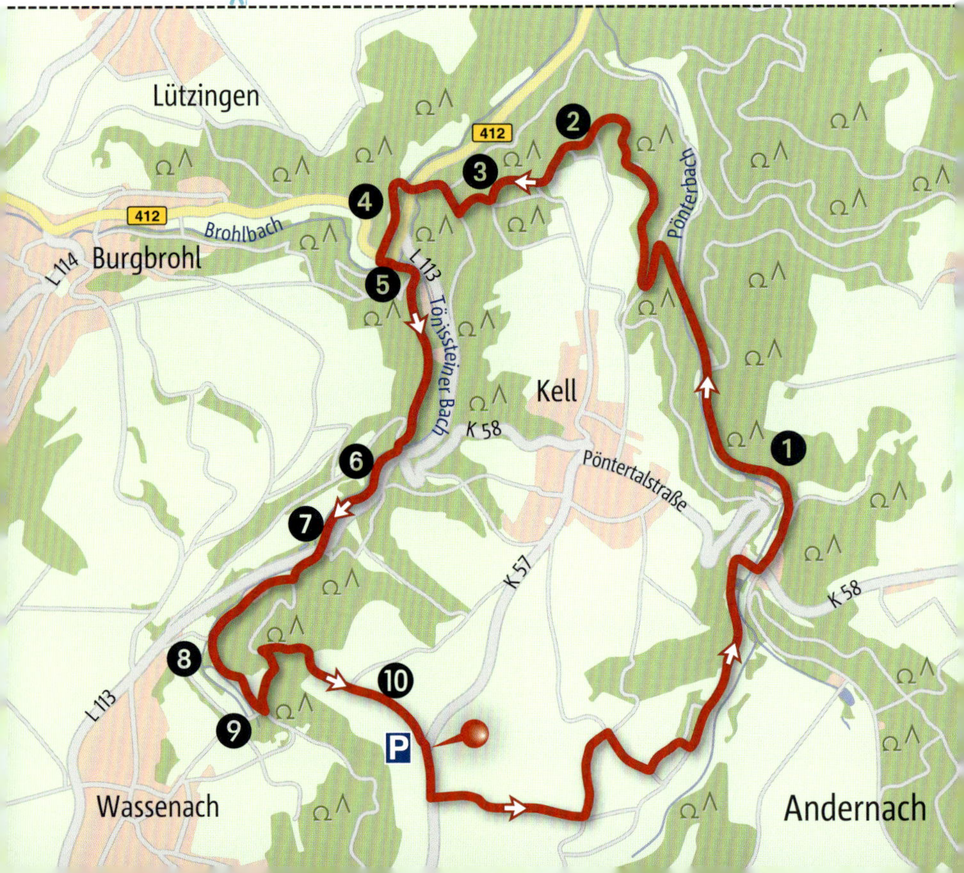

## Alles auf einen Blick

**WIE & WANN:**
**Naturweg, Pfad, Schotterweg, asphaltierter Weg.**
**Beste Wanderzeit: von April bis Oktober.**
**Bei Nässe auf geeignetes Schuhwerk achten.**

**HIN & WEG:**
**Auto:** Parkplatz Bergwege (an der K 57), 56626 Andernach-Kell
(GPS: 50436793, 7297572)
**ÖPNV:** Von Mainz oder Koblenz mit der Regionalbahn RB26 zum Bf. Brohl, Brohl-Lützing, weiter mit Bus 808 zur Haltestelle „Jägerheim, Brohl-Lützing“, vom Gasthaus Jägerheim aus der Beschreibung zu den Trasshöhlen folgen

**ESSEN & ENTSPANNEN:**
**Café-Bistro Bierkeller** ❺ An der L113, 56626 Kell/Bad Tönisstein,
Tel. (0 26 36) 9 69 04 12, www.brohltal-hostel.de

**ENTDECKEN & ERLEBEN:**
**Pöntermühle** ❶
**Schweppenburgblick** ❷
**Schöne Aussicht** ❸
**Trasshöhlen** ❹
**Wolfsschlucht** ❻
**Wasserfall** ❼

Entspannung ★★★★☆
Genuss ★★★★☆
Romantik ★★★★☆

**Römerbrunnen** ❽
**Mineralquelle** ❾
**Siebengebirgsblick** ❿

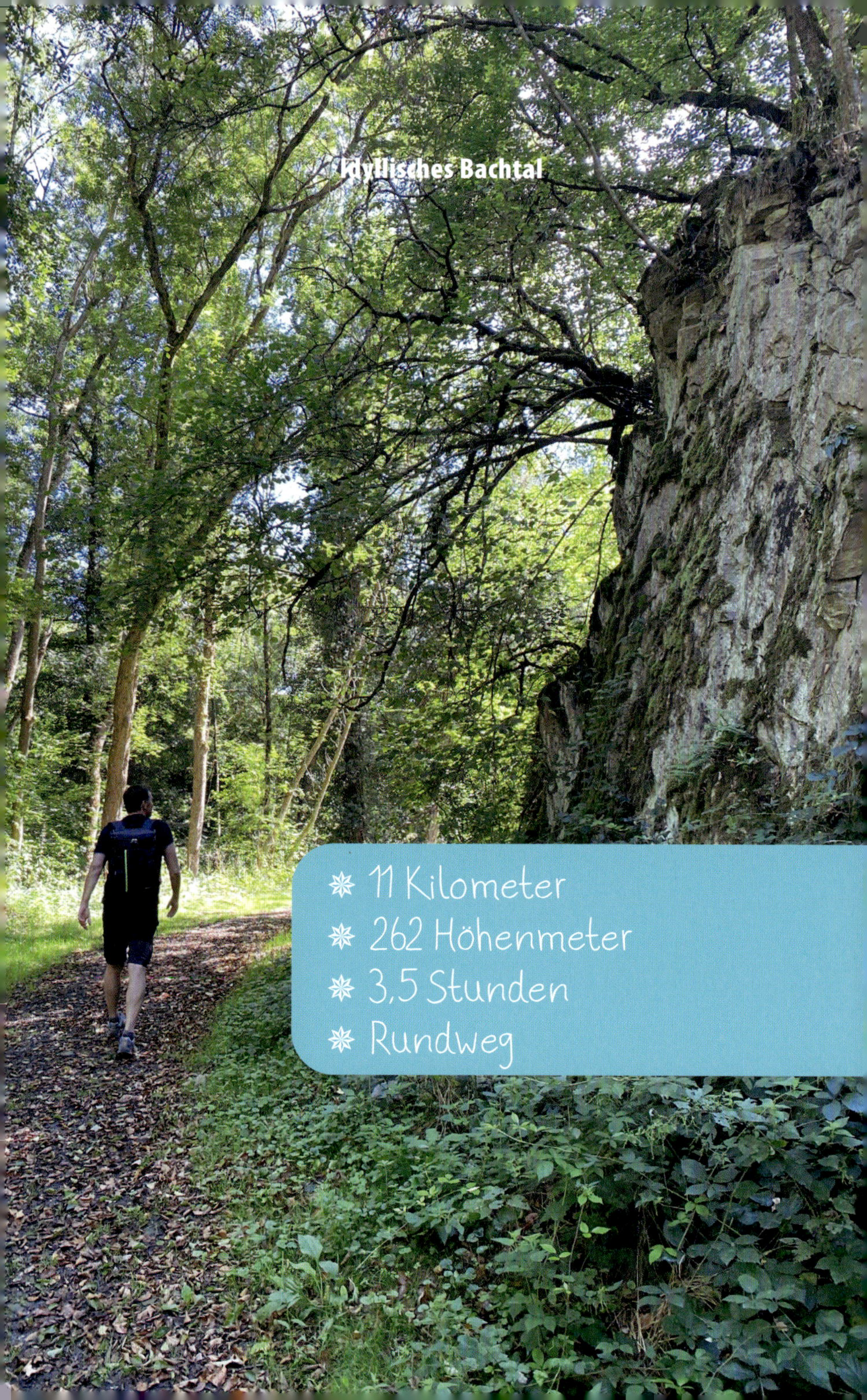
Idyllisches Bachtal
11 Kilometer
262 Höhenmeter
3,5 Stunden
Rundweg

Unsere Tour beginnt am **Wanderparkplatz Feisternachtbachtal.** Von hier aus überqueren wir zunächst die **L 309.** Wir wenden uns nach wenigen Metern nach rechts, überqueren den **Hillscheider Bach** und halten uns sogleich links. Ab hier folgen wir der orange-weißen Markierung **„Traumpfad".** Es geht hinein in den Wald, vorbei an einer steilen zerklüfteten Felswand, die hoch in den Himmel ragt und auf deren Plateau junge Buchenbäume wachsen. Die Sonne scheint an diesem Morgen und lässt den Wald in vielen verschiedenen Grüntönen aufleuchten. Wir gehen entlang des Hillscheider Baches, bis wir nach 500 Metern auf der linken Seite den ersten **Fischweiher** entdecken, der zum nahe liegenden **Gasthaus Forellenhof** ① gehört.

Ohne große Steigung führt unser Weg weiter durch den dichten Wald. Neben uns plätschert leise der Bach, während wir weiter durch den dichten Wald und das **idyllische Bachtal** ② wandern. Immer mal wieder kommen wir an kleinen Fischteichen vorbei, bis der Weg nach etwa 1,5 Kilometern nach links auf einen asphaltierten Weg zur nahe gelegenen **L 309** führt.

# Natur pur

## Bäche und Wälder bei Vallendar

Wir überqueren die Straße, um sofort gegenüber auf einem kleinen Pfad leicht bergab zu gehen. Wir balancieren auf großen Steinen und überqueren das schmale Bett des **Hirzbaches.** Der schmale Pfad führt uns in Serpentinen stetig nach oben, zwischen dicht stehenden Laubbäumen hindurch. Bäume neigen sich über den Weg. Nach 200 Metern, etwa auf halber Hö-

*Der Wegabschnitt „Kathedralenwald" führt durch einen Bestand mit sehr hohen und alten Buchenbäumen.*

he des Kuckucksberges, erreichen wir einen breiteren Waldpfad. Von hier aus geht es zunächst sanft, dann immer steiler den Berg hinauf. Ab und zu gewährt uns der dichte Laubwald wunderbare Blicke hinunter ins Hirzbachtal.

Wir steigen weiter bergauf, umrunden den **Kuckucksberg,** bis wir an einer Lichtung nach links dem Schild **„Kathedralenwald"** 3 folgen. Der schmale Pfad führt uns leicht bergan. Es geht durch dichten, hochgewachsenen Buchenwald, der an heißen Sommertagen wundervoll kühlt und Schatten spendet. Hin und wieder dringen Sonnenstrahlen durch das dichte Laub und zaubern wunderschöne Schattenspiele auf den weichen Waldboden. Wir erreichen einen breiten Waldweg, dem wir nach rechts folgen, um nach 200

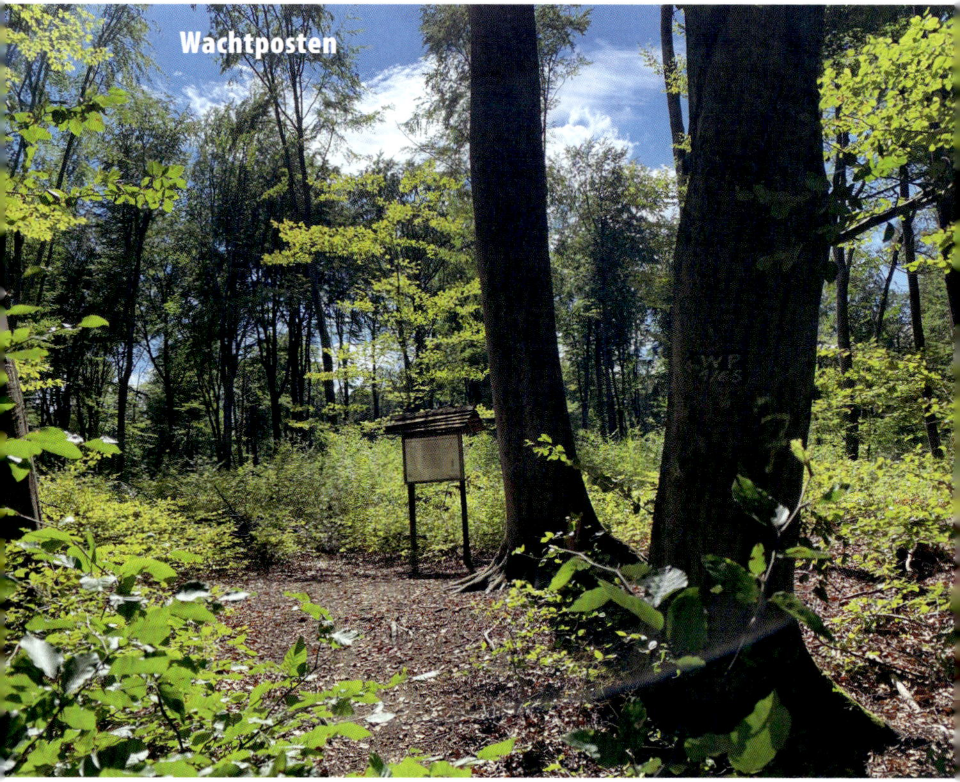
Wachtposten

Metern noch einmal rechts auf einen Schotterweg einzubiegen. Wir wandern nun entlang des **Bergplateaus.** Es ist still um uns herum, nur das leise Knirschen der Steine unter unseren Schuhen begleitet uns. Nach etwa 100 Metern biegen wir nach links ab, erneut hinein in dichten Wald. Ein schmaler Waldweg führt zunächst sanft, nach wenigen Metern steiler bergab. Nach einer Linksbiegung geht es nach 200 Metern wieder nach rechts, dann nach 300 Metern in einer scharfen Rechtskurve weiter hinab ins Tal. Nach weiteren 200 Metern führt uns der Weg nach links auf einen Naturpfad.

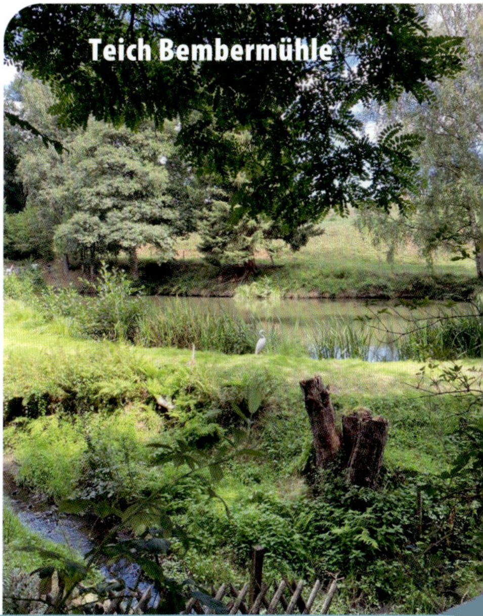
Teich Bembermühle

Es geht durch dichten Wald, vorbei an Hecken, dichten Sträuchern und dem **Wasserwerk** im Feisternachtbachtal. Wir überqueren den Bach und wandern nun 500 Meter auf einem breiten Waldweg stetig und leicht bergauf. Rechts neben uns fließt, mal ruhig und gediegen, mal wild und

## Für die Seele

Mit jedem Atemzug kehrt innere Ruhe und Frieden ein. Wir fühlen uns umarmt von der wohligen Wärme und Stille dieses Ortes. Einfach nur dasitzen im Gleichklang mit Mutter Natur.

sprudelnd, der **Feisternachtbach.** Wir erreichen eine **asphaltierte Straße,** der wir nach rechts in Richtung Bembermühle folgen. Vorbei an einem wunderschönen idyllischen Teich, der jedoch nicht zugänglich ist. Nach 150 Metern erreichen wir die **Bembermühle ④.** Wir folgen weiter der weiß-orangen Markierung Traumpfad. Der Weg führt uns zunächst einige Meter

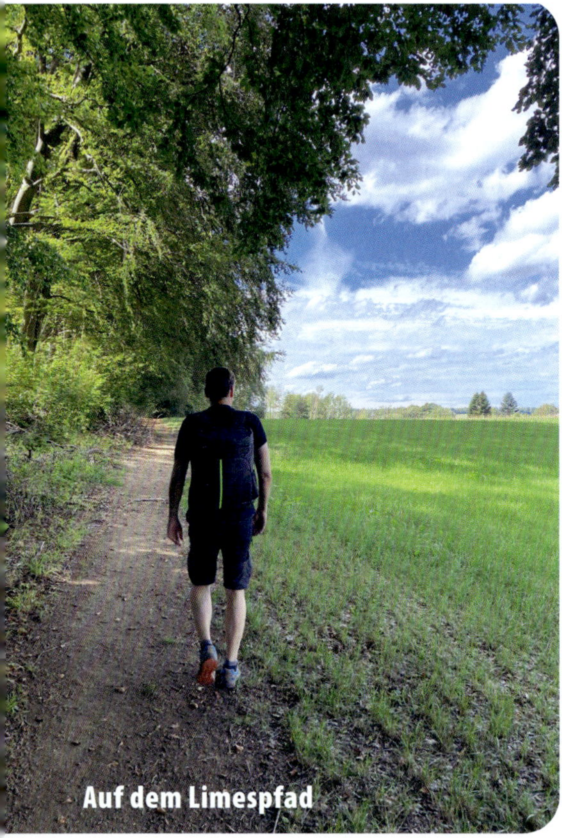

Auf dem Limespfad

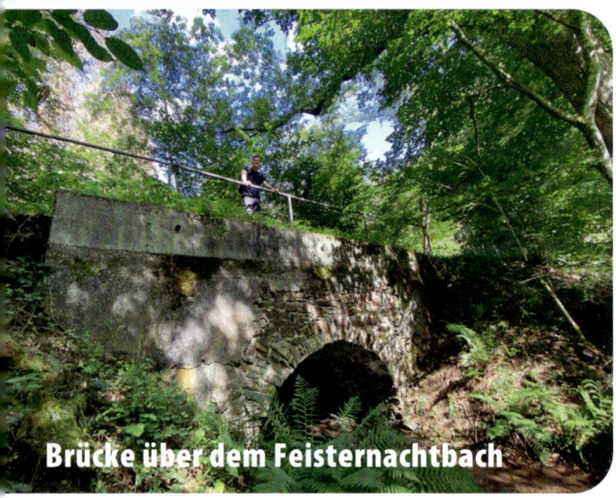

Brücke über dem Feisternachtbach

geradeaus, dann nach links. Wir umrunden die Mühle, um nach weiteren 100 Metern oberhalb nach rechts auf einen Waldweg zu gelangen. Es geht stetig bergauf, bis wir den mittlerweile zum UNESCO-Weltkulturerbe gehörenden **Limeswall** ⑤ erreichen. Der Weg öffnet sich und wir bekommen einen wunderschönen und freien Blick nach rechts, über saftige Wiesen, bis hinüber zu den ersten Häuserzeilen von Höhr-Grenzhausen.

Wir folgen dem schmalen Pfad weiter hinauf, vorbei an den Relikten einer alten **Wachstation** ⑥, die sich etwa 10 Meter hinter dem Limeswall und Waldrand befindet. Ein Schild im Wald weist auf die Stelle hin. Einige Meter weiter erreichen wir einen Querweg, den **Wäller Weg.** Von hier aus gehen wir nach links, verlassen den Limes und gehen wieder hinein in den dichten Wald. Nach wenigen Metern führt uns die orange-weiße Markierung zunächst nach links, bergab und nach einem Rechtsknick erreichen wir die **asphaltierte Straße** in Richtung Bembermühle. Wir queren die Straße, um auf der gegenüberliegenden Seite, vorbei an einer Schranke, weiter dem Waldweg zu folgen. Es geht um den **Puschenkopf** herum, vorbei an Baumriesen, immer in Richtung Tal. Nach 1 Kilometer biegt unser Weg unvermittelt nach links auf einen urigen Pfad ab, der uns nun steil und im Zickzackkurs ins Tal leitet. Unten angekommen treffen wir auf einen breiten Waldweg und wenden uns nach rechts.

Nach 100 Metern führt uns der Weg nach links, vorbei an einer **Ruhebank** und über eine **Brücke.** Wir bleiben kurz stehen und schauen hinunter. Unter uns fließt der Feisternachtbach. Gleich danach verlassen wir den Waldweg und biegen nach rechts auf einen Naturpfad ab, der in unmittelbarer Nähe des Baches durch den Wald führt. Nach 500 Metern erreichen wir einen wunderschönen **Waldsee** 7 und einige Meter weiter eine **Schutzhütte** am See, die mit Bänken und Tischen zum Verweilen und zur Rast einlädt. Wir setzen uns auf eine Bank, schauen auf den See und lassen unseren Gedanken freien Lauf. Die Grillen zirpen und prächti-

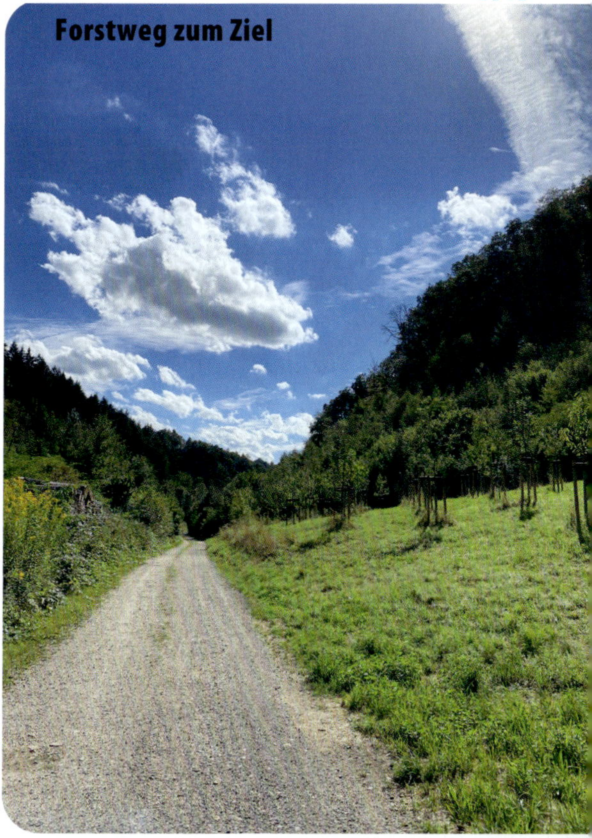

**Forstweg zum Ziel**

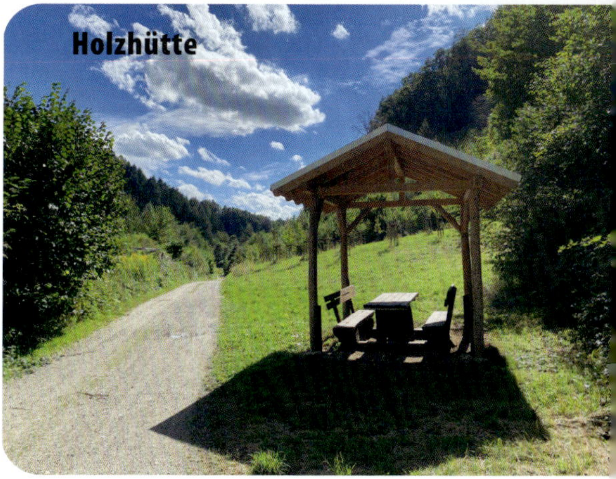

**Holzhütte**

ge Libellen schwirren dicht über der Wasseroberfläche durch die Luft. Nach unserer Rast gehen wir einige Meter weiter auf einem breiten Forstweg nach links. Beseelt wandern wir gemächlich den Weg entlang. Es geht vorbei an Sträuchern und saftigen Wiesen mit farbenfrohen Wildblüten. Ein wahres Paradies für Insekten und Bienen. Nach 800 Metern erreichen wir eine sehr schöne, seitlich geöffnete **Holzhütte 8**. Dahinter befindet sich eine saftig grüne Wiese mit jungen Buchenbäumen. Eine schöne Möglichkeit für eine letzte Pause, bevor wir nach 700 Metern den Ausgangspunkt unserer Tour erreichen.

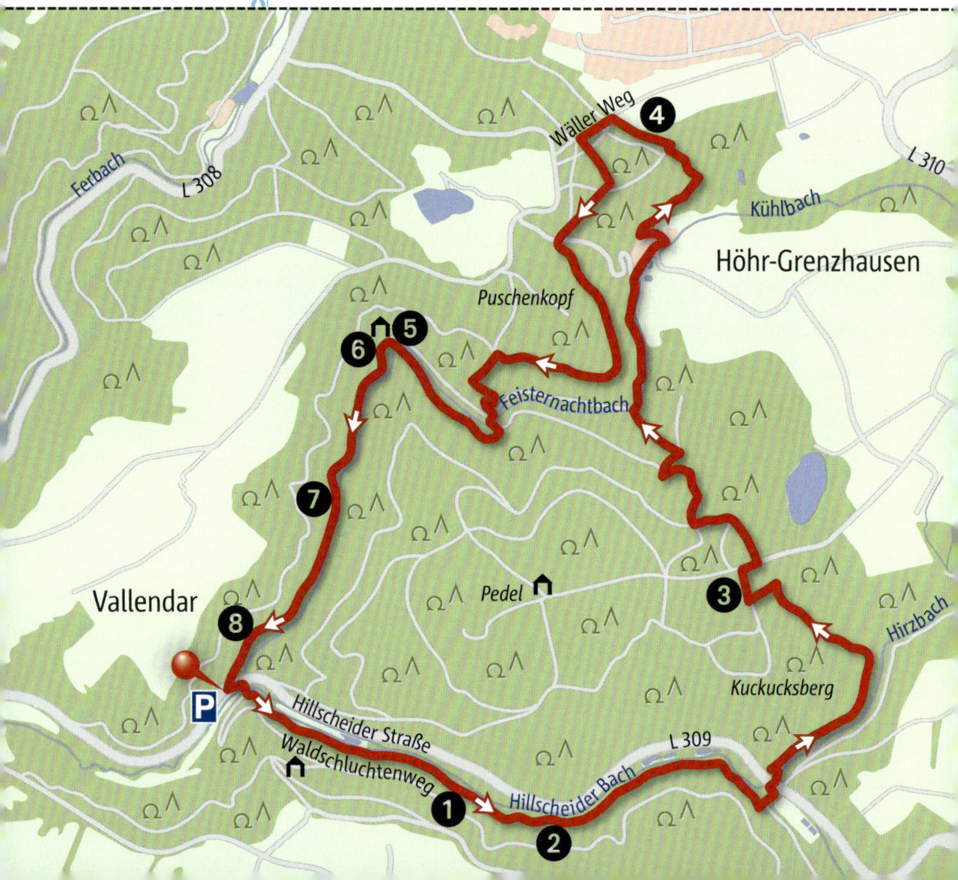

# Alles auf einen Blick

**WIE & WANN:**

**Asphaltwege, Schotterwege, Naturpfade, Wiesenwege.**
**Ganzjährig begehbar. Beste Wanderzeit: Frühjahr und Herbst.**

**HIN & WEG:**

**Auto:** B 42 bis Vallendar, L 309 Richtung Hillscheid
Parkplatz Feisternachtbachtal (L309), 56179 Vallendar (GPS: 50.404322, 7.645503)
**ÖPNV:** Von Koblenz mit der Regionalbahn RB27 nach Vallendar Bf., weiter mit Bus 7 bis Haltestelle „Bahnhofstr., Höhr-Grenzhausen", umsteigen in Linie 465 bis Haltestelle „Forellenhof West, Vallendar"

**ESSEN & ENTSPANNEN:**

**Pension/Gasthaus Forellenhof** ❶ Hillscheider Straße16, 56179 Vallendar, Tel. (02 61) 6 01 46
**Bembermühle** ❹ Bembermühle 3, 56203 Höhr-Grenzhausen, Tel. (0 26 24) 95 01 75

**ENTDECKEN & ERLEBEN:**

**Idyllisches Bachtal** ❷
**Kathedralenwald** ❸
**Limeswall** ❺
**Wachstation** ❻
**Waldsee** ❼
**Holzhütte** ❽

Entspannung ★★★★☆
Genuss ★★★★☆
Romantik ★★★☆☆

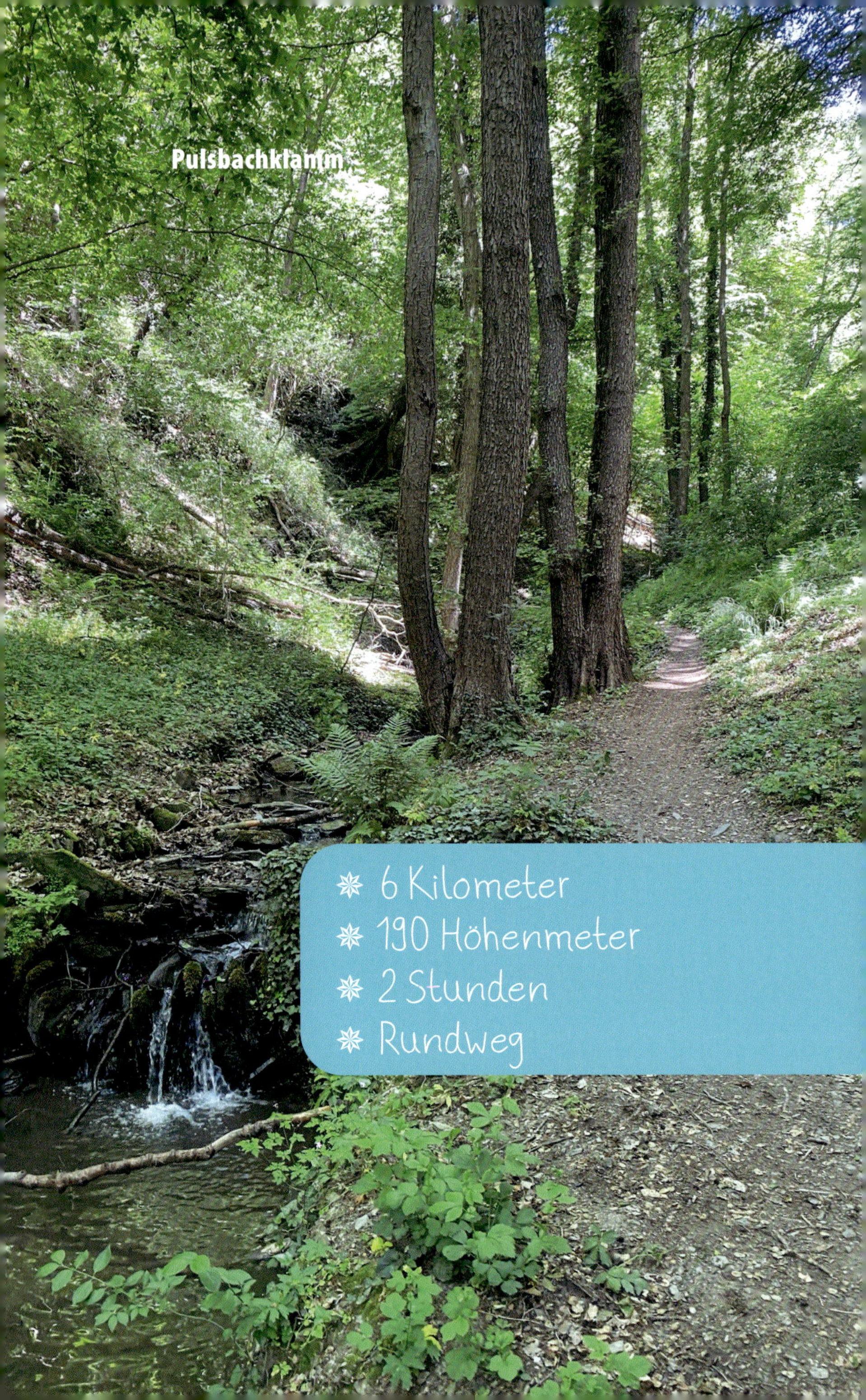

Pulsbachklamm

- 6 Kilometer
- 190 Höhenmeter
- 2 Stunden
- Rundweg

Wir starten mitten in **Kestert** am großen Parkplatz in der **Eisenbahnstraße.** Gegenüber befindet sich das **Feuerwehrhaus** des 600 Einwohner zählenden Dorfs. Vom Parkplatz aus wenden wir uns nach rechts und in Richtung Ortsausgang. Hinter einer lang gezogenen Rechtskurve gehen wir unter einer **Eisenbahnbrücke** hindurch, überqueren die **B42** und landen direkt am Rhein. Dort wenden wir uns nach links und laufen ein kleines Stückchen parallel der Bundesstraße B42 am Strom entlang. Nach etwa 400 Metern – am Ende der Leitplanken – überqueren wir erneut die Bundesstraße, gehen an einem Schild mit der Aufschrift „Anlieger frei" vorbei und durch einen kleinen **Eisenbahntunnel.** Auf einem schönen Feldweg laufen wir etwa 1 Kilometer parallel zu den Schienen. Der Lärm des Verkehrs auf der Bundesstraße ist jetzt kaum noch vernehmbar.

Nach wenigen Minuten stehen wir schon am Eingang der **Pulsbachklamm** 1. Wir gehen nach links – und betreten eine andere Welt. Nur die Natur und wir. Ein traumhafter Moment. Auf einem schmalen, wildro-

## Einfach märchenhaft

### Die wildromantische Pulsbachklamm

mantischen Pfad geht es entlang des schönen kleinen Pulsbaches. Wir wandern zwischen Farnen und Kräutern entlang, genießen den Aufstieg und die Schönheit der Klamm. Schritt für Schritt und vom ersten Meter an. Rechts plätschert der Bach, links rankt sich der Efeu, mittendrin wandern wir – wie durch einen bunten Märchenwald. Immer wieder eröffnen sich uns

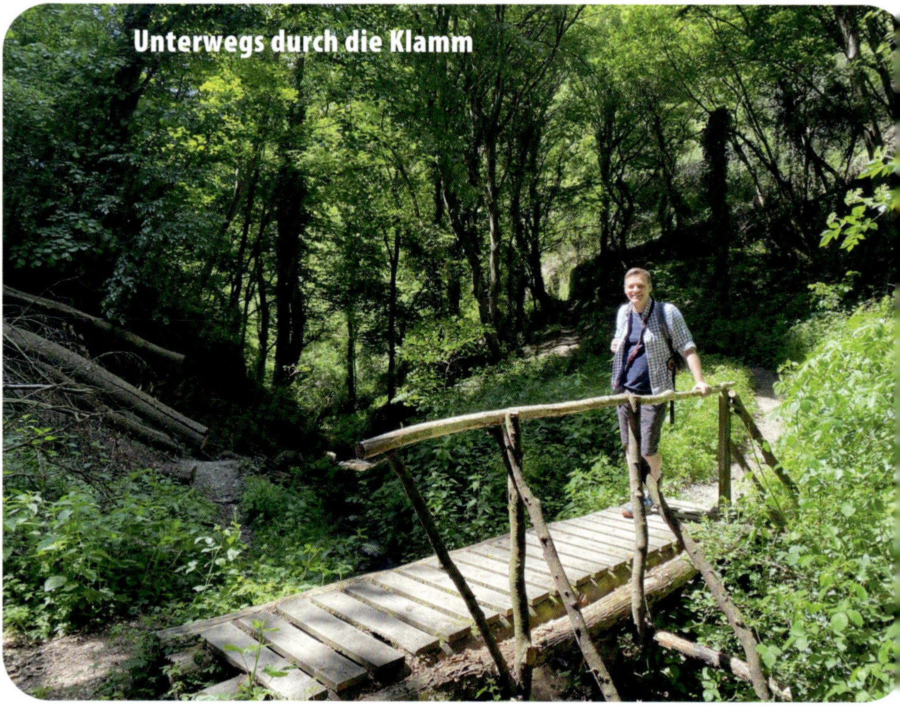


zwischen Kräutern, Ästen und Gestrüpp wundervolle Blicke auf den tanzenden und sprudelnden Bach neben uns. Zahlreiche kleine Wasserfälle begleiten uns auf dem Weg. Alles wirkt ursprünglich. Darüber hinaus begleitet uns ein wunderbares Vogelkonzert auf dem Weg durch die Klamm.

Es geht immer bergauf, mal mehr, mal weniger steil. Wir sind im **Sachsenhäuser Wald.** Auch unsere Hunde lieben diesen Weg. Sie springen in den Pulsbach und erfrischen sich im kühlen Wasser an diesem warmen Frühlingstag. Wir wandern schon bald zwischen schroffen, moosbewachsenen Felsen auf der einen und Mischwald auf der anderen Seite dahin. Ein fast surreal schönes Bild. Schluchten haben sich im Verlauf der Jahrtausende in die Felsen gegraben. Und mitten in der Klamm entdecken wir oberhalb eines Felsvorsprungs eine Höhle: das **Willweibsches-Loch** 2.

Eine Sage erzählt, dass sich hier während des Dreißigjährigen Krieges die Bürger von Kestert in der geheimnisvollen Höhle vor den angreifenden Schweden versteckt hielten. Am Eingang der Höhle weist heute noch ein Schild auf die Legende hin. „Datt well Weivche" (Das wilde Weib) soll damals die Kesterter an die Feinde verraten haben.

Nach einem letzten steileren Anstieg erreichen wir nach 1,2 Kilometern das Ende der Klamm. Wir befinden uns hoch oben und stoßen dort auf den Rheinsteig. Eine Bank lädt uns zum Verweilen ein. Wir nutzen sie gerne, um den wunderbaren Pfad durch die Klamm noch einmal in Gedanken Revue passieren zu lassen. Nach einigen Minuten gehen wir weiter. Links in Richtung Kestert, auf einem breiten Weg, durch herrli-

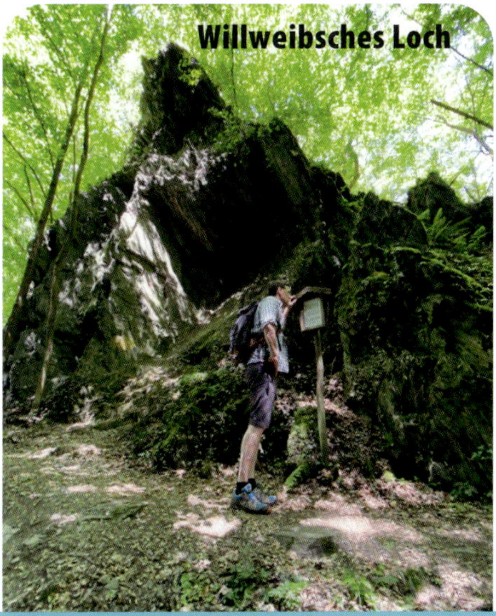

Willweibsches Loch

## Für die Seele

Es scheint, als befänden wir uns mit einem Wimpernschlag fernab jeder Zivilisation. Völlig allein.

chen Mischwald. Wir kreuzen noch einmal den Pulsbach und wandern gemütlich und entspannt weiter.

Nach etwas mehr als 1 Kilometer, den es meist bergauf geht, eröffnet sich uns mit einem Mal ein grandioses Panorama. Der Blick wird frei auf saftig grünes Weideland und das beeindruckende Mittelgebirge. Nach der Enge in der Klamm tut es gut, nun diese unendliche Weite zu erleben. Über das herrliche Hochplateau erreichen wir **Oberkestert.** Direkt am Dorfeingang stoßen wir auf **Uschis Wanderstation 3.** Hier finden die Gäste nicht nur eine urige Einkehrmöglichkeit mit hausgemachten Kuchen, sondern können auch gediegen übernachten.

Wir entscheiden uns dazu, weiterzugehen, und sind innerhalb weniger Augenblicke am Ortsausgang. Wenige Meter weiter wenden wir uns nach links, dem blauen **Rheinsteig-Schild** folgend. Wir befinden uns wieder auf einem Waldweg. Wir wandern über Grasfelder. Vorbei an Ginster, Wildrosen und Eichen. Überall sprießen frische Kräuter. Vor uns öffnet sich der Blick auf den Rhein und das gegenüberliegende Ufer mit seinen schroffen Felsen und dem kleinen Hirzenach im Tal. Wir biegen ab und gehen auf einem kleinen Pfad, der sich durch ein schattiges Wäldchen schlängelt, bergab. Zuweilen wird es jetzt auch etwas steiler, sodass wir froh sind, uns für festes Schuhwerk und Wanderstöcke entschieden zu haben.

Über eine naturbelassene kleine **Treppe** mit Geländer erreichen wir eine asphaltierte Straße. Wir gehen links. Bergauf. Den „Rhein-Burgen-Blick“ wollen wir

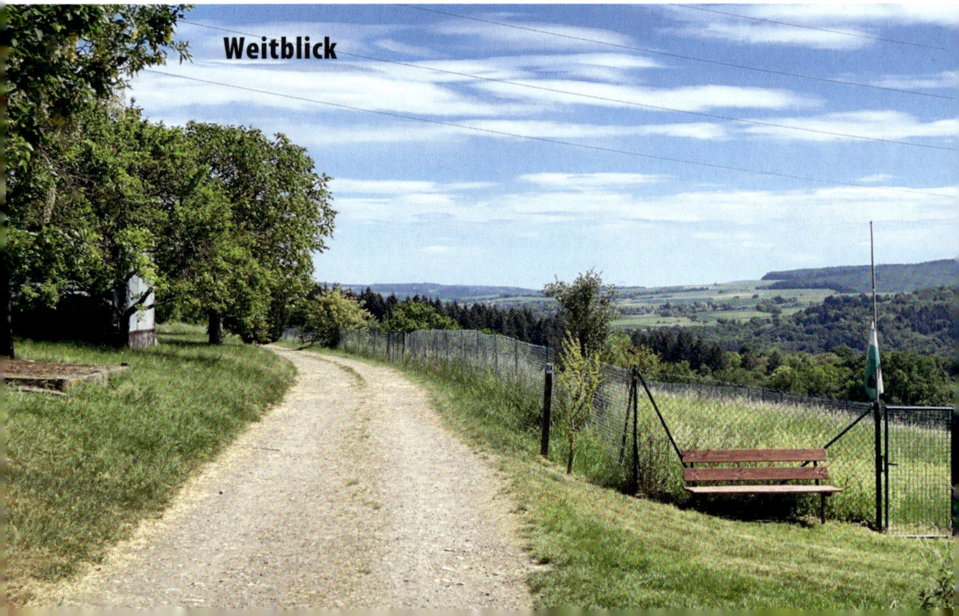

Weitblick

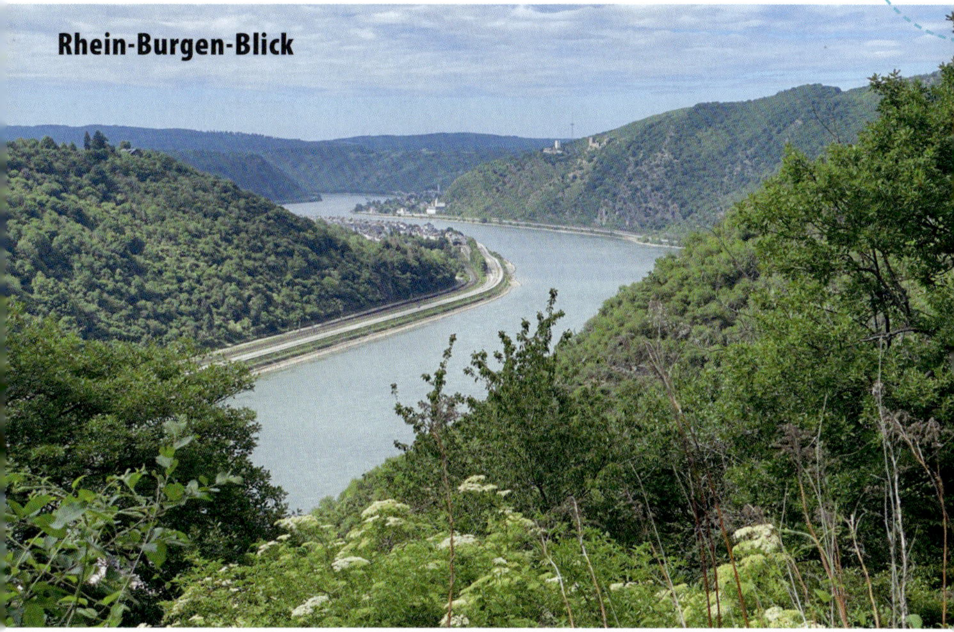


uns nicht entgehen lassen. Nach etwa 100 Metern verlassen wir die asphaltierte Straße, gehen nach rechts und folgen weiter dem Schild. Der **Rhein-Burgen-Blick** 4 bietet eine **Schutzhütte** und die Möglichkeit zu einer Rast, aber die eigentliche Attraktion ist der unglaubliche Ausblick auf die Weite des Rheintals, den Hunsrück auf der anderen Rheinseite und die Burgen Liebenstein und Sterrenberg – die sogenannten **Feindlichen Brüder.** Unter uns liegt Kestert, auch Kamp-Bornhofen können wir von hier aus gut erkennen.

Es geht zurück auf die asphaltierte Straße. Den Berg hinunter. Nach etwa 150 Metern biegen wir nach links auf einen Feldweg ab. Hier verlassen wir wieder den Rheinsteig und gehen auf direktem Weg bergab in Richtung Kestert, vorbei an einer bemerkenswerten, außergewöhnlichen und sehr alten **Kuhtränke.** Sie steht hier seit 1895. Ein schmaler Pfad führt uns nach unten. Etwa 600 Meter vor Kestert entspannen wir noch einmal einen Moment auf einer Bank. Wir genießen den Blick auf die gegenüberliegende Rheinseite. Als wir weitergehen, erhaschen wir durch die Äste und über die Baumwipfel hinweg einen letzten Blick von oben auf den Rhein.

Auf einem verwunschenen Pfad geht es wie durch Märchenwald nach unten. Schmal ist der Weg, aber entspannt zu bewältigen. Gräser und Kräuter am Rand des Weges umspielen unsere Beine und schon bald erreichen wir den Ortseingang von Kestert. Von nun an halten wir uns immer in Richtung Rhein, mäandern durch den Ort: mal rechts, mal links. Wir passieren das **Rathaus.** Begleitet von ein wenig Gebell der Hunde in den Höfen und Häusern am Weg erreichen wir schließlich wieder den Parkplatz am Feuerwehrhaus.

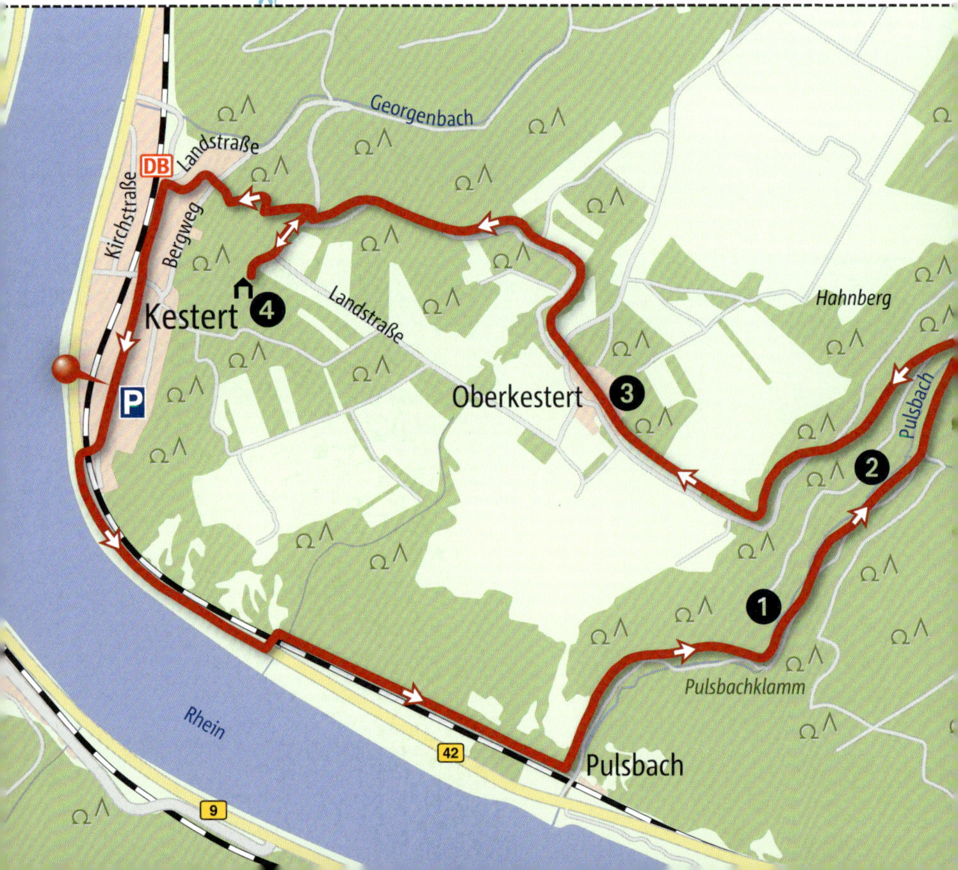

# Alles auf einen Blick

**WIE & WANN:**
**Asphaltwege, Schotterweg, Naturpfade.**
**Ganzjährig begehbar. Beste Wanderzeit: Frühjahr und Herbst.**

**HIN & WEG:**
**Auto:** Parkplatz Eisenbahnstraße (gegenüber dem Feuerwehrhaus), 56348 Kestert (GPS: 50.182956, 7.647440)
**ÖPNV:** Von Wiesbaden oder Koblenz mit der Regionalbahn RB10 bis Kestert Bf., Fußweg entlang der Eisenbahnstraße zum Startpunkt der Tour

**ESSEN & ENTSPANNEN:**
**Uschis Wanderstation** ❸ Landstraße 5, 56348 Kestert, Tel. (0 67 73) 91 57 90, www.uschis-wanderstation.de

**ENTDECKEN & ERLEBEN:**
**Pulsbachklamm** ❶
**Willweibsches Loch** ❷
**Rhein-Burgen-Blick** ❹

Entspannung ✱✱✱✱✱
Genuss ✱✱✱✱✱
Romantik ✱✱✱✱✱

Die GPS-Daten zu jeder Tour gibt es auf
www.droste-verlag.de


**Konzeption/Satz:** Droste Verlag, Düsseldorf
**Einbandgestaltung:** Britta Rungwerth, Düsseldorf, unter Verwendung von Bildern von © Fotolia.com: Andrey Kuzmin, undrey, dabost, niroworld; © Blazej Lyjak

**Fotos:** Sabine Wienpahl, Uwe Kröner, Moritz Schnell
**Karten:** Thorsten David, Bochum
**Druck und Bindung:** LUC GmbH, Greven

Alle Angaben in diesem Buch wurden sorgfältig recherchiert und geprüft. Für die Richtigkeit der Angaben, für etwaige Unfälle und Schäden jeglicher Art kann keine Haftung übernommen werden; die Nutzung erfolgt auf eigenes Risiko. Abweichungen, die nach Redaktionsschluss erfolgten, konnten nicht mehr berücksichtigt werden. Hinweise und Änderungen nehmen wir gern entgegen.

FSC www.fsc.org MIX Papier aus verantwortungsvollen Quellen FSC® C011279

ISBN 978-3-7700-2220-5
**www.droste-verlag.de**